U0051194

大旗出版
BANNER PUBLISHING

大旗出版
BANNER PUBLISHING

大旗出版
BANNER PUBLISHING

大旗出版
BANNER PUBLISHING

歷代皇朝風雲實錄

忠奸抗衡

前言

忠奸是父老相傳代代不忘的話題，更是小說、戲曲家描寫的對象，同時，其中的一些問題千百年來也一直困擾著中國的政治家和史學家。

比如誰是忠臣？誰是奸臣？芸芸眾生，攘攘諸官，模樣都差不多，人性又複雜多變，在蓋棺之前，大多難以定論。於是奸臣們會說：我是忠臣（或君子），你是奸臣（或小人）；君主會說我用的人都是忠臣，殺掉或放逐的才是奸臣；而面相專家則說可根據一個人的相貌舉止來判斷，一般奸臣大多有個「狼顧」之相。這種說法影響最大，所以科舉取士後授官之前要經目測一關。這不是選美，而是剔醜，即留下「國」字、「田」字臉形者，排斥那些臉形像「申」、「甲」、「由」字者。受此影響，戲曲、小說中的奸臣都被臉譜化，從而把一個最複雜的問題簡單化，奸臣一出場便可認出，總之，誰醜誰就是奸臣。

其實，若僅就相貌而言並加以評分的話，奸臣的分數肯定會高出忠臣。試想一個讓人一見就生厭的獐頭鼠目者怎會輕易討得君主的好感，從而獵取高位、得售其奸呢？據史書記載，很多奸臣都是儀表出眾，相貌堂堂，舉止非凡。如楊素、蔡京、耶律乙辛、阿合馬、嚴嵩等人，當然也有例外，王莽就是一個，但這類奸臣為數極少，並且能以其他長處來彌補這一缺欠。

奸臣們不僅相貌好，而且往往身懷「絕技」。普遍具備的就是表演才能，說哭就哭，說笑就笑，口才極好，又恰到好處。捅你一刀之前能拉著你的手誠懇地為你出謀劃策，捅完之後還能抹幾把淚水。除此之外又各有所長：比如秦末的趙高深通法律；北宋的蔡京名列翰林，又是大名鼎鼎的畫家、書法家；南宋的秦檜曾中進士，頗有文采；明朝大奸嚴嵩詩文書法造詣也很高，這類例子不勝枚舉。筆者曾經設想，假若他們生在今天，或許其中很多人會成為影視明星、書畫家的。

古人云：大奸似忠，這也是奸臣的一個特點。他們以種種方式表達對國家、君主、同僚的忠誠和信義，並且往往也確有些忠信的實跡：或有功於社稷，或報德於同僚，從而得到從上到下的普遍好感，才得以占據高位，禍國害人。假若他們中途身死，未得施展其奸，其中有些人如王莽、楊素等將在歷史上留下無可挑剔的忠臣、功臣形象。

奸臣們還具備一個特點，一般頗具才幹。如楊素輔佐隋文帝統一天下，軍功赫赫，為一代名將，而且下筆成章，文詞華麗，可謂是文武全才。又如北宋神宗以後變法派與保守派互鬥，雙方走馬燈似的上台下台，但不論哪派得勢，都要任用蔡京，就是因為他有才幹，他能辦成別人辦不成的事。總之，奸臣辦事幹練，能量過人，凡奸佞之徒，沒有一個是笨蛋。

由此可見，奸臣本來具備成為名臣的素質，但他們為何沒有成為名臣、忠臣，反倒成了奸臣呢？其一，從主觀上來說，他們本是一些品德低下的小人。他們唯利是圖，為此不僅可以出賣靈魂，甚至可以殺妻烹子，拋宗棄祖；他們不講信念，反復無常，投機鑽營；他們嫉賢妒能，心理變態，百般排斥；他們陰險狡詐，虛偽成性，不以真面目示人；他們生性狠毒，敢冒天下之大不韙。由於有這些主觀因素，一旦客觀條件具備，便為所欲為，大售其奸。

其二，昏君當國是奸臣產生的客觀條件，並且是關鍵性的條件，對此有必要深加討論。提起昏君，人們往往會想到劉阿斗、晉惠帝一類的白痴，這固然可以算作昏君的一種，但人數極少，並不典型。再一類就是玩物喪志，不謀其政者，如南唐後主李煜擅琴棋書畫，尤長於填詞，宋徽宗好書畫，明世宗崇道等。按說這類帝王天資不低，所好也不算低級，但中國帝王獨攬大權，國事繁重自不待言，即使全力以赴，猶恐不周，何暇及此？他們以此為專業，治國反倒成了業餘的，難免有奸臣投其所好，竊取大權。這類帝王人數不是太多，但也屢見不鮮，應是一種較為典型的昏君。

最典型的昏君是兩個極端：一類是有治國之心而無治國之才，能力經驗均顯不足，這類君主容易為奸臣所控制，並在奸臣的引導下更加昏庸；二類是剛愎自用，自以為是，違背事物發展規律，一意孤行。這類君主自以為是天下最聰明者，所以聽不得逆耳忠言。於是奸邪小人因之而進，先是投其所好，百依百順，騙取信任，獵取高位，然後挾天子之威風，打擊異己，禍國害民，為所欲為。這兩類典型的昏君在中國昏君中比重最大，他們或是被奸臣所控制，或是被蒙蔽，但無論如何，他們都要為奸臣的產生負全責。因為無論奸臣勢力多麼強大，也超不過君主；無論君主多麼軟弱，只要他們起而除奸，天下自會有人起而響應。奸臣的垮台，相當多是由君主翻臉造成的，就足以說明這一點。

總之，品德低下的主觀因素是奸臣產生的動機，而昏君當國便為實現這種動機提供了全部條件，所以昏君奸臣是緊密聯繫著的概念。

那麼昏君產生的原因是什麼呢？這是體制問題，即君主專制體制為昏君產生提供了必然性。這種必然性並不是說所有君主都是昏君，而是說只要有這種體制，就必然會有昏君。

其一，君位世襲制很容易造成昏君。一般說來，開國帝王都面臨著嚴峻的局面，這實際上是個優勝劣敗的競爭過程，競爭的勝利者即開國皇帝往往具有一些常人不備的特殊品格，為政治國是比較賢明的，並且能影響到一個王朝的頭幾代皇帝。再則如果皇帝有很多兒子（可能是幾十個）可供選擇，並且他又善於選擇的話，那麼下一代皇帝也會較為賢明。但畢竟開國皇帝每朝只有一位，而其他君主又多不善於選擇繼承人或無法選擇（兒子太少或只有一個），那麼下一代君主的賢愚就只好聽天由命了。加之國家承平之時，皇子長在深宮，於民生飢苦、國家大政一概沒有體驗，一旦登極，茫然無措，很容易被奸臣迷惑，從而成為昏君。

其二，皇權至高無上，為昏君為所欲為提供了條件。帝王與大多數人一樣，在品格上往往是高尚與邪惡並存，並且年輕的帝王還有可塑性。但帝王的顧忌很少，他要為非作歹，非常容易，臣子大概只有兩個辦法，一是搬出「天」來嚇阻帝王，日食是一種警告，地震又是一種警告，祖廟失火表明祖先的憤怒等；再就是「極言直諫」，即直接向皇帝剖析利害，希望獲得採納。然而一旦皇帝既不在乎上天，又拒絕臣屬勸諫時，他就像一匹脫韁之馬，在人民的身軀上奔騰踏躍，無人可以制止，大小官員除了闔門飲泣，在紙上哀求外，別無他法。

在這種體制下，昏君奸臣兩惡相濟，為所欲為。值國家承平之際，奸臣導君為惡，揮霍浪費；值國家多難之際，奸臣排斥忠良，製造內訌；值國家傾覆之際，奸臣或弒君篡位，或賣國投敵；至於魚肉人民，貪污肥私更是奸臣的普遍類型。為了達到目的，他們弄虛作假，欺上壓下，相互勾結，狼狽為奸，栽贓陷害，軟硬兼施，種種手段不一而足。

但是，中國封建社會並不只是昏君奸臣的世界，黑暗中也有光明，忠臣就是封建社會中的光明之一，是古代社會中精英的一種。

和奸臣不同，一則原則上說忠臣的產生不應有什麼前提，忠於國家、恪盡職守，勤政愛民，按儒家道德規範為人為官，就應算是忠臣。這類人數極多，但人們往往稱之為「名臣」、「循吏」、「良吏」，而不稱之為忠臣。二則忠臣似乎什麼人都可以當，哪怕是太監、宮女，甚至乞丐，只要在王朝覆滅時能一死以殉，就是忠臣。但這類「忠臣」並不為人重視，加之也不太合於今天的價值觀念，故不在本文論述之列。

典型的忠臣其產生在事實上是需要有前提的，如昏君當國、奸臣當道、國家多難，並且往往是這三個前提同時存在。

典型的忠臣有如下品格：他們忠於國家、君主、信念，為此不怕丟官，不怕坐牢，不怕殺頭；他們為人剛直，不媚君主，直言敢諫；他們疾惡如仇，不畏權勢，不計後果，敢於鬥爭；他們為人誠實，不搞陰謀，不事欺騙，表裡如一；他們重義輕利，愛民如子，不事聚斂。而且他們往往又是能臣、功臣，並因此而身居高位，也因此而成為昏君奸臣的迫害對象。

忠臣的結局大多是悲慘的：他們有的血灑疆場；有的一生坎坷，備受迫害；更悲慘的是被誣以謀反，死在他所忠於的政權屠刀之下。正因如此，數千年來人們在為他們傾瀉了江河般熱淚的同時，也留下了很多深思，最大的問題恐怕就是為何忠臣永遠是犧牲者呢？

忠臣的對手是奸臣，而奸臣的靠山是皇帝，沒有昏君，何來奸臣？而有了昏君，忠臣又怎能鬥過奸臣。在「君叫臣死，臣不敢不死」的專制社會，忠臣的結局只能如此，這點很好理解。但問題是忠臣往往也掌握著很大的權力或擁有很大的勢力，如岳飛就掌握著一支令敵人喪膽的數十萬人的勁旅，他們為什麼不奮起反擊呢？這只能用今人難以理解的古代道德去解釋。一則他們都有一種以身許國的獻身精神，他們重視生命的價值而不重視生命的短長，失敗以至犧牲性命對他們來說並不可怕，甚至他們之中會有人視此為達到不朽的途徑。再則，從古代做人講究信義的原則出發，他們不去搞陰謀，他們相信正義的力量，相信即使君主不能為其洗去冤情，那麼還有千秋史評。最後，在當時的觀念中，其權力、軍隊甚至生命都是屬於君主的，若以此對抗君主，便是亂臣賊子，這違反了他們畢生為之奮鬥的信念，是寧死也不會去做的，所以，忠臣的信念也決定了他們在這種情況下只能做犧牲者。

今天看來，他們因此而喪失了事業、生命、家庭，難免給人迂腐的印象，他們的忠誠之中也確實有愚忠的成分。但不能以此來否定其忠誠的價值，因為這不僅體現著誠實、獻身、捨生取義的高尚品格，而且也是忠臣征服人們心靈的主要原因。試想，岳飛起兵相抗，固然可以保住生命，甚至還可能實現收復中原的理想，但人們會怎樣看待他呢？人們會不會因此而對秦檜產生另一種印象？因為秦檜說他要謀反並未說錯。

也許有人還會問：忠臣不能搞些明哲保身的中庸之道嗎？遇事圓滑些，隨和些？回答是肯定的：絕對不能。歷史上確實有一類政治家，他們說過違心的話，做過違心的事，由此而保住了自己並使國家免受了更大損失。這類人只可稱為「名臣」而稱不上忠臣，因為忠臣講究「知行合一」，明知是錯的就絕不附和，一定要起而反對。例如海瑞上疏，觸怒皇帝，犯了死罪，多虧徐階從中調和，免他不死，並委以重任，但海瑞重新上台後，立即把打擊矛頭指向徐階，因為他發現徐階家族有霸人田產、橫行鄉里的劣跡。應該承認，這是一種良好的品格，但在封建官場中卻顯得不近人情，從而也注定了忠臣坎坷、失敗的命運。

忠臣不僅講究知行合一，還講究不可為而為之。文天祥顛沛流離，九死一生，為的是「留取丹心照汗青」，史可法血灑揚州，為的是向垂死的故國盡臣子的最後一份力量。這就好比父親病危，做兒子的明知不可救也要盡力去救。體現了不畏強暴，不屈不撓的精神，並且可以取得人格、信念上的勝利，但在事實上卻注定是失敗者、犧牲者。

忠臣是犧牲者，是悲劇性的人物，但他們的血沒有白流，他們不僅以高尚的人格征服了千萬人的心靈，並且使自己得到了永生。他們的英靈成了中華之魂，這中華魂是激勵仁人志士奮進的精神動力，是支撐中華民族永遠立於不敗之地的精神支柱，從這個意義說，他們又是勝利者。

歷史上的忠臣、奸臣、昏君早已成為過去，但他們的言行事蹟卻是一部永遠也讀不完的書，發人深思。我們撰寫《忠奸抗衡》一書的目的，也正是在於透過抨擊禍國殃民的奸臣賊子、庸主昏君，頌揚公忠體國的賢能忠臣，給人們啟迪。

中國古代的忠臣、奸臣形形色色，他們之間的鬥爭錯綜複雜。本書以容易引起現代人共鳴的經典人物、典型事件作為選擇標準。在撰寫中，我們探索著用一種較新的筆法寫作，以增強趣味性、可讀性和啟迪的作用。

本書的寫作，除了引用歷代史料外，還借鑒了史學界同行專家的研究成果，限於體例，未能一一註明。特別需要指出的是，本書撰寫過程中，始終得到中國遼寧省社會科學院魏鑒動教授、遼寧人民出版社編輯同仁的具體指導。於此一併致以謝意。

本書是我們同心合作的結晶。其中《魂兮歸來》、《大漢之旌》、《大隋巨奸》、《烽火長安》、《遼東忠魂》為楊英杰撰寫；前言及《北國宮變》、《天日昭昭》、《浩氣丹心》、《元初奸佞》、《熱血千秋》、《青天海瑞》、《大明孤忠》為喻大華撰寫；《千秋功業》為謝春山撰寫。最後由楊英杰統稿。

本書難免有許多不妥之處，敬請讀者批評指正。

楊英杰
喻大華
謝春山

目錄

魂兮歸來

赤縣神州古俗：

五月初五日，滔滔湘江，浩浩洞庭，千帆競渡，百舸爭流，萬眾呼喚：

「魂兮，歸來，三閭大夫——」

「魂兮，歸來，三閭大夫——」

時光回到二千多年前，那是秦、楚、齊、燕、趙、魏、韓七雄混戰，爭奪天下的戰國時代。

楚懷王十一年（前三一八年），楚國年僅二十二歲的蘭台宮文學侍臣屈原，被楚懷王擢升為左徒。楚國的宰相稱為令尹，左徒是僅次於令尹的副相。屈原與楚王同姓。他的祖先屈瑕是楚武王之子，因封於「屈」地，所以以屈為氏。在楚國的貴族中，屈氏受封最早，族人最盛，綿世最久，從春秋至戰國，屈氏子孫，或為將，或為相，都是顯要人物。屈氏與景氏、昭氏同為楚國的「著封」。

貴族的家世，使屈原自幼受到良好教育。他天資聰穎，勤奮好學，廣泛地涉獵了諸子之學，而受儒家、法家思想影響尤深。他把儒家所提倡的忠君報國、愛人重民、修身正己視為自己做人的行為準則；把法家的明法度、重耕戰、以法治國視為理民興邦的途徑。在儒家、法家的積極入世、奮發有為的思想熏陶下，培養了他堅貞不屈、百折不撓的性格。

屈原驟升要職，年少得志，意氣風發。他準備像伊尹、呂望輔佐商湯、周文王那樣去輔佐懷王，做出一番大事業，以不負國家的重托、黎民的期望、君王的信重。

屈原對列國的形勢、楚國的狀況與處境十分清楚，並且深明其中的縱橫之術及治亂興衰之道。七國之中以秦最強。秦本是僻居西陲的弱國，一向被諸侯所輕蔑。秦孝公恥於被諸侯所輕，重用商鞅實行變法：廢井田開阡陌，承認土地私有，獎勵耕織；廢除世卿世祿，以軍功大小賜爵賞田宅；厲行法治，有法必依。變法成功，秦遂國富兵強，依恃其優於別國的實力，連年攻伐各國，欲統一天下，成為山東六國的嚴重威脅。齊國一直是東方大國，齊威王任鄒忌為相，改革舊制，重視農桑，擅漁鹽之利，經濟繁榮，國力雄厚，為七國之首富。

七國之中，雖然秦最強，齊最富，但楚國的領土最大。楚國雄踞長江中下游，地廣人眾，物產豐富，且有雄兵百萬，甲堅如金石，矛銳如蜂蠆；士卒悍勇如飆風，為山東六國之冠，足可以與強秦抗衡。但屈原也清醒地看到，楚國這個立國已達七八百年之久的古國，舊制因循，積弊冗深。特別是受封食祿的世家大族太多，權勢太大。他們不但侵吞大量的國家財富，而且還壟斷國政，利用權勢，對上威脅國君，對下壓制賢能、欺凌百姓，致使國政日益腐敗，造成賢才棄楚外流，百姓操戈反叛，外敵不斷入侵。龐大的楚國正在日益衰落下去，面臨著嚴重的危機，屈原為此感到痛心疾首。

審時度勢，屈原認為楚國的當務之急是迅速調整與各國的關係，改革國內的弊政，謀圖振興，與秦國爭奪天下。他要向懷王進陳富國強兵之策。

滾滾長江，激流迴盪。風捲著巨浪，呼嘯著撲向阻遏洪流的崖石，彷彿要把它擊碎、撕裂，發出一聲聲雷鳴般的轟響……

江畔郢都的王宮內，刀拔弩張，唇槍舌劍。楚國的權臣顯貴們正在進行一場事關楚國前途命運的大辯論。

剛剛上任的左徒屈原，頭上戴著巍巍高聳的切雲冠，身穿玄衣裳，腰繫佩玉革帶，英俊瀟灑，正在向懷王慷慨進言：「當今天下，七雄並立。嬴秦虎視於西，韓、趙、魏、燕窺我以北，齊雄踞以東，皆有亡我之心。楚不強則不存。楚欲富國強兵，必須內施變法革新，外行聯齊而抗秦，捨此而別無它路。」

「臣、臣以為不然……」老態龍鍾的司馬子椒喘息著起來反對屈原。「變其故而易有常乃是逆天之道，逆天道而行必不祥。所以聖人不易民而教，智者不變法而治。祖宗之法不可變易！」子椒是王族中的前輩，朝廷中的元老，官居司馬，執掌軍事大權，他的話在朝中常常是一言九鼎。

大臣們紛紛交頭耳語，隨聲附和。

「司馬所言甚是！」懷王的愛子子蘭支持子椒的意見。他接著說道：「另外，兒臣認為左徒的『聯齊抗秦』之策也是萬萬不可取的。秦是天下第一強國，又主動與楚交好。齊不如秦強，今背盟棄強而交弱，豈不是自招禍患嗎？」

懷王點了點頭。

屈原針鋒相對地駁斥子椒、子蘭，他又向懷王進言道：

「司馬與王子之論不可取。臣以為先王之法雖然善美，但已實行數百年。時異則事異。時代不同了，事情變化了，處理事情的章法也就要隨之改變。試看當今列國，魏用李悝變法，魏先稱雄於諸侯；齊用鄒忌變法，齊富甲天下；趙用魯仲連變法，韓用申不害變法，趙、韓振興；至於秦用商鞅變法，國富兵強更為天下人所知。司馬所謂『不易民而教，不變法而治』，實非聖人之言，智者之為！至於子蘭王子的憂慮，是只見其表而未知其裡。秦乃虎狼之國，意在吞併諸侯，一統天下。它與楚國交好，目的是聯楚而滅齊、魏、韓、趙、燕諸國，一旦諸國破滅，豈能容楚一國獨存？今若楚、齊聯盟，魏、韓、趙、燕必從，六國聯合伐秦，何愁秦國不滅？秦滅則楚強，那時，一統天下者，捨楚而誰？」

屈原早就以能言善辯而聞名於楚國，他的侃侃精論，駁得子椒、子蘭啞口無言。其他大臣面面相覷，不敢置辭。

大臣中有個上官大夫叫作靳尚。他三十餘歲的年紀，身姿挺拔，風度翩翩，極富有男人的魅力。只可惜金玉其外，敗絮其中，為人奸險狡詐，心黑手毒，貪婪成性。他不懂什麼治國之術，只因為善於討取懷王寵姬鄭袖的歡心而爬上了大夫的高位，也深得懷王的寵信。屈原才華橫溢，品性清高，平日最鄙視靳尚，從不與他交往。因此，對屈原的高升，他充滿了仇恨與嫉妒。但他知道屈原是一顆正在躍起的新星，他不敢輕易得罪。在屈原與子椒、子蘭激烈爭辯的時候，他站在懷王座前謙恭地傾聽著。子椒、子蘭發言，他不時地微微點頭，好像是在表示支持；屈原發言，他面帶笑容，好像是讚許。他游刃左右，看風使舵，等待時機，擲出最後的賭注。如果說子椒、子蘭反對屈原是出於不同的政見，那麼靳尚則是一個心懷叵測的奸邪小人。這類人最容易得到昏君的信重，禍國殃民。

懷王熊槐是一個頭腦簡單、目光短淺、毫無主見的人。他看不清列國形勢，自以為楚國處於「天下第一大國」的地位，不知道秦國是楚國的主要敵人。即位之後，先後與魏國、齊國開戰，並與秦國結盟於齧桑（今中國江蘇沛縣西南），中了秦國分化瓦解諸國、各個擊破的「連橫」之計。經屈原指明，才知道上了大當。對屈原提出的改革，他有點猶豫，但聽說將來能夠一統天下，卻正中他好大喜功的心懷。懷王採納了屈原的建議，命屈原負責起草國家的憲令，接待各國的賓客，處理國家的內政、外交事務。

屈原主政，改變了親秦的對外政策，頻頻派出使者，與齊、趙、魏、韓、燕等國通好。這時的山東各國，都看清了秦國「連橫」外交政策的真實目的，於是驅逐了為秦國推行連橫政策的張儀，採納公孫衍的「合縱」策略，即六國聯合起來，共同打擊秦國。由於楚國是一個舉足輕重的大國，自然成了抗秦諸國之首。西元前三一八年，韓、趙、魏、燕、楚五國會盟，共推楚懷王為縱長，聯兵伐秦。這次伐秦雖然沒有取得勝利，但卻大大地提高了楚國的地位。此後，楚國又與齊國結成聯盟，互相支援，更加強了和秦國爭雄的力量。

屈原對外政策的成功，使懷王大為高興，加深了對屈原的信任。屈原全力進行內政改革。他促使懷王取消了貴族、勳戚的部分特權，舉賢授能，明法申令，推行德政，富國強兵。

改革實際上是以和平的方式對財產和權力的一次再分配，是對傳統觀念的更新，它直接關係到各個階級、各個集團的切身利益，因而改革是艱難的。楚國是一個舊貴族勢力強大而又根深蒂固的國家，改革尤其艱難。吳起變法的悲劇，屈原知道得清清楚楚。

七十年前，列國變法初興。魏用李悝實行變法，首先成為七國中最強大的國家，屢次興兵犯楚。楚悼王以客卿吳起為令尹，效法李悝，也在楚國變法。吳起明法申令，宣布封君（世襲貴族）凡是已傳三代的，一律取消爵祿，子孫不再繼承。公族（楚王家族）傳五代的也同樣取消特權和俸祿，遷到邊遠的貧瘠地區，自食其力；整頓吏治。凡是無能無用和多餘的官員，一律裁減，把省下來的財富用於養兵，獎勵軍功；嚴禁私門托請，以私害公；軍事上建立一支由國君直接指揮的軍隊，以時爭於天下。吳起變法使楚國迅速強大起來，打敗魏國，奪回失地。但變法卻遭到了舊貴族們的瘋狂反對，他們公開咒罵吳起是「禍人」，變法違背「天道」。楚悼王一死，舊貴族們便發動叛亂，將吳起亂箭射死。變法僅一年便澈底失敗。其後，各國出現變法高潮，紛紛改革舊制，國勢日益強盛，唯獨楚國還在舊的軌道上徘徊。龐大的楚國千瘡百孔，正一天天衰落。

忠奸抗衡

吳起變法失敗的悲劇，非但沒有使屈原退縮，相反卻使他更加堅信，楚國必須變法革新。求生存、圖富強、統一天下，在此一舉。苟利社稷，生死以之。屈原大刀闊斧地推行改革。幾年之間，古老的楚國出現了勃勃生機。數十年後，屈原仍然念念不忘昔日那令人振奮的歲月：

昔往日之曾信兮，受詔命以昭時。

奉先功以照下兮，明法度之嫌疑。

國富強而法立兮，屬貞臣而日娭。

他受到君王的信重，奉王命以整飭時政。繼承發揚先王艱苦創業的精神，以先王的功德教育民眾。法令嚴明無疑可存，國家富強而綱紀締定。忠賢在位，民心思定，君王其樂融融。

振興起來的楚國，成為與秦國爭奪統一天下的對手。「橫則秦帝，縱則楚王」。變法初見成效，激勵著屈原更加深化地推進改革。他審時度勢，發出一道道政令，派出一隊隊使者。楚國在富國強兵的道路上奔跑。

屈原主持的改革，觸犯了舊貴族們的既得利益。一顆顆陰險的心在盤算，一雙雙邪惡的眼睛在窺視，一張張歹毒的嘴在詛咒。老朽昏庸的司馬子椒之流，怨恨屈原擅改祖宗之法，使王族、貴戚們失去了世襲的爵祿；驕縱專橫的鄭袖、子蘭，怨恨屈原秉公執法，不分貴賤，使他們不能肆意妄為；貪鄙齷齪的上官大夫靳尚，雖然官職與屈原同列，卻被排斥於權力中樞之外。他妒火中燒，誓要取屈原而代之。

失去昔日殊榮的動戚與無比貪婪權勢的新貴勾結起來，組成了一個反對屈原的小集團。他們策劃於密室：

已經不能走路，行動要由侍女攙扶的司馬子椒，大概由於過度的氣憤，青筋暴露，喘息得更加厲害，待侍女為他擦去嘴角上淌出的口水後艱難地說道：「如今陰陽顛倒，貴賤易位，國將不國了。老身為王室貴胄，官居司馬，執掌軍國，再不能容許屈原胡鬧。明日我定要再諫大王，廢止新政，復祖宗之法。」

子蘭挪動了一下肥胖的身軀，極力表示贊成。他只是一個沉湎於酒色的王子，本無任何主見。

靳尚眨了眨眼睛，慢慢地搖了搖頭，說：「不妥！屈原變法是得到大王支持的，反對變法弄不好反倒要背個違逆君王的罪名，以拙見釜底抽薪才是上策。」

子椒、子蘭迷惑不解，一齊瞪大眼睛問道：「何謂釜底抽薪？」

靳尚詭祕地說道：「設法離間大王與屈原的關係。大王疏遠屈原之日，就是新法廢止之時。新法一旦廢止，治屈原之罪何患無辭！」

子椒、子蘭點頭讚許。

靳尚接著說：「在下已想好一計，可如此如此……」

子椒、子蘭連連稱妙。

靳尚又說：「不過，這事還需王子及鄭夫人在宮內相助。」

子蘭拍著胸脯說：「這事包在我身上！罷免屈原之後，一定保舉大夫執掌國柄。」

楚懷王十五年（前三一四年）的一天，屈原奉懷王之命正在祕密起草一份重要法令。靳尚躬身湊到屈原身邊，低聲媚氣地說：「左徒，可否讓在下先飽飽眼福啊？」說罷，不待屈原應允，便伸手去拿。他知道，王命在頒布之前是不得洩露的。他一旦知道了內容，便誣告是屈原為了顯示自己而故意透露的。有司馬子椒、王子子蘭作證，不怕大王不信。

不料屈原一把奪回，聲色俱厲地說：「不行，我奉王命制訂憲令，在沒有公布之前，除非大王，其他任何人都不得閱視！」屈原正氣凜然，使靳尚生畏。

靳尚一計未成，眼睛賊賊地一轉，又生出一計：「既然屈原說只有大王才能過問憲令的制定，何不把它變動一二，再做做文章呢！」

過了幾天，靳尚找了一個懷王正為屈原直諫而氣惱的機會，向懷王進讒：「大王，現在楚國民富國強，西令悍秦生畏，北使諸國俯首，天下無不稱頌大王的英明，敬服大王的德威。」

懷王是最喜歡別人奉承的，他的臉上露出了得意的笑容。

靳尚停了停又接著說道：「可是左徒屈原卻貪天功為己有，竟然說楚國的政令、法規、國事大計，都出於他一人之手。聲言楚國除了他，沒有人能做這些事。他的眼中還有大王嗎？」

類似的話，懷王從鄭袖、子蘭、子椒那裡也聽說過。他最容不得的就是臣子們的不恭。對屈原的屢次諫言，他早已反感。現在聽靳尚這麼一說，頓時大怒。下令免去屈原左徒的職務，另任為三閭大夫，讓他去負責王族子弟的教育，不得再參與國家大政。

朝無昏君則無佞臣。君主昏庸，是非不辨，才使得耿介忠直之臣受害，邪佞奸險之徒肆虐橫行。楚國自吳起變法失敗之後，在各國紛紛改革的大潮中已被拋在後面。楚懷王罷免屈原，拋棄了歷史賦予楚國的最後一次富強求存的機會。

一心為國家的富強而鞠躬盡瘁的屈原，被剝奪了執政的權力，不得不放棄正在蓬勃進行的改革事業。他的心情極為沈重。但是屈原並沒有放棄自己的政治理想，他發誓：「即使歷盡艱險，九死一生也決不後退，決不後悔。」他盡心教誨那些王族子弟，要把他們培養成為繼承改革事業、振興楚國的人才。

屈原離開中樞，新法被廢，舊制恢復。大貴族、大官僚們欣喜若狂。

秦國得知屈原被罷黜，君臣彈冠相慶，拆散齊、楚聯盟的時機到來了。秦惠文王立即派大良造張儀攜帶珍寶財貨出使楚國。張儀曾經在楚國令尹昭陽門下當過門客，因被懷疑偷了和氏之璧慘遭毒打。張儀發誓要報挨打受辱之仇，帶傷逃到了秦國，向秦惠文王獻「連橫」之策，深得信重，被任命為主持軍國大政的大良造。

張儀對楚國大貴族、大官僚們的權勢、政見、為人、嗜好瞭如指掌。入楚之後，張儀首先攜著重金去拜訪了新近得寵的上官大夫靳尚。

靳尚一向嗜財如命，見到張儀陳列在案上的奇珍異寶，頓時眼花繚亂，愛不釋手，還沒等張儀求他，便先把楚國的內情全都透露給了張儀，還滿口許諾一定要說服楚王與秦交好。

一個國家，外部敵人的強大並不可怕，最怕的是國賊的蛀空、內奸的叛賣。在重金的收買下，靳尚、子蘭、鄭袖等人變成了秦在楚國的代理人，形成了勢力強大的親秦派。經過靳尚等人的活動，懷王熱情地接見了張儀。

張儀向懷王奉獻了秦惠文王贈送的厚禮。懷王問道：「先生辱臨敝邑，有何見教？」

張儀說：「臣此番特為秦、楚友好而來。秦國最恨的是齊國，最崇敬的人莫過於大王您。如果大王能與齊國絕交而與秦國友好，寡君願將昔日商君（商鞅）所取楚之商於之地六百里還楚。」

聽說秦肯歸還商於六百里之地，懷王大喜，連忙說道：「秦果能如此，寡人又何愛於齊呢！」

靳尚怕懷王再有反悔，立即率群臣上前道喜，祝賀楚秦交好。

被排斥在朝政之外的屈原，看出了這是張儀的騙局，他極力上疏諫阻。但被奸臣所蒙蔽的懷王哪裡還會理睬他的意見呢？

屈原心急如焚，寢食俱廢。周圍的親朋父老勸他不要再管朝廷的事，免得招來更大的禍患。屈原回答：「那些結黨營私的讒佞小人，只知貪財受賄，苟且偷安，他們正把楚國引向一條黑暗險隘之路，我怎能懼怕自身遭禍而不言？我知道忠直諍諫會招來禍患，但我寧受苦難也不能視而不見！我對君王的赤膽忠心，蒼天可以作證！」

昏君在位，權奸當道，屈原無法力挽狂瀾。利令智昏的懷王，宣告與齊國絕交，派出使者隨張儀去秦國接受贈地。

三個月後，使者狼狽不堪地歸來。正如屈原所料，張儀玩弄了一個小小的騙局。他戲弄楚使說：「秦國怎麼會把土地白白送人呢？我只是說把自己的封地獻出六里給楚王，哪裡是什麼六百里啊！哈哈！」

懷王惱羞成怒，於楚懷王十五年（前三一四年）不顧一切地出兵攻秦。早有準備的秦軍在丹陽（今河南丹水北岸）大敗楚軍。消滅楚軍八萬，主將屈匄以下七十餘人被俘，秦占領了楚國的漢中郡。懷王不甘心失敗，再次發兵攻秦，又慘敗於藍田（今湖北鍾祥西北）。韓、魏兩國也乘機出兵襲楚，直接威脅楚國的後方。楚國損兵、折將、失地，慘重的失敗，使懷王不得不重新起用屈原，派他出使齊國，恢復齊、楚聯盟。

秦國怕齊、楚再度聯合起來，便主動與楚講和，提出願將漢中郡的一半歸還給楚國。懷王深恨張儀，聲言非但不要漢中土地，還願另給黔中之地，以換取張儀的人頭。

張儀聽說後自動來楚。懷王即命武士將張儀扣捕，將擇日行誅。其實張儀早有安排，他遣人再次以重金賄賂靳尚，求他如此這般地去打通懷王寵姬鄭袖的關係。靳尚自度齊、楚一旦修好，懷王必然還要重用屈原，那將對自己極為不利。於是他按張儀所教，對鄭袖進行誘騙和威脅，說道：「夫人受寵之日就要到頭了！」鄭袖驚問其故。靳尚說：「今聞大王要殺張儀。秦王為救張儀，要將親女下嫁於楚，以美人善歌者為媵。若秦女至，大王必尊而禮之，夫人雖欲專寵，還能辦得到嗎？以臣之見，不如以利害言於大王，使放張儀歸秦，秦女必不再嫁。」

鄭袖點頭稱是。乃尋機哭諫懷王道：「秦遣張儀本欲還漢中之地，與楚修好，今若殺張儀，秦必怒而伐楚，楚將大禍來臨。以臣妾之見，大王不如厚待張儀，使他忠心事楚，豈不兩全其美嗎？」

靳尚也乘機進言：「殺一張儀，何損於秦？而又失黔中數百里之地，不如留他一命，與秦修好，這才是上上之策，望大王三思。」

懷王本無主見，聽了鄭袖、靳尚的話，覺得很有道理。於是下令釋放張儀，以禮相待，使其歸秦，修兩國之好。

屈原從齊歸來，聽說張儀已去，責問懷王為何不殺張儀。懷王後悔，派人速去追趕。可是張儀早已逃出楚境。

張儀臨走前，還說服了懷王叛合縱之約，而與秦和親。求懷王之女為秦太子之妃，又許以秦女為子蘭之妻。秦國之計得逞，楚國在外交上又一次失信於山東諸國，屈原使齊所作的努力自然也就付諸東流了。後人有詩諷刺懷王的愚蠢：

張儀反復為嬴秦，朝作俘囚暮上賓。
堪笑懷王如木偶，不從忠計聽讒人。

懷王投靠秦國，親秦派的靳尚、子蘭仍得重寵，屈原再次受到排擠。他雖然幾次建議懷王繼續推行變法圖強的政策，但懷王始終沒有再採納他的主張。

楚懷王二十三年（前三〇六年），秦昭王即位。昭王對楚採取又打又拉的政策，懷王動搖於秦、齊之間。懷王二十四年，懷王與秦結成親家，又一次與齊絕交。次年，懷王與秦昭王會於黃棘（今河南南陽南），秦、楚結盟。這是楚國外交政策上的再一度重大變化。

屈原竭力反對懷王親秦背齊，一再苦諫。

靳尚、子蘭怕屈原破壞了他們背齊親秦的政策，便又在懷王面前不斷詆毀屈原，並威脅懷王說：「秦國最恨親齊的屈原，現在秦、楚已經結盟，但屈原卻還在攻擊秦國，萬一秦國怪罪下來，那楚國不就要大禍臨頭了嗎？以臣等之見，應該將屈原論罪，以示守信於秦。」

懷王覺得靳尚、子蘭的意見很有道理。於是下令將屈原治罪，定為流刑，驅出郢都，放逐到漢北（漢水上游，今湖北鄖、襄一帶）。

屈原雖被流放，蒙受不白之冤，但他拳拳忠君興國之心不泯。山水阻隔，他的忠諫再無法達於君聽；待罪之身，欲輔君報國而無門。他只能在夢中一次次魂歸郢都，向君王陳情，希望君王能親忠賢而遠小人，成為像三王五霸那樣的聖君。他不屈不撓，強烈追求，等待君王的覺悟，他要像古賢臣彭咸那樣，再給楚國送去光明。

東方的齊國，見楚與秦結為姻親，欲出兵伐楚。懷王懼齊，便又與齊修好，遣太子熊橫赴齊為質。齊、楚復交，一向主張聯齊的屈原被懷王召回郢，結束了五年的流放生活。

楚懷王二十九年（前三〇〇年），秦昭王一面派兵伐楚，大敗楚軍，一面又約楚懷王到武關（今陝西商縣東）與秦結盟復好。

懷王不敢輕易赴會，徵詢群臣意見。

屈原極力勸阻赴會，他說：「秦乃虎狼之國，毫無信義。楚國已多次被秦所騙，大王萬萬不可自投羅網！」

靳尚則說道：「不然，楚不能敵秦，因而屢次兵敗將死，國土日削。今秦欲與楚復好，如果拒絕了它，秦王必震怒，定要增兵伐楚。以臣之見，大王切不可得罪於秦。」

懷王猶豫不定，問少子子蘭。子蘭娶秦女為妻，以為婚姻可恃，力勸懷王赴會，他說：「秦楚之女，互相嫁娶，親莫過於此。秦以兵相加，還要求和，今歡然相會，怎可不去？上官大夫所言極是，大王不可不聽。」

懷王昏憒，心本懼秦，又被子蘭、靳尚二人攛掇不過，遂答應秦王赴會。起程之日，屈原拉住轡頭不放，哭諫：「大王去武關，是關係楚國存亡的大事，不可不慎啊！大王如不聽臣的勸告，恐怕歸來無日。臣寧死於車輪之下，也決不放大王入虎狼之口！」

懷王坐在車上默不作聲。子蘭、靳尚怕懷王態度有變，命侍從將屈原強行拖開，喝令御者策馬速行。

屈原踉蹌追著西去的滾滾煙塵，啼血呼喊：「大王，去不得啊！去不得——」

懷王一入武關，便被秦兵劫持到咸陽扣留起來。秦王要挾楚國割讓黔中之地。懷王不允。他悲憤交加，哀嘆道：「悔不聽屈原之言，至有今日。靳尚、子蘭誤我！」三年後，懷王病死於秦。昏憒的懷王終於自食惡果。正如百年之後司馬遷所言：「懷王不知忠奸之分，故內惑於鄭袖，外欺於張儀，疏屈平而信上官大夫、令尹子蘭。兵挫地削，亡其六郡，身客死於秦，為天下笑。」

懷王被拘，太子熊橫於前二九九年從齊歸國即位，是為頃襄王。頃襄王以弟子蘭為令尹，主持國權。頃襄王是一個比其父還昏庸的君主。賢良斥疏，奸佞居位，百姓離心，國政更加腐敗黑暗。他不但不思報君父之仇，反而娶秦王之女為妻。

屈原恨子蘭、靳尚誤國害君，誓與內奸、國賊不兩立。他不怕孤立，不怕打擊，屢屢進諫，勸頃襄王近賢遠佞，選將練兵，聯齊抗秦，以雪懷王之恨。子蘭、靳尚視屈原為心腹之患，欲置之死地而後快。子蘭唆使靳尚出面去誣陷屈原。靳尚對頃襄王說：「屈原以同姓不得重用而心懷怨恨，說大王忘秦仇為不孝，子蘭不主張伐秦為不忠。」頃襄王大怒，下令奪屈原之職，放逐江南。

罷官、治罪，這是屈原意料中的事。頃襄王二年（前二九七年）仲春的一天清晨，屈原沉痛地與郢都的國門告別。他想到再不能見到那宗廟、社稷之主的君王，再不能去拯救那多災多難的楚國、那流離失所的百姓，他長嘆一聲，淚下如雨，一步三顧，緩緩離去……

夜茫茫，路漫漫。被流放了二十年的屈原，長年漂泊，足跡遍布江南：出郢都至夏首，東下經洞庭、夏浦（今湖北漢口），棲居淩陽（今安徽青陽縣南）。數年後又遠遷西南，經鄂渚（湖北武昌）入洞庭，溯沅水至辰陽，達溆浦（辰陽、溆浦在今湖南沅陵一帶），繼而又由溆浦下沅水，最後流落到長沙東北的汨羅江畔。

二十年漫長歲月的折磨，並沒有使忠貞剛烈的屈原屈服。他仍然鐵骨錚錚地挺立著，頑強地生活著，以詩歌為武器而勇敢地戰鬥著。他目睹了楚國千里河山正在沉淪，飽嚐了下層民眾的苦難艱辛。因此，他更加憎恨那些巧舌蔽君、禍國殃民的奸邪黨人，更加擔憂國家的命運：

惟夫黨人之偷樂兮，
路幽昧以險隘。
豈餘身之憚殃兮，
恐皇輿之敗績。

他們已把楚國引向了黑暗的絕路，君王所駕馭的皇輿（國家）就要傾翻；他更加關切那些顛沛流離、無以聊生的人民，他為之流淚，為之呼喊：

長太息以掩涕兮，
哀生民之多艱。
皇天之不純命兮，
何百姓之震衍？

他更加顧念那個同祖同宗、被群小包圍的君王：

楫齊揚以容與兮，
哀見君而不得。
思美人（君王）兮，
攬涕而佇眙。

楚王昏庸無道，不辨忠奸。奸臣群小正是透過他來迫害忠賢、禍亂國家的。但他為宗廟之主，是祖宗的代表；為社稷之首，是國家的象徵。因而屈原雖然受盡迫害，仍然不改對君王的忠誠。忠君即敬祖，忠君即是愛國。忠於楚王，就是忠於以楚王為代表的祖國。屈原要改革政治，推行聯齊抗秦的外交政策，只有取得楚王的信任與支持才有可能實現。而楚王的昏憒、專橫、倒行逆施，又會造成國家的衰敗，人民的災難。作為忠臣的屈原，對君王的忠誠，就是要使君王覺悟，擺脫群小，明辨是非，信重貞臣，奮發有為。他希望有朝一日君王能回心轉意，召他回都，使他再執國柄，富國強兵。

正因為如此，他才能不避危難、不計得失，敢於冒犯君威而直諫，譴責君王之過；敢於揭露奸邪群小，堅持鬥爭；才能忍辱負重，義無反顧。屈原的「忠」，不是奴才的「愚忠」，而是當時歷史條件下貞臣節士體國恤民的「大忠」。

他更加眷戀祖祖輩輩生於斯、長於斯的祖國：

曼餘目以流觀兮，
冀一反之何時？
鳥飛返故鄉兮，
狐死必首丘。
信非吾罪而棄逐兮，
何日夜而忘之？

戰國時代，策士遊說求榮之風盛行。許多士人不以自己的祖國為念，「合則留，不合則去」，如果在本國不得重用，不能滿足個人的願望，就投奔他國，另謀出路，甚至不惜為敵國出謀劃策而侵害故國。范睢、蘇秦、張儀等皆如此之流。

屈原是一個曠世奇才，他胸懷報國之志，但卻忠而被謗，信而見疑，被昏君奸臣所斥逐，長期流放於蠻荒僻遠之地。欲進無路，報國無門。面對楚國黑暗的現狀，難卜的未來，他將選擇一條什麼樣的道路呢？是從世俗而去楚？還是持節而守忠？屈原也曾內心矛盾重重，反復地、痛苦地做著思想鬥爭。

他想到：九州是那麼博大，美人（楚王）也並非只他一個。遠遠地離去吧，不要再猶豫，哪個渴望求賢的國君能不賞識自己呢？離去吧！趁年華未老，去尋求政見一致的同道。大禹、商湯那樣的聖明君主，正在等待皋陶、伊尹。傅說是個築牆的賤人，武丁任他為相，信而不疑；呂望是個操刀的屠夫，周文王奉他為太師；甯戚是個流浪的歌手，齊桓公重用他為輔弼之臣。天涯何處無芳草，何必眷戀這個荊棘叢生的故園？

屈原想像自己離開了楚國，去周遊天下，尋求與己志契合的明君，以成功業。出遊是那樣美好：像飛龍一樣的八匹駿馬拉著華麗的車子，美玉、象牙裝飾著車身。從車千乘，玉輪滾滾。鸞鈴叮噹和鳴，雲旗獵獵飄揚，金色的鳳凰在車旁飛翔。朝發天津，夕止西極，途經流沙，循行赤水之濱，取道不周之山，向那目的地西海飛進。時而讓車子緩緩前行，奏起《九歌》，跳起《韶》舞，樂融融消解煩悶。他乘車正要向更光明燦爛的天宇飛升，驀然回首，鳥瞰到了可愛的故鄉。車夫悲傷拭淚，御馬也踟躕不前……他悲不自勝，再也不忍離去，又回到了他生活過的楚國大地，回到了使他受盡磨難的江南。

這幻覺傾瀉出了屈原對祖國的忠貞、苦戀。他對著蒼天呼喊：

算了吧！算了吧！
國中沒有一個相知的人，
為什麼對她還是眷戀得這樣深？
既然不能與君王共行美政，
就效法古賢彭咸吧——
九死也不改變這顆赤誠的心！

屈原一遍遍地誦詠他早年的詩作《橘頌》，砥礪著自己的意志：

天地間最嘉美的橘樹，
生來就習於這裡的水土。
它受命生於南國，
豈能遷往別處！
它根深蒂固難於遷徙，
意志專一決不它顧。[1]

在屈原流放期間，秦國不斷出兵伐楚，楚國更加虛弱衰落，接連慘敗失地。楚頃襄王十九年（前二八〇年），秦將司馬錯攻楚，拔黔中郡（今湖南西部及貴州東北部），楚割漢水、上庸之地給秦。次年，秦將白起率兵再次攻楚，破楚別都鄢（今湖北宜城東南）及鄧（今湖北襄樊北）、西陵（今湖北宜昌西）。白起引長渠之水灌鄢，淹死楚國軍民數十萬。楚頃襄王二十一年（前二七八年），白起再伐楚，攻破楚都郢。火燒夷陵（今宜昌），東進至竟陵（今湖北潛江西北），南進至洞庭湖一帶。楚頃襄王兵敗國破，狼狽東逃，遷都於陳（今河南淮陽）。

郢都破了，屈原的心碎了。眼看著傳了七百年之久的祖國瀕於滅亡，屈原痛哭哀吟：

1 詩句原文：后皇嘉樹，橘徠服兮。受命不遷，生南國兮。深固難徙，更壹志兮。

無限的牽掛使我悲傷，
渺渺茫茫，
何處是我立足的地方？

他面容憔悴，形體枯槁，披頭散發，在江邊徘徊，時而獨語，時而吟唱，如癲如狂。一位漁翁見了他，不禁問道：

「您不是三閭大夫嗎？怎麼弄到了這般地步？」

屈原道：「世人皆混濁而我獨潔淨；大家都昏醉而我獨清醒，因此遭到放逐。」

漁翁說：「聖人不固執地對待事物而能與世推移。既然世人皆污濁，何不隨其流而逐其波？既然大家都昏醉，何不食糟飲酒一起醉？為什麼要深思清高，招來放逐之禍？」

屈原搖手答道：「不！不！不！不！我聽說剛洗了頭的人，要彈掉帽子上的灰塵；新洗了澡的人，要整理一下衣襟。我怎能將這如玉之軀，與那污泥濁水雜混？我寧可躍入江水，葬身魚腹，也決不污染潔白之身！」

屈原愛憎分明，疾惡如仇，決不放棄崇高的理想，他要與奸邪小人鬥爭到底，永不妥協，永不同流合污。既然不能再治國平天下，也要堅守高風亮節，獨善其身。這正是永不泯滅的中華之魂！

漁翁走了。

屈原還在沿江吟唱：

浩蕩的沅水、湘水，
奔流不息。

漫長的道路，
黑暗迷離。
世上已無伯樂，
誰識駿馬的能力？
人生的命運，
各有不同。
我志向堅定，
何所畏懼？
自知死亡不可躲避，
不願對生命再珍惜。
先賢志士就是榜樣——
捨生取義！

屈原是位忠貞不貳、百折不撓的鬥士。為了楚國的富強，為了拯救黎民於水火，他和國外強敵及國內的邪惡勢力進行了不懈的鬥爭。但由於昏君在位，奸臣弄權，他失敗了。為了維護正義，堅持理想，他要選擇以死殉志、以死殉國的道路。他希望以自己生命的火花，照亮人們的心靈，點燃為真理和正義而鬥爭的烈火；郢都淪陷了，楚國覆亡在即。他既不能謀事於朝廷，又不能操戈於疆場，他要選擇殺身成仁的道路。生不賣國求榮，死不受亡國之辱。他希望以自己的死，激勵民眾，喚醒國魂。「楚雖三戶，亡秦必楚」。他渴望著楚國的再生，楚國的復興。

楚頃襄王二十一年（前二七八年）五月初五日，六十二歲的屈原自沉於汨羅江。一個平凡的身軀回到了母親的懷抱，一個偉大的靈魂冉冉升騰。他回首人間：

呵！我的郢……

大漢之旄

天漢元年（前一〇〇年）初春的一個早晨，京師長安的北門大開，城外十里長亭車輛紛紛，人馬簇簇，鼓樂齊鳴。一隊出使匈奴的百餘人使團，辭別了為他們餞行的各衙官員、父老鄉親，踏上了去往塞北的征程。

漢、匈兩國已經多年互不通使，金戈鐵馬、刀光劍影就是交談。使團帶走了朝野官民對和平的渴望，留下了親人的日夜思念。

使團的正使中郎將蘇武，四十歲剛剛出頭。他身材魁梧，儀表堂堂，濃眉下一雙炯炯有神的眼睛，透露出一股威嚴剛毅之氣。蘇武出身將門，是右將軍平陵侯蘇建的二子。自幼受到嚴格的家教，恪守忠孝，習文練武，以重操行守氣節、德才兼備而聞名於京師，一向受到同僚們的敬佩，也頗得武帝的信重。

蘇武騎著一匹雪白駿馬，手持一柄銀光耀眼的旄節，神色莊重，走在隊伍的前頭。那根旄節以九尺之竹為柄，長八尺，頂端繫著一條絨索，索上垂掛著三重白色犛牛尾，稱為旄。旄節雖然並不華美，但卻十分神聖，它凝聚君、國的重托，是使者身分的物證。手持旄節的使臣，就是皇帝和國家的代表。九節之竹，象徵著使者永久保持著高尚的節操；白色的犛牛尾，象徵著使者純正無染、信守忠君報國的誓言。蘇武把它看得比生命還重要。

自高祖劉邦建漢以來，匈奴一直是北方最強大的敵鄰。漢初，民貧國匱，力量軟弱，只好以玉帛美女與匈奴「和親」，以求休養生息。至武帝即位，漢王朝經過七十年的發展，國富兵強。從元光二年（前一三三年）至元狩四年（前一一九年），漢對匈奴大舉反攻，奪回河西、河南之地，將匈奴的勢力趕到了大漠之北。但到武帝太初年間（前一〇四至前一〇一年），匈奴經過十餘年的休整，力量逐漸恢復，又揮兵南下，漢、匈重開戰端。由於武帝長期對外戰爭，大興土木、封禪求仙，致使國力減弱，因而在與匈奴作戰中不斷失利。太初二年（前一〇三年），趙破奴率二萬騎兵出朔方擊匈奴，全軍覆沒，此時武帝正大舉征伐大宛，無力報復匈奴，只好在北疆採取守勢。太初三年（前一〇二年），匈奴大舉進犯定襄、雲中、五原、朔方，殺漢邊郡太守，摧毀漢軍所設的大部分亭、障。匈奴右賢王又率軍攻入酒泉、張掖，殺擄漢軍數千人，漢、匈關係急劇惡化。正在此時，漢擊大宛獲勝，威震西域。武帝決定乘勝北伐匈奴。匈奴且鞮侯單于初立，國內不穩定，聽說武帝要乘勝勇來攻，忙將過去所扣留的漢使遣返歸漢。又假意對漢卑謙，聲稱：「漢天子是我的父輩，我是兒子小輩，我怎敢與漢天子作對呢？」表示願意與漢朝修好。武帝雖聲言要伐匈奴，但實際上也是困難重重，沒有必勝的把握，也希望避免大戰，以求休整。見匈奴求和，便放棄了進攻匈奴的計畫。為了表示對匈奴友好，武帝決定也放還所扣留的匈奴使者，並派遣蘇武為正使，中郎將張勝為副使，常惠為假使，率隨從百餘人，持厚禮出使匈奴，並護送匈奴使者一起歸國。

蘇武明白皇上深謀遠慮的意圖，特別是皇上親選自己為正使，更是寄託厚望。漢、匈兩國廝殺了數十年，赤地千里，白骨成丘，生靈塗炭。多少牧場牛羊絕跡，多少城鄉斷壁殘垣，多少家庭骨肉離散……匈奴失敗了，慘敗！大漢國勝利了，也是慘勝！對匈奴的戰爭使漢王朝的人力、物力消耗殆盡，致使國庫空虛，民不聊生。國家需要休整，百姓渴望和平。蘇武感到自己肩上的擔子是那麼沉重，但蘇武也知道漢、匈兩國交惡多年，互相仇殺，結怨甚深。況且匈奴人一向狡詐多端，言而無信，且鞮侯單于的真正意圖究竟是什麼，還很難猜測。一路上，蘇武設想了種種方案。他要盡最大的努力，化干戈為玉帛，溝通兩國之好，完成神聖的使命。

蘇武一行經過一個多月的長途跋涉，到達了匈奴王廷。蘇武拜見且鞮侯單于，傳達了大漢天子表示願意與匈奴通好的意圖，贈送了禮品，遞交了釋放匈奴使者的名單，彬彬有禮，不卑不亢。

匈奴與漢講和，乃是不得已之策，且鞮侯單于並非真想捐棄前仇，而是詐施緩兵之計。他對漢使的態度非常傲慢冷淡，與武帝對他的估計截然相反，這使漢使們大失所望。

蘇武等在匈奴住了一些日子，且鞮侯單于正準備將漢使遣還，想不到卻發生了一起意外事件，使蘇武等人的命運發生了急劇的變化。

原來，在此之前，漢朝有個使者名叫衛律，本是匈奴人的後代，是協律都尉李延年的好友，在李延年的推薦下，武帝派他出使匈奴。後來，李延年因罪下獄。正在匈奴的衛律，怕回國受到牽連，便投降了匈奴。衛律熟悉漢王朝的內情，又多智謀，正是匈奴侵漢最需要的人。因此，對他格外寵重，封他為靈王。衛律的從人虞常，被迫隨降，內心中仍然忠於漢朝，總想尋找機會逃歸。這時，漢將緱王在隨趙破奴入匈奴作戰中被俘，送到匈奴王廷。緱王是原匈奴渾（昆）邪王姐姐之子，隨渾邪王一起降漢。他雖是匈奴人，但心在大漢。虞常、緱王兩人成為知己，密謀刺殺衛律，並且準備劫持單于之母，一起歸漢。恰巧蘇武使團中的副使張勝又是虞常的好友，虞常便將謀反的計畫告訴了張勝，張勝想立奇功，一舉成名，於是背著蘇武，拿出財貨賞給虞常，並且幫助出謀劃策。過了一個多月，單于出去射獵，只有閼氏和單于的子弟等人在家。虞常等七十多人便想趁這個機會起事。不料有人逃出告密，單于的子弟立即發兵捉拿。緱王等人戰死，虞常被擒。單于得知王廷有變，火速趕回，命衛律審問追查。

張勝聽說虞常、緱王起事失敗，心中恐懼，不得已將內情報告了蘇武。

蘇武聽了之後，沉默不語。他為沒有約束好隨行人員而敗壞了國家大事痛感內疚。他沒有過於斥責張勝，只是在氈帳外徘徊。良久，望著高懸在帳壁上的旄節，慨然說道：「事已如此，單于豈能罷休！必然要牽連到我們使團。諸君切要珍重，不可失節。我身為大漢正使，受匈奴之刑就是對國家的污侮，不如自殺而死，以維護國家的尊嚴。」說罷，便抽刀自刎。張勝、常惠急忙攔住。

果然如蘇武所料，虞常熬不住重刑，供出了張勝。單于大怒，要殺掉漢朝的使臣。左伊秩訾勸阻說：「這樣的處罰太重，不如饒他們一死，迫令他們投降，這既使漢朝難堪，又可以使他們為我們出力。豈不一舉兩得？」

單于認為有理，便命衛律把蘇武等人召入王帳。單于威嚴地坐在寶座上，滿面怒容、虎視眈眈。兩側手執刀斧的武士林立，殺氣騰騰。

衛律怒喝：「大膽漢使，你們竟敢串通叛逆，企圖謀亂，罪該萬死！今我大匈奴單于有令，你們如能歸降匈奴，可賜官賞爵，否則殺不赦！」

蘇武聽了，大義凜然地說道：「我大漢國真誠與匈奴修好，化干戈為玉帛。今謀亂之事，非我大漢天子之意，也非我使團之意。我等是大漢的使臣，若是屈節辱命，即或是能夠苟且偷生，又有何面目復歸於漢？」說完，憤然拔刀向自己的胸部刺下。

好一個剛烈的蘇武！寧為玉碎，不為瓦全！這既是對單于、衛律的回答，又是對同伴的勉勵。大漢人的精神、大漢人的氣節隨著噴射的鮮血迸發出來。

衛律萬萬沒有想到蘇武如此剛烈，急忙上前阻攔，但蘇武已經身負重傷，昏死過去。

衛律急忙找人搶救。許久，蘇武才慢慢甦醒過來。常惠等人痛哭，用車子將蘇武拉回漢使的營帳。

單于很敬佩蘇武的氣節，每天早晚都派人來問候，只把張勝等有牽連的人監禁起來。

蘇武的傷勢漸漸痊癒，單于又設法逼迫蘇武投降。一天，衛律奉單于之命審訊虞常和張勝，讓蘇武等人也都參加。衛律宣布：「虞常叛亂犯有死罪，當斬！」說罷，當眾人之面，一刀將虞常的頭顱砍下，鮮血四濺。

衛律斜眼看看蘇武，蘇武神色自若。

衛律接著又拉下張勝，說道：「漢使張勝，謀殺單于近臣，罪在當死。但單于有詔，降者赦罪！」說罷，舉刀在張勝的脖子上晃了兩下。張勝早已嚇得渾身顫抖，連說：「願降！願降！」衛律冷笑幾聲，一腳將張勝像踢畜牲般踢到一旁。

衛律又斜眼看看蘇武，但見蘇武正在蔑視地看著張勝，彷彿在說：「你這個大漢國的叛徒，無恥的敗類！」

衛律向蘇武的身邊跨了一步，又對蘇武說道：「副使有罪，你這個正使罪該連坐！」說罷，又舉起刀，作勢要砍。

蘇武面不改色，義正詞嚴地說：「我與張勝本未同謀，又不是他的親屬，憑什麼要連坐？」

衛律理屈詞窮，又揮刀在蘇武的頭上晃了晃。蘇武如同一座高山，巍然不動。

衛律見威脅不成，便抽刀改容，以利相誘，和顏地說：「蘇君，我衛律自從背漢投歸匈奴，承蒙單于大恩，封我為王，有眾數萬，牛馬滿山，富貴無比。蘇君若是今日降，明日就會與我一樣。若是執拗不肯，白白橫屍曠野，又有誰知道你的忠貞呢！」

蘇武不答。

衛律以為蘇武內心已動，又接著說：「您若是能聽我的良言，歸降過來，我與你結為兄弟，若是不聽我的勸告，以後要想歸降，再來找我，恐怕就沒那麼容易了。」

蘇武聽了此言，霍然而起，指著衛律罵道：「衛律！你身為漢家臣子，不顧恩義，叛主背親，甘降蠻夷，你這無恥之徒，我何屑再見你？現在單于信任你，讓你主持審理案件，你不但不公平持正，反而藉機挑起兩國君主的爭鬥，你好坐觀成敗。南越殺大漢使者，被滅國設郡；大宛王殺大漢使者，頭懸漢京北門；朝鮮殺大漢使者，曾幾何時便被誅滅，他們都付出了血的代價。現在唯獨匈奴尚未至此。你明知我不會投降，卻威逼利誘，欲使兩國相攻，若果然如此，恐怕匈奴的禍患就要從我這裡開始了。」

衛律被蘇武罵得啞口無言，知道蘇武最終也不會投降，只得如實稟報單于。單于大為嘉嘆，愈發想要招降蘇武。他想：「蘇武不怕殺頭，不為利誘，難道還不怕天長日久的苦難嗎？他就是個鐵人，也要把他折磨得筋疲骨軟，到那時再誘之以溫飽富貴，不信他不降。」於是單于下令，把蘇武囚禁在一個地窖裡，不給飲食。

蘇武看穿了單于的險惡用心。這時他反倒不想再去死，他要活，要頑強地活下去！他要讓匈奴人看一看大漢國臣子的赤膽忠心、鋼筋鐵骨和堅如磐石的意志，讓他們知道大漢國是不可戰勝的。他要把皇帝親手交給他的旄節再親手奉還給皇帝，不辱君命，不損國威。

雖然已經是三月天氣，但大漠以北仍然是滴水成冰、風雪交加。蘇武在地窖中不停地走動，以流動的熱血消融刺骨的嚴寒。餓了，他便咀嚼身上裹著的氈毛充飢；渴了，他便伏在地上吞食大風刮進窖內的積雪。

飢寒、疲勞使蘇武不知不覺地打了個瞌睡，他彷彿是完成了使命回到了故國。大漢天子接過他奉還的旄節，正要下旨表彰，卻看到白髮蒼蒼的老母和日夜想念的妻子拿著毛茸茸的皮裘、香噴噴白饃來到他身邊。他穿上了皮裘，從來沒有這麼溫暖，吃了一口饃，從來沒有這麼香甜。突然一聲淒慘的長叫，驚得他咽住了口中的饃。門外的野狼嚎叫驚醒了蘇武瞬間的美夢。一連幾天過去，蘇武竟然沒有餓死，沒有凍死。單于大驚，懷疑蘇武是否有神靈相助。

確有神靈，這神靈便是永遠裝在他心中的大漢國。

單于無計可施，決定把蘇武流放到荒無人煙的北海。行前，交給他一群公羊，說道：「大使不是要回國嗎？什麼時候這群羊產了乳，就放你回去！」再明白不過了，他是讓蘇武徹底放棄歸國的念頭。他希望蘇武能在最後一刻回心轉意。

蘇武手持旄節，趕著羊群，頭也不回地向北海緩緩走去。

在蘇武的影響之下，常惠等其他漢使也堅決不降。單于下令把他們全都分散安置，使他們永遠不得相見。

蘇武來到了人跡罕至的北海（今俄羅斯東西伯利亞南部的貝加爾湖）。只見茫茫海面，千里冰封。暴風捲著砂石雪粒，呼嘯著、翻滾著，將天地攪拌在一起，混沌迷濛，分不清是日還是夜。這裡一年之內有半年的時間是冰天雪地。

人是萬物之靈，只要心中的火焰不熄，再艱難困苦的環境，也能延續著頑強的生命。蘇武在北海之濱安下身來，蒼天為帳地為床，日為火爐月為燈。白天，他掘開鼠穴，將野鼠儲存的草籽揀出充飢，晚上則擠在羊群之中，依偎取暖而眠。無論是白天還是夜晚，蘇武總是把旄節拿在手裡，放在身邊。年復一年，「臥起操持，節旄盡落」。蘇武在淒風苦雨的北海，已經忘了幾度草青，幾度草黃。但他始終沒有忘記自己是大漢國的使臣，始終沒有忘記生他、養他的祖國，日夜懷念著慈顏的老母、結髮的愛妻、繞膝的兒女……

秋天，蘇武仰望天空行行南飛的大雁，心潮澎湃，思緒萬千。大雁帶去了他心中的話語，胸中的肝膽。

嚴寒的夾縫中也有春天。

記不得是哪一年，說不清是哪一天，一個貧窮的匈奴女人，或許是被拋棄者，或許是逃難者，流浪到了北海岸邊。她瘦骨嶙峋、氣息奄奄。正在牧羊的蘇武救活了她。不用談是什麼愛情，就憑天涯海角中的一對孤男寡女，共同的命運，就足以把他們連在一起。兩個異族男女，相濡以沫，生死相依。

一年之後，匈奴女人生下了一個男孩。蘇武欣喜若狂。兒子，是他的骨肉，是他生命的延續。兒子咿呀學話，蘇武教他大漢語：爺、娘、大漢、長安……

蘇武給兒子取了一個名字，叫作「通國」。他希望兒子長大以後，能夠繼承自己的事業，也做一名通好周邊諸國的神聖使者。二十餘年後，大漢宣皇帝得知蘇武有一子留在匈奴，特遣使致金帛贖回，任命為侍從皇帝的郎官。

胡妻愛子給蘇武帶來了人生的樂趣，但他放牧的一群公羊卻因不能繁殖而越來越少，使蘇武不能不憂慮。真是禍不單行，一個冬天的夜晚，不知從哪裡流竄來了一群野蠻的敕勒人，將蘇武為數不多的一群公羊全部搶掠去。

胡婦呼天喊地，小兒嗷嗷待哺，蘇武木然呆立，三口人一下子陷入了絕食的境地。嚴冬無野菜、野果可食，老鼠洞穴中的草籽怎能維持小兒脆弱的生命？昔日那個摟頸嬉鬧的兒子，如今在皮筒裡奄奄一息。蘇武又在歷經著人生中最痛苦的摧殘。

一天，蘇武正在尋找鼠洞挖食，忽見一隊人馬飛奔而來，為首的是一個貂帽狐裘的達官貴人。蘇武正在驚異，那貴人已來到眼前，一躍跳下馬來，向蘇武拱手至禮，喊了一聲：

「子卿（蘇武的字）兄！」

蘇武愣愣地看著，不知來者是何人。

「子卿兄，我是李陵啊！」

「李陵？哪一個李陵？」蘇武還是弄不清。

「我是與兄同為侍中的李陵。」

「啊！是你？少卿（李陵的字）！」

蘇武認出來了，是自幼的好友李少卿。他一時激動，撲上去便要擁抱。但他突然停住，連退了兩步，疑惑地問道：「你怎麼到了這裡？為何這般裝束？」

李陵長嘆了一聲：「唉……人世滄桑，一言難盡哪……」

李陵是威震匈奴的飛將軍李廣之孫，李廣長子李當戶的遺腹子。年輕時便在朝廷任職，他精於騎射，禮賢下士，武帝稱他有李廣之風。因率八百騎深入匈奴二千餘里偵察有功，被任命為騎都尉。武帝命李陵招募荊楚地區的驍勇壯士五千人，教以騎射，嚴格訓練。這五千名勇士個個都力大過人，手可扼虎；射技精絕，百發百中。奉命駐紮在酒泉、張掖一帶，防禦匈奴。李陵謙讓愛眾，士兵們都願意為他拼死效力。

天漢二年（前九十九年），武帝因匈奴扣留蘇武等大漢使臣，決意再次對匈奴用兵。五月，令貳師將軍李廣利率三萬騎兵從酒泉出發，在天山一帶襲擊匈奴右賢王。初戰獲勝，但回師途中被匈奴重兵包圍，幾乎全軍覆沒，李廣利敗歸後，武帝又令強弩將軍路博德、因杅將軍公孫敖、騎都尉李陵各率一支軍隊分別進攻匈奴。因馬匹都歸了貳師將軍李廣利，李陵便率五千步兵從居延出發，孤軍深入千餘里，尋找匈奴大軍決戰。三十餘日後，李陵軍在浚稽山與且鞮侯單于所率領的匈奴主力部隊十餘萬騎兵展開激戰。李陵指揮的漢軍英勇作戰，屢次重創匈奴軍。但因後援遲遲不至，李陵只好且戰且退，先後共殺敵近萬人，最後被匈奴軍隊包圍在距邊境僅一百多里的山谷中。殘餘的將士，箭射光了，刀砍斷了，實在無法再戰，李陵下令分散突圍。突圍中李陵走投無路，下馬投降。

李陵以五千步兵與二十倍於己的匈奴騎兵主力部隊激戰十餘日，轉戰千餘里，殺敵近萬，直至矢盡刀折，仍頑強死戰，其將士的英勇善戰，不亞於當年的霍去病軍，戰鬥激烈的程度為漢、匈戰爭史上所僅見。應該說李陵在與匈奴軍作戰中是竭盡了全力，竭盡了忠誠。但是，這樣的一個忠勇之士，在最後的生死關頭竟然投降了匈奴。

司馬遷說：李陵所以沒有死節，或許是企圖尋找機會再報效國家。這只能是猜測。即或如此，畢竟沒有成為事實。大千世界，淆亂紛紜，動機與效果並非完全統一。忠臣？叛徒？只能依最後的事實裁判定論。李陵本來可以成為千古忠烈，可是最後竟成為叛臣。應該說，李陵下馬伏首之時，便是鑄成千古大錯之日，瞬間重新改寫了人生的歷史。故後人有詠史詩嘆云：

孤軍奮戰奮餘威，矢盡援窮竟被圍。
可惜臨危偏不死，亡家叛國怎辭譏。

李陵的投降，使且鞮侯單于興奮異常。漢廷名將飛將軍李廣的孫子如今歸降了他，這是他的榮耀。為了籠絡李陵，他把女兒嫁給了李陵，並封他為右校王，身居顯位。每逢國有大事，都找李陵商議。

李陵投降匈奴後，傳統的忠孝節義觀念和他叛國背主的現實，在他內心中發生了激烈的衝突。他自感對不起漢家朝廷，辱沒祖宗，十分內疚。他思念家鄉、思念老母和妻兒，覺得良心有愧，每天精神抑鬱恍惚。他咒罵自己，悔恨當時為什麼沒有死，他要發狂、發瘋，受著一個叛臣在精神上的折磨。

武帝得知李陵投降匈奴的消息，憤怒至極。扣押了李陵的父母妻子，並將為李陵辯解的司馬遷處以宮刑。一年後，武帝覺得司馬遷說的或許也有道理，後悔不該讓李陵孤軍作戰，致使他陷入絕境。因此，他一方面派人去慰問那些逃回來的李陵士兵，一方面又派因杅將軍公孫敖率軍深入匈奴去尋找迎接李陵。公孫敖沒有遇到李陵，卻帶回了李陵確已降敵的消息。武帝大罵李陵背主叛國，下令將李陵全家盡行誅滅。

李陵從來匈奴的漢使那裡聽到了全家被族誅的消息，大哭，責問漢使：「我為漢將，率五千人橫行匈奴，因無援而敗，我哪裡對不起大漢而誅殺我全家？」武帝的暴虐，似乎成了他叛國行徑的理由。李陵在國家大義和個人恩怨的天秤上最後失去了平衡。如果說他剛剛投降時，還有待機報漢的念頭，那麼這時就全部蕩然無存了。真正的忠貞節烈之士，應該是寧國家負我，我絕不負國家，而李陵恰恰走上了一條與之相反的路。從此，他更加死心塌地地投入了匈奴的懷抱。

李陵與蘇武有通家之誼，是一對摯友，後來又同為侍中。李陵知道蘇武在匈奴堅貞不屈而被流放北海，但無顏去見他。過了幾年，單于認為蘇武隨著歲月的流逝，信念大概有所轉變了，派李陵再去勸降。

李陵為蘇武擺酒設宴，席間詳細地講述了自己的遭遇，又趁機對蘇武說：「單于知道你是我的老友，特讓我前來勸告：你被幽禁在這荒遠之地，返回漢廷已是不可能的了。你在這裡受盡了苦難，但有誰知道你的信義節操呢？」

蘇武默然不答。

為了斷絕蘇武歸漢的念頭，李陵又說：「你的兄長蘇嘉為奉車都尉，因扶車輦下台階，不小心碰折了車轅，被劾為大不敬罪，自殺而死；你的弟弟蘇賢為騎都尉，受皇上之命追拿畏罪逃亡的宦官未果，懼怕皇上問罪，服毒自殺；你的老母已經去世，妻子聽說也已改嫁。你的兩個妹妹、兩個女兒和一個兒子，這幾年生死存亡就不清楚了。」

蘇武多年未聞家音，聽了這些不禁老淚橫流，泣不成聲。

李陵又深為同情地接著說：「唉！人生苦短，似如朝露，你何必這樣與自己過不去呢？現在皇上年事已高，反復無常，大臣們無罪被誅者，已數十家之多。做臣子的安危不保，你這樣做又是為了誰呢？」

蘇武擦了擦淚水，鄭重地說道：「我父子本無功德，蒙皇上聖恩，官為將軍，爵至封侯。常想以肝腦塗地報答皇上。而今幸有這個機會，縱然是刀斬鼎烹，我也在所不辭。臣子對君王就如同兒子對父親，兒子為父親而死，是毫無怨言的。少卿就不必再勸我了。」

「可是子卿兄現在已面臨絕境，況且你這裡的妻兒……」李陵想用兒女之情打動蘇武。

蘇武看了看几案上的乳酪、肥肉，想到就要餓死的妻兒，他怎能不揪心？怎能不動情？可是妻兒餓死畢竟是私事，若變節降敵，則是辱沒大漢、辱沒祖宗。孰輕？孰重？他早已作過權衡。遂答道：

「無國何能有家？無父何能有妻兒？」

李陵愧不能答。

李陵在蘇武那裡每天都擺宴設酒，閒說些往事。又過了三五天，李陵乘著酒興又對蘇武說：「子卿何妨就聽我一句呢！」

蘇武正色說：「我蘇武本未想苟活到今日，如果大王一定要我歸降，那我只好死在你面前了。」

李陵見蘇武改稱自己為大王，態度如此堅決，知他思漢之心不可動，深感自愧。長嘆道：「唉——子卿真偉丈夫也！我李陵和衛律的罪過，高過雲端，上天不饒啊！」說著淚下濕襟，與蘇武悵然作別。

李陵見蘇武生活艱難，於心不忍。讓自己的匈奴妻子出面，送給蘇武幾十頭牛羊，用以維生。

蘇武日出而牧，日入而息。齒落背駝，鬢髮全白，那根旄節仍然須臾不離。

後元二年（前八十七年），武帝病死。李陵又來到北海，將這一消息告知了蘇武。蘇武向南放聲痛哭，直哭得嘔出內血來。他為不能直接向武帝復命而悲痛，旦夕哭祭。

大漢國始終惦記著那些為國赴難的使臣。昭帝即位後，漢、匈兩國關係緩和，恢復「和親」。昭帝派出使臣，要求匈奴放歸蘇武等人。單于不肯，詭稱蘇武已死。不久，昭帝又遣使匈奴。再次要求釋放蘇武等人歸國。和蘇武一起出使的假使常惠聽說漢使到來，買通了看守，在深夜與漢使偷偷地見了面，向使臣述說了蘇武在北海牧羊的情況，並面授迫使匈奴單于放還蘇武的計策。

第二天，漢使拜見單于，說道：「漢天子在上林苑中射中一雁，見足繫帛書，乃是蘇武親筆所寫，詳言在北海放牧。匈奴既然已經與大漢國通好，務請單于放歸漢使。」

單于大驚，以為是天神所助。於是謝漢使道：「蘇武等人確實還都健在，當立即放歸。」

蘇武被接回王廷。李陵擺酒為蘇武慶賀。李陵悲感交加，對蘇武說道：「今足下歸國，我又是高興又是悲傷。你堅守漢節，揚名於匈奴，顯功於漢室，即使是古書所載、丹青所畫的那些聖賢也不過如此，你將流芳千古。我李陵今天到了這種地步，親人被族誅，世人厭棄我，我還有什麼值得顧戀的呢？罷了！罷了！你我以後就是異域之人，此番便是永別了！」李陵說到這裡，已經是泣不成聲。他喝了一杯又一杯，喝下去的是血、是淚、是恨、是悔。他醉了，離開座位，起舞作歌：

徑萬里兮度沙幕，
為君將兮奮匈奴，
路窮絕兮矢刃摧，
士眾滅兮名已潰，
老母已死，
雖欲報恩將安歸？

李陵的悲歌，唱出了一個背叛祖國者的內心痛苦，他將終生受到良心的譴責。

始元六年（前八十一年）春，蘇武手持光禿的旄節，率領他的使團一行九人，回到了離別整整十九年的大漢國，又看到了他朝思暮想的長安城闕。

往事越千年，彈指一揮間。神州幾經滄桑，風雲變幻。多少王侯成糞土，多少鐵石豐碑殘斷！嗚呼！何物能長久？唯人民心中的歌永傳：

忠奸抗衡

蘇武留胡節不辱，
雪地又冰天，
匈朝十九年，
渴飲雪，
飢吞氈，
牧羊北海邊。
心存漢社稷，
旄盪猶未還，
歷盡難中難，
心如鐵石堅。
夜坐塞上，
時聞笳聲，
入耳痛心酸。

蘇武留胡節不辱，
轉眼北風吹，
雁群漢關飛，
白髮娘，
望兒歸，
紅妝守空帷。
三更同入夢，
兩地誰夢誰？
任海枯石爛，
大節不少虧，
寧教匈奴，
驚心破膽，
拱服漢德威。

大隋巨奸

大隋朝開皇十四年（五九四年）的盛夏，驕陽似火。千里關中像一座剛剛啟封的瓦窯，火辣辣的熱，死沉沉的悶，使人喘不過一絲氣來。一連數月無雨，大地龜裂，稼禾枯死，夏糧顆粒無收，百姓飢餓哭號，成群結隊向洛陽一帶乞討求生。路旁不時看到一具具飢殍。這時，一隊被徵發來的數百役丁，在惡吏的押解下，逆著東去的人群，向岐州（今陝西鳳翔）前進。人群中的男人們驚恐得四處逃散……

在京師長安以西二百餘里的岐州普閏縣（今陝西鳳翔北）山谷中，正在興建一座皇帝的行宮——仁壽宮。數萬役丁骨瘦如柴，衣不遮體。一個個背負沉重的石塊，掙扎著爬行；一對對肩抬巨大的圓木，艱難地邁進。如狼似虎的監工，揮動著皮鞭、木棍狠命地抽打著那些動作遲緩的役丁。

在半山腰林木叢生的涼亭裡，一個身軀肥大、長髯垂腹的將軍仰靠在躺椅上，兩旁的奴僕輕輕地給他搧動著扇子。徐徐的涼風使他感到無比愜意。他就是仁壽宮總監、越國公、尚書右僕射[2]——楊素。楊素看到山腳下成千上萬的役丁，像一群群螞蟻正在忙碌、蠕動，聽見打石聲、伐木聲、監工的

2 尚書右僕射：官名。隋朝尚書省長官為尚書令，正二品；副職為尚書左僕射、右僕射，皆從二品。尚書左、右僕射相當於秦漢時的副丞相。

吆喝聲，交織在一起，震動山谷，他滿意地微微閉上了眼睛，再度沉入了受到皇上嘉獎、封賞、晉官尚書令的遐想……

楊素，字處道，生於北魏末年的一個貴族世家。父、祖在北魏、北周二朝皆為朝廷重臣。受家庭影響，楊素少年時代即落拓有大志，以功名自許，要為國家建立豐功偉業。他不似一般貴族家的紈絝子弟，荒於嬉戲，而是勤奮好學，精研不倦，博學多才。不僅通經史，善寫文章，還長於書法，尤精草書、隸書，並且足智多謀，驍勇無畏，是一個文武兼備的奇才。他的叔祖北魏尚書僕射楊寬對他非常賞識，曾對子孫們說：「處道才華逸群絕倫，定成大器，你們誰也不會及他。」北周時，天官府大冢宰宇文護發現楊素是少有的俊才，推薦他為中外記室，後轉禮曹，加大都督。周武帝時，楊素在伐齊、滅齊的戰爭中，屢建奇功，被封為成安縣公。

楊素與隋文帝楊堅都是出自弘農楊氏，是遠支的家族。楊堅在北周任右大丞相時，楊素與他深相結交，成為親信。在楊堅篡奪北周政權的鬥爭中，楊素被任命為大將軍，平定了榮陽刺史宇文冑的反抗，楊素因功被封為徐州總管，晉位柱國，封爵清河郡公。

大定元年（五八一年）二月，楊堅代周稱帝，建立大隋王朝。楊素以佐命之功晉位上柱國，與尚書左僕射高熲等人一起制定隋律。當時，陳國割據江南，楊素多次向隋文帝進呈平陳之策。開皇八年（五八八年）十月，文帝任命楊素為行軍元帥，與晉王楊廣、秦王楊俊等兵分八路伐陳。楊素率水師順水而下，攻占漢口，占領了長江上游的廣大地區，使在長江下游作戰的賀若弼、韓擒虎一舉攻克陳都建康，滅陳。使分裂了四百年之久的中國重歸於統一。在滅陳戰爭中，楊素戰功卓著，被封為荊州總管，晉爵越國公。開皇九年（五八九年），擢升為納言。隋朝中央最高統治機構為內史省、門下省、尚書省三省。內史省職掌決策，長官為內史令；門下省職掌審議，長官為納言；尚書省統轄吏、禮、兵、都官（後改為刑部）、度支（後改為戶部）、工六部，職掌推行政令，長官為尚書令，副職為尚書左僕射、右僕射。三省長官相當於秦漢時的宰相。楊素官居納言，即是已經入相。

開皇十年（五九〇年），江南原陳國舊地反叛。剛剛取得統一的隋王朝又面臨分裂的危險。文帝以楊素為行軍總管，率兵征討。楊素前後百餘戰，平定了江南之亂，鞏固了大隋王朝的統一。楊素在大隋王朝的建立、統一、鞏固的戰爭中，屢立豐功，成為舉國敬仰的元勳。後世史家客觀評價他說：「功臣莫居其右，覽其奇策高文，足為一時之傑。」開皇十二年（五九二年）十二月，文帝又擢升楊素為尚書右僕射，與尚書左僕射高熲共掌朝政。

楊素壯志已成大業，位居人臣之首，富貴甲天下。他喜悅，但又憂慮。楊素知道，自己的長處是廝殺作戰，而治國理民，則遠不如高熲。如今和高熲同主尚書省，長短優劣，顯而易見。伴君如伴虎，一旦皇上不滿，權勢、名利、富貴頃刻化為雲煙。他日夜苦思冥想，如何才能安身固位，永保富貴。他明白了：土丘之所以不為高，是因為有高山相比。若是剷除了高山，土丘不就是最高的了嗎？功名利祿都是皇上賞賜的，只要設法尋機討取皇上的歡心，何愁富貴不長久呢？

歷史上的奸邪佞臣，並非都是天生壞蛋。有的是自幼頑劣，及長流氓成性，逢時投機而竊取軍國大權，終成一代奸梟。有的則不然，初始本懷忠君報國之心，立豐功、創偉績，無愧蓋世英雄。而後時隨境遷，貪權戀勢，媚主邀寵，變成了禍國殃民的奸賊。公則生忠，私則生奸。卑鄙的私慾，使一代元勳的楊素偏離了他的人生軌道。

開皇十三年（五九三年）二月，文帝要在岐州之北建一座仁壽宮，命楊素負責監造。為了討取皇上的歡心，楊素選擇了一個風景秀麗、氣候宜人的山谷為宮殿的建址。下令大肆徵集民夫，召集百工，移山填谷，立即破土開工。為了盡快竣工，楊素下令不論晝夜、冬夏不得停息。可憐那些役丁、工匠，勞累疾病交加，一批批倒斃，僅一年死者盈萬。楊素下令，將那些屍體扔入坑谷，屍上加屍，坑滿谷平，上面覆以土石，築為平地。一谷已滿，再填一谷。

輕輕的呼喚聲，打斷了楊素美好的遐想。「大人，今日天氣太熱，又有百餘役丁死亡，是不是可以……」來稟報的人是土木監封德彝。因為新徵的人還未到來，役丁接連死亡，已經影響了工程的進度，他想讓役丁們暫時避一避正午的毒日。

「可以什麼？我要的不是役丁、工匠的死亡數字，是最快的竣工。明年三月前完不成，你的頭就和那些死丁們一起去填谷吧！趕緊命人去各縣催徵役丁，遲誤者殺！」

封德彝嚇得連聲應允，一溜煙跑下山坡。山坡下皮鞭飛舞，傳來一陣陣撕裂人心的慘叫。山谷裡發出咚、咚的迴聲，一具具屍體又被拋了下去……

開皇十五年（五九五年）三月，仁壽宮建成，歷時兩年零一個月。仁壽宮不僅規模宏大，金碧輝煌，更加山水相映，白雲繚繞，宛如仙境中的瓊樓玉宇，確實是無與倫比的宮殿。楊素以萬餘人的屍骨，千家萬戶的血淚，為皇帝建起了這座「仁愛」、「萬壽」之宮。

仁壽宮竣工，文帝派左僕射高熲前去察看。高熲如實回奏：「此宮過於奢華，役丁死亡甚多，民怨洶洶。」文帝聽後，要親臨仁壽宮視察。這時，工地上到處都堆積著倒斃役丁的屍體。楊素急忙下令連夜焚燒掩埋，不得留下半點痕跡。

文帝來到岐州，見仁壽宮果然奢華過度。文帝是個提倡節儉的皇帝，見狀大怒，斥責楊素道：「朕讓你督造此宮，是認為你老成謹慎，酌量奢儉，能深體朕意，不想你造得如此壯麗，這豈不是置我不仁不儉，結怨於天下嗎？」文帝的斥責，確實是一針見血，抓住了要害。自古以來的佞臣，無一不是以甘言惑主，導之以驕、奢、淫、逸，將君主推向與群臣作對，與百姓作對的境地，成為昏君、暴君，結怨於天下，而那些佞臣則恃主之寵，擅作威福，損國利己。國家如同大廈，被他們弄得牆空、梁折，最後土崩瓦解，社稷易人。這些惑主、誘主的佞臣，實為社稷之鼠。

楊素沒料到媚主失算，只嚇得跪伏在地不敢言。為了逃脫懲處，楊素偷偷去見獨孤皇后。楊素知道，皇上最信任皇后，也最怕皇后。凡皇后所言，無不依從。熟知歷朝典故的楊素，深知「后妃路線」的重要。他裝出一副忠誠、委屈的樣子，跪在皇后面前說道：「帝王制度，有離宮別館，今天下太平，修築一宮，為皇上、皇后頤養聖體，增添萬壽，算不上奢侈浪費。請皇上、皇后能體諒下臣的一片忠孝之心。」

第二天，文帝召見楊素。楊素不知是禍是福，戰戰兢兢跪伏在地。文帝尚未開口，坐在一旁的獨孤皇后便搶先說道：「楊素知皇上和我年高，沒有什麼可以娛樂的，修了一座離宮，使皇上和我安享天年，真可謂是忠孝了！」文帝見皇后如此說，陰沉的臉也多雲轉晴。非但沒有懲罰楊素，還下令賞他錢百萬，錦絹三千段，對楊素更加信任。文帝外示儉而內欲奢，貌似英明而內昏昧，寵信後宮，不辨忠奸，為社稷留下了隱患。

楊素媚主邀寵，鞏固了相位。但他畢竟位居高熲之下。高熲雖然才藝風調不如楊素，但在推誠體國、處事公允、有宰相識度方面，則遠遠超過楊素。高熲聲望越高，楊素愈感到芒刺在背。有高熲在，不僅再升遷無望，恐怕遲早連現在的副相之位也難保。特別是建築仁壽宮時，高熲秉公如實奏報工程奢華、死亡太多，險些使他丟了官職，這更使楊素懷恨在心。但高熲是深得皇上信重的，他不敢輕易向高熲進攻，只好暗暗等待時機。

時機來了。開皇十九年（五九九年）六月，文帝去仁壽宮遊幸。見一宮女長得清秀嫵媚，體態輕盈，甚是喜愛。文帝懼內，在京師的皇宮中，雖然美女如雲，卻不敢親近，只能是望梅止渴。如今遠離獨孤皇后，見了這等美色，怎按捺得住，遂召入幸。但這事還是被獨孤皇后所偵知，派人將這宮女暗殺。文帝悲憤欲絕，馳入深山。高熲、楊素策馬去追，苦苦勸回。高熲勸道：「陛下怎可與婦人賭氣而輕天下呢？」楊素將這話偷偷地告訴了獨孤皇后。獨孤皇后是一個兇悍、盛氣凌人的女人。聽說高熲稱自己為「婦人」，恨恨不已。於是經常在文帝面前譖毀高熲。文帝懼內耳軟，逐漸疏遠高熲。這時文帝欲廢太子楊勇，易立晉王楊廣，高熲堅決反對易儲。文帝藉故於開皇十九年（五九九年）八月，將高熲罷相為民，並險些殺頭。上柱國賀若弼、吳州總管宇文弼、刑部尚書薛胄、民部尚書斛律孝律、兵部尚書柳述等知高熲無罪，紛紛上疏請求文帝赦免，唯獨楊素一言不發。高熲被罷免後，文帝以楊素為尚書左僕射，他獨專朝政的野心終於得逞。

楊素嫉賢妒能，排斥異己，殘害忠良。不僅要搞掉地位比他高的，取而代之，對那些地位比他低的賢俊之士也絕不放過，必設法置於死地，以免將來成為他的威脅。

在文帝統一中國的戰爭中，楊素與韓擒虎、賀若弼、史萬歲是舉世公認的四大名將。楊素為了突出自己，凌駕三將之上，心懷嫉妒。但韓擒虎死得早，所以他打擊的對象主要是賀若弼、史萬歲。

賀若弼為右武侯大將軍，位上柱國，爵封宋國公。賀若弼與楊素為表兄弟，他深知賀若弼的文武才幹不在自己之下。高熲曾對文帝說過：「朝臣之內，文武才幹，沒有一個及賀若弼的。」文帝深以為是。楊素每想這句話，便不寒而慄。所以經常在文帝面前暗進讒言，並煽動公卿也都群起彈劾。文帝信以為真，將賀若弼下獄定以死罪。因顧他的功勞，罷官為庶民。後來雖然恢復了爵位，但不再任他為官，只令他在家閒居。

史萬歲曾是楊素的部將，為左領軍大將軍，進位柱國。史萬歲雄略過人，他用兵打仗，身先士卒，尤其是關心愛護部卒將士，以心服眾，不似楊素以殺威服眾。所以在軍隊中威望極高，將士樂為效力。高熲當隋文帝的面稱讚史萬歲：「雖古名將未能過也。」在韓擒虎、賀若弼離開政治舞台以後，史萬歲成了唯一與楊素齊名的統帥。因此，楊素嫉恨他如同眼中釘、肉中刺，必欲拔之而後快。

開皇二十年（六〇〇年）四月，突厥達頭可汗入侵，文帝命晉王楊廣與楊素從靈武道出兵，漢王楊諒、史萬歲從馬邑道出兵，分擊突厥。史萬歲率軍至大斤山和突厥兵相遇。達頭可汗派一將出陣問道：「隋軍將領是何人？」隋軍答道：「史萬歲！」達頭可汗聞名喪膽，率兵即逃。史萬歲率騎兵乘勢追殺百餘里，殲敵數千。繼而又深入大漠數百里，掃蕩殘敵，大獲全勝而歸。隋軍回朝，史萬歲威震突厥之事不脛而走，盛傳朝野。而這次出兵，楊素卻無功而還。相比之下，使他黯然失色。

如何才能將史萬歲置於死地呢？楊素苦思冥想了幾日，終於想出了一條讓史萬歲自投羅網的毒計。他知道史萬歲是一個性格耿直、寧折不彎的漢子，便設法激他與皇上作對。

史萬歲威震突厥，為大隋朝爭光，使文帝大為興奮，與楊素商量要重獎史萬歲。楊素裝出一副很痛心的樣子，向文帝奏道：「史將軍是臣多年的老部下，情同手足。但他有欺君之罪，臣只能忠君而不能私誼了。」

文帝大為驚異。

楊素停了好長一會兒才繼續說道：「突厥本來已臣服我朝，這次根本不是入寇，而是來塞上放牧的。史將軍為了邀功，擅自向突厥開戰。突厥人手無寸鐵，怎能不望風而逃呢？臣料數日之內，史將軍必來向陛下要求封賞。那時便可知臣所言不虛了。唉！這個將軍哪……」

文帝將信將疑。為了驗證楊素的話，文帝故意不封賞有功將士。

史萬歲果然上了楊素的圈套。在向突厥兵衝殺時，史萬歲已經向全軍將士許諾，立功者必有重賞。而今皇上置之不理，豈不失信於全軍將士嗎？有功不賞，有過不罰，以後還怎麼作戰呢？史萬歲屢次向文帝請賞，文帝不理。

隋文帝治國兢兢業業，是個勤奮的君主。但他是以陰謀竊權得國之人，最怕大臣們以其人之道還治其人之身，因而他疑心最重。對那些他懷疑不忠的大臣，無論是地位多高、功勞多大，決不留情。他對史萬歲本來是很信任的，認為他是一個很難得的將才。而今他彷彿受了戲弄，對史萬歲非常惱怒。相比之下，楊素真是個忠臣，以國家為重，寧可無功，被別人非議，也絕不輕開戰端；又能不顧私誼，秉公處事，忠臣哪！忠臣！

大奸若忠！自以為英明、能洞察秋毫的隋文帝，被假象遮住了雙眼。

這時，文帝剛剛廢了太子楊勇，正窮追楊勇的黨羽。一天，文帝怒火正盛。楊素在殿外遇見史萬歲，他眼珠子一轉，計上心來，笑瞇瞇地對史萬歲說：「今日陛下高興，若是有事，過一會兒可去奏請！」說罷拱了拱手，先進入殿中。

史萬歲正是為請功而來，聽楊素一說，忙將奏表奉於內侍，在殿外候旨。

文帝將內侍送進的奏章一一瀏覽，待看到史萬歲的奏表，問楊素道：「史萬歲現在哪裡？」

楊素答道：「正在東宮朝謁太子！」太子已經被廢，再去朝謁，豈不是私黨串通，企圖謀反嗎？這無疑是火上澆油。

文帝大怒，命立宣史萬歲進見。

史萬歲上殿，還以為是讓他講述突厥戰事。遂奏道：「將士殺敵有功，朝廷不可壓抑。」

文帝大怒，罵道：「賊子，朕何止是壓抑！來人！將這賊子亂棍打死！」

殿上武士，蜂擁而上，棍棒交加，雨點般地落在史萬歲的頭上、身上。這位馳騁沙場幾十年、令敵人聞風喪膽的老英雄，頃刻之間，頭破血流，死於殿上。楊素站在一旁，微微冷笑。最後一個資歷和他相仿的政敵被清除了，他心裡有說不出的得意之感。

文帝盛怒過後，想起史萬歲的功勞，想起未經審訊便動用極刑，有些後悔。但為了維護自己的神聖尊嚴，按著楊素的誣陷，下詔公布史萬歲的罪狀：「懷詐邀功，便是國賊。」對於史萬歲的被冤殺，天下士庶，無不為之痛惜。

無中生有，造謠誣陷，是歷朝歷代一切奸佞小人的慣用伎倆，多少忠良之士，就是慘死在他們蓄意編造出來的「莫須有」的罪名之下。古諺云：「明槍易躲，暗箭難防。」楊素之流就是專以暗箭傷人的敗類。一切忠貞、正直、善良的人們，當你向正面的敵人衝殺的時候，不可不防備那來自於背後的暗箭、腳下的陷阱！當以史為鑒！

楊素一方面排斥異己，陷害忠良；另一方面又利用職權，安插他的家族、親戚、同黨、親信、故吏，結黨營私，把持朝廷要津。他的弟弟楊約及叔叔楊文思、楊文紀、堂叔楊異等都官居尚書、列卿。他的幾個兒子，無功於國，也位至柱國、刺史。他的子弟、親族、故吏、心腹遍布朝廷、地方，一呼百應。

楊素專權更貪財。他利用權勢，肆無忌憚地兼併土地、廣置資產。在京師及全國大城鎮，都有他的邸店、碾磑、田宅。他家的錢財堆積如山，連他自己都不知道有多少。家中的奴婢僮僕以千數；侍婢、藝妓穿綺羅者以千計。東、西兩京都有他的居宅。宅第華麗，制擬宮禁。楊素權傾天下，富羞石崇。

楊素執生殺榮辱之柄，舉朝文武不敢仰視，莫不畏附。雖心懷怨憤，但仍然要對他歌功頌德、卑膝謙恭，以苟全身家性命。但也有以國家為重、忠貞剛直、不肯趨炎附勢的大臣。

侍御史[3]柳彧對楊素陷害忠良、以權謀私、專擅朝政深為不滿。一次，楊素犯有小過，文帝命送御史台，由柳彧審處。楊素恃仗自己是宰相，來到御史台後，即坐在御史公座上。柳彧從外面進來，見楊素如此狂傲，便嚴肅地對楊素說：「本御史現在是奉旨治公之罪，堂下聽審！」說罷，令楊素站在堂下，自己高坐在公座上，訊問楊素的過錯。楊素萬萬沒有想到，一個小小的侍御史，竟然敢對自己如此無禮。但懾於王法，不敢不從。他對柳彧恨之入骨，伺機報復。仁壽二年（六〇二年）十二月，蜀王楊秀因太子楊廣、楊素陷害而被廢。因蜀王曾向柳彧求《治道集》，並有回贈禮物之事。楊素遂將柳彧牽連入獄，誣柳彧以內臣交結藩王，懷有異心。文帝不辨事理，下令將柳彧罷免，流放懷遠鎮（今四川崇慶縣）。不久，又命遷往晉陽（今山西太原）。時正逢漢王楊諒起兵作亂，知柳彧為賢俊之士，召柳彧，柳彧不從，被漢王囚於獄中。仁壽四年（六〇四年）八月，楊素攻陷晉陽，將柳彧從獄中押回京師，誣他心懷二端，實同謀逆，又將柳彧流放於敦煌（今甘肅敦煌）。直到楊素死後，柳彧才得申冤回京。但因久經摧殘，死於回京的路上。

柳彧是著名的諫臣，文帝曾稱讚說：「柳彧正直士，國之寶也。」但這位秉公執法、忠貞不貳的「國寶」，卻一再被奸臣所陷害，摧殘至死。楊素固然是罪魁，但禍首實是文帝。文帝未必不知柳彧之冤，只是覺得眼下楊素對他更為有用，因而屈從楊素以換取他的「忠誠」。當年文帝懲楊素「小過」，只是玩弄了一個駕馭臣子的小小權術，忠誠剛正的柳彧卻成了他的犧牲品。

3 侍御史：官名。隋以御史台為監察機關。長官為御史大夫，掌糾察彈劾百官。其下屬有治書侍御史、侍御史、殿內侍御史、監察御史等。

大理寺卿[4]梁毗見楊素如此專權，恐為國患，因而冒死上疏文帝，云：

「臣聞若有作威作福者，必貽害國家，給國家造成災難。今左僕射越國公楊素，幸遇愈重，權勢日隆，朝中的官吏，無不仰其視聽；違逆者亡，諛順者昌，升遷罷黜，皆決於他的唇齒之間，他所親近者，都不是忠誠正直的人，他所擢進者，全是親戚、心腹。其子弟布列，兼州連縣。天下太平，或許無事，一旦四海如有不寧，必然要成為禍害的根源。凡奸臣擅命，都是逐漸而來的。王莽篡漢，憑藉的是多年積累的成果；桓玄傾晉，依據兩代建立的基業。陛下若以楊素為阿衡，臣恐他未必是伊尹。伏願陛下揆鑒古今，安善處置，使國基永固，萬民是幸。」

文帝閱罷奏疏，勃然大怒，下令將梁毗下獄，親自審訊。梁毗毫不畏縮，言道：

「楊素專寵弄權，恣意殺戮，作威作福，百官莫不畏懼，為其所禦，唯命是從。試問百官是楊素之臣耶？還是陛下之臣耶？再者，太子及蜀王罪廢之日，百僚無不震悚，只有楊素揚眉奮肘，喜形於色，幸災樂禍。其何居心，陛下聖明，不問可知。臣為君之憂、為國之憂。如啟聖聰，死而心甘！」

好一個忠貞不貳，無私無畏的梁毗！真乃大隋王朝的脊梁！

文帝細細品味，心有所動，故而不再鞫訊。第二天傳旨，赦免梁毗。其後，文帝逐漸疏忌楊素，乃下敕楊素：「卿為國輔，不必親躬瑣事，以後可三五日去一次尚書省，議一議大事就行了。」這表面上是示以優寵，實際上是剝奪了他的實權。同時，又把楊素的弟弟楊約調離出京，任伊州刺史；又令吏部尚書柳述兼兵部尚書。柳述是文帝的女婿，一向與楊素作對。柳述掌人事、軍事大權，又參掌

4　大理寺卿：官名。九卿之一，主掌刑獄。正三品。

機密，楊素的權力被架空。但文帝除惡未盡，終於留下了隱患，反被楊素所弒。

楊素是個老奸巨猾的官場政客。他明白自己權高勢重被文帝所忌，就立即收斂鋒芒。如同一隻被驚動了的攫食烏龜，迅速將頭收回背殼裡。他仇恨這個老皇帝，仇恨那個敢於和他較量的梁毗。他知道這個老皇帝不會活得太久了，待太子楊廣即位，他便可東山再起。

楊素奸佞禍國，最大莫過於更易儲君。

文帝有五子。長子楊勇，為儲君皇太子；次子楊廣，封為晉王；三子楊俊，封為秦王；四子楊秀，封為蜀王；五子楊諒，封為漢王。五子都是皇后獨孤氏所生。文帝對此非常自豪，曾對群臣說：「前世皇王，溺於嬖幸，因而常常發生爭儲廢立之事。而朕旁無姬侍，五子同母，可謂真兄弟也。所以我朝不會出現孽子忿爭而亡國之事。」可是事實上卻非如此，文帝之子對儲君的爭奪，同樣是殘酷無情的。在這場爭儲的鬥爭中，楊素煽風點火，施展陰謀詭計，發揮舉足輕重的作用。

太子楊勇好學博文，善作辭賦。性情仁慈，坦誠直率。初立為太子時，文帝十分注意對他的培養，凡軍國大事，都讓他參與決議。楊勇對某些不便民利國的時政，多有建議，均被文帝所採納。但楊勇的致命弱點是承襲了士族奢侈之風，喜好聲色犬馬，又不善於掩飾。文帝是一個表面上崇尚節儉，親躬政事的皇帝，因而對楊勇的奢侈鋪張浪費頗為不滿。雖然曾多次嚴誡，但楊勇積習難改。因此，文帝對楊勇的恩寵漸衰。楊勇喜好女色，正妻之外，又納了幾個嬖妾，而對正妻元氏感情冷淡。皇后獨孤氏最恨男人寵妾忘妻，元氏是獨孤皇后親為楊勇所配，元氏得不到楊勇寵愛而無子，獨孤皇后甚為不滿。不巧，元氏突然病死，獨孤皇后懷疑是楊勇所害，楊勇因此失寵於母后。

晉王楊廣，自幼即以乖巧敏慧、姿儀俊美受到父母的特殊偏愛，超出其他諸子。長大以後，狡詐善飾，專能投文帝與母后所好，文帝與母后稱他仁孝。滅陳戰爭中，楊廣為行軍元帥，立有殊勳。以後又多次率兵北伐突厥，屢立戰功，更為文帝所喜愛。楊廣早就覬覦太子之位，見太子失寵，便謀取代之策。他針對楊勇失愛於雙親的原因，反其道而行之，刻意掩飾，裝出一副非常儉樸，不好聲色的樣子，與妻子身穿粗布衣服，以老婢侍於左右；賄賂宮官，廣泛交結朝臣，接待大臣，格外謙恭。因而宮廷內外上下皆稱讚他仁德孝心。看相的術士，也被他收買，對文帝說：「晉王貴不可言。」於是，文帝、皇后遂生易儲之念。

廢立皇儲，並不只是皇帝的家事，也是關係到國家的命運和前途的大事。朝廷的文武百官都可以提出自己的意見，特別是宰相更要參加決策。尚書左僕射高熲堅決反對易儲，他長跪苦苦諫阻文帝說：「長幼有序，怎能廢長而立幼呢？」

楊廣深知高熲的態度是不可改變的，遂納心腹宇文述、張衡之策，透過收買楊素的弟弟楊約進而拉攏楊素。宇文述與楊約是好友，他先以重金賄賂楊約，之後故作危言聳聽，說道：「你們兄弟二人大禍即在旦夕，還不知道嗎？」

楊約大驚，慌問其故。

宇文述說：「你們兄弟，功名蓋世，專權用事已有多年。朝臣被你們家所屈辱的多得數不清，無不暗懷怨恨之心。同時，皇太子因為自己的欲望常常得不到滿足，因而也切齒痛恨執政的人。你們兄弟雖然得寵於皇上，但想危害你們的人也很多，皇上一旦駕崩，試問那時你們還如何保身固位？到那時，恐怕砍頭滅族有日了！」

楊約聽罷，嚇得汗流浹背，忙拜求良策。

宇文述說：「避禍不難。自古以來賢人君子莫不順情隨勢，以避禍患。今皇上已有廢黜太子之心，這你早已知道。若是以賢兄之口，請立晉王，即可因此而建大功，不但取悅於皇上，而且晉王也必刻骨銘心，不忘扶儲之情，這豈不是去積卵之危，成泰山之安嗎？」

楊約連連點頭稱是，遂向楊素進言。

其實，極善於投機、老奸巨猾的楊素早就在密切關注爭儲的鬥爭。但究竟支持哪一方，事關前程和身家性命，沒有十足的把握，他決不輕舉妄動。聽了楊約轉達宇文述的話，他沉吟半晌，說道：「你提醒的好，但不知皇后的真意如何，待我試探虛實，若果然如此，一定去做。」

幾天以後，楊素進宮去拜見皇后。談話間他裝作無意地順便說道：「晉王仁孝與皇上相似。臣真為陛下和皇后高興呢！」一說罷，兩眼向皇后臉上輕輕一掃，暗暗觀察皇后的反應。

獨孤皇后見楊素提到了晉王的仁孝，觸動了感情，不禁流淚說：「你說得真對，阿麼（楊廣小名）非常孝敬友愛，他的妃子我也很喜歡。我派婢女前去，她常與她們同寢共食。但那睍地伐（楊勇的小名）與阿雲（楊勇愛妾）則不然，兩人相對而坐，終日酣飲，暱近小人，欲殘骨肉。我可真是可憐阿麼，常常擔心他暗遭殺害。」

楊素一見這情景，明白了皇后的心意，便說了許多太子不成材的事情，暗示了自己的傾向。臨行，皇后饋贈楊素黃金，暗示他贊助晉王。一切都在不言之中，兩人達成了默契。

太子楊勇得知皇上與皇后有易儲之心，非常憂懼。文帝在仁壽宮得知楊勇不安，令楊素回京去東宮觀察太子的動靜。楊勇知楊素到來，特穿禮服等著接待。楊素故意拖延，遲遲不進見，以激怒楊勇。楊勇知道這是故意侮辱他，深恨在心，憤恨之情，溢於言表。楊素要的就是這個效果。於是向文帝奏報：「太子有怨恨之心，恐怕會有其他變故，望陛下深加防察。」文帝聽後，對楊勇更加懷疑。獨孤皇后也派人暗中監視東宮，哪怕是微小的過失，也羅織罪名，奏於文帝。於是，宮廷內外都說太子的壞話，天天都可以聽到關於太子的過失。

開皇二十年（六〇〇年）九月，文帝在大興殿召集群臣，逮捕太子左庶子唐令則等人，交有司審訊。文帝又令大臣揭發太子楊勇的罪狀。楊素揑造並誇大說：「開皇十七年（五九七年），我奉旨請皇太子嚴辦劉居士餘黨。太子說道：『劉居士餘黨都已伏法，你是右相，自己去辦吧！』這豈不是對抗聖命有怨不恭嗎？太子還說：『昔日父皇代周，事若不成，我第一個被殺。而今他做了天子，竟然待我不如諸弟，事事限制，使我不得自由。』對聖上的怨恨是何其深也！」

被楊廣收買的幸臣姬威也揭發說：「前些天，皇上從東宮選調侍衛，太子大為不滿，揚肘憤憤而言：『此事我永遠也不會忘記，大丈夫總會有得意的那一天。』太子還說：『總有一天，自僕射以下，我要殺他一二人，使他們知道怠慢我的災禍！』另外，前年太子還找了一老女巫卜凶吉。其後太子對我說：『皇上的死期就在開皇十八年（五九八年），這個期限馬上就要到了！』」

文帝聽後，對群臣說：「我早就看出這個逆子不能繼承大位，我雖然不如堯舜，但終不會將天下百姓交付給這個不肖之子。我時時怕他加害，如防大敵。今欲廢他，以安天下！」下令將太子楊勇及其諸子囚禁，收其黨羽。命楊素負責核查處理。

楊素與楊廣早就臭味相投。自從入宮見了獨孤皇后以後，楊素便一頭投入了楊廣的懷抱。楊廣事無大小，必與楊素密謀。楊素為了置太子楊勇於死地，揑造事實，橫加罪名，舞文巧詆，鍛煉成獄。

十月，文帝在武德殿宣布廢太子楊勇為庶人，其子、女為王與公主者皆廢去封號。楊勇長子寧王楊儼，上表懇請做宿衛，言辭哀切。文帝為祖孫之情所動。楊素怕楊儼在文帝身邊，使楊勇死灰復燃，於己不利，遂進言道：「皇上要小心毒蛇咬手，千萬不可留下禍根！」文帝於是不允楊儼之請。

楊素見太子已廢，大肆追查太子的黨羽。將唐令則、元曼等人處斬，妻妾子孫沒官為奴。其他與太子有牽連的官員，處杖刑一百，打得筋斷骨折，家財、田宅沒官。一時弄得朝野上下人心惶惶。

文帝因楊素廢太子有功，賞賜精帛三千段。

十一月，文帝立楊廣為太子。楊廣在楊素的一手支持與策劃下，終於奪得了儲位。因此，對楊素極為禮敬，引為心腹。楊素則把楊廣視為未來的靠山。兩個陰謀家狼狽為奸，勾結在一起，為大隋王朝造成了嚴重的禍患。

文帝的第四子蜀王楊秀，鎮蜀州，他對太子楊勇因讒毀被廢，憤憤不平。楊廣深感這是對他太子地位的嚴重威脅，與楊素密謀除蜀王之計。楊素羅織楊秀罪過，不斷向文帝進讒。仁壽二年（六〇二年）十月，楊秀回長安。文帝以他奢侈違反制度為名，將他逮捕，交有司囚審。楊廣與楊素合謀密製一木偶人，縛手釘心，加上枷鎖器械，書寫「請西嶽聖父聖母收楊堅、楊諒神魂」文字，埋於華山下。又偽作討京師妖孽檄文，藏在楊秀府中。楊素在華山下與楊秀府中，將這些偽證一併搜出，呈奉給文帝。文帝大怒，十二月將蜀王楊秀貶為庶人，囚禁於內侍省，受株連者百餘人。

仁壽四年（六〇四年）七月，文帝病重。僕射楊素、兵部尚書柳述、黃門侍郎元岩入閣侍疾，太子楊廣入居大寶殿。楊廣猜測文帝之病恐難好轉，便與楊素密謀準備採取相應措施。不料，楊廣給楊素的手書誤傳到文帝手中。文帝才知楊廣盼他早死，遂大怒。在文帝身邊侍疾的還有文帝所喜愛的宣華夫人陳氏、容華夫人蔡氏。二人都是在獨孤皇后死後得寵於文帝。一天，陳夫人外出更衣，被楊廣調戲，文帝得知，憤恨至極，以手擊床大罵：「這樣的畜牲怎麼可以託付他國家大事？獨孤誤我，枉廢我兒。」立即傳呼柳述、元岩，速去召楊勇，託付大事。

在內侍疾的楊素，見只召柳述、元岩而未召他，猜測情況有變，立即去報告太子楊廣。

大寶殿警衛森嚴，任何人不得出入。楊素與楊廣在內室中密議。楊廣急得團團轉，不知所措，眼巴巴地看著正在沉思的楊素，希望他能拿出一條「妙計」。

密室中像死一樣的寂靜。良久，楊素突然轉過身來，兩眼冒著惡狠狠的凶光，低聲問道：「太子可敢矯詔行事嗎？」楊廣像一個輸紅了眼的賭徒，答道：「無論何事都可行！」他把「無論何事」幾個字說得非常狠重，含義不言而喻。

「好！現在不是魚死就是網破。先人者制人，後人者制於人。現在即矯詔命宇文述帶兵快速捉拿柳述、元岩，以東宮衛士代替皇上衛士；再命右庶子張衡帶強悍侍衛入寢殿侍疾，令他如此這般！」楊素惡狠狠地作了一個兩手掐扼的動作。

就在楊素、楊廣密謀的時候，柳述、元岩已派人去召楊勇。可是他們忘了一個最基本的常識——即擒賊先擒王。信使剛剛出發，宇文述帶領的侍衛便破門而入，喝道：「奉天子詔，捉拿反賊柳述、元岩！」這真是賊喊捉賊。柳述、元岩頓足長嘆，可是為時已晚。文帝派去召楊勇的使者，也被楊素飛馬追回。

就在這同一時刻，張衡也衝入文帝的寢殿，將宣華、容華二夫人及宮女全部驅至別室。文帝知道有變，掙扎著要起來。張衡一步邁進屏風後，低聲說道：「臣來扶陛下！」

白玉屏風上鮮血四濺，哀痛之聲聞於外，文帝暴崩。

文帝養奸遺患，不但自己被奸臣、逆子所害，血濺玉屏，而且還葬送了他親手創建的大隋帝國。可悲！可嘆！

七月二十一日，楊廣在楊素的擁戴下即皇帝位，是為隋煬帝。矯文帝詔殺廢太子楊勇，將柳述、元岩都流放到南陲蠻荒之地。召幸文帝妃宣華夫人陳氏和容華夫人蔡氏。楊廣弒父、烝母、殺兄，實不如禽獸。

文帝第五子漢王楊諒得知楊廣偽詔奪位，舉兵造反。楊素率大軍征討，擒楊諒，將其囚禁至死。

楊素為了向新帝邀功，大興株連，官民二十餘萬家慘遭屠殺，血流成河。

楊素為煬帝奪取帝位，鞏固皇權立下了極大的功勞。大業元年（六〇五年），楊素終於實現了當尚書令的美夢，不久又拜為太子太師，子弟也即加官封賞。

楊素獨居宰輔，對煬帝更加獻媚邀寵。他知道，煬帝最喜好淫樂，便極力縱其荒欲。楊素唯恐天下無事，有事才能顯示出他存在的重要。

煬帝要營建東都洛陽，楊素極力贊成，並親任營建大監。楊素下令各地立即徵集役丁、工匠，每月二百萬人，日夜修築，限期十個月完成。大業二年（六〇六年）正月，東都的營建竣工。其規模之大，裝飾之美不亞於長安。且不說它堅固的城牆、繁榮的市區，只一顯仁宮，周圍即十餘里，南接皁澗，北臨洛水；殿閣亭榭，錯落勾連；宮室金玉交輝，翠繞珠圍；宮內的奇石異草，都是由江南、巴蜀等地採集而來。其西苑，規模更是龐大，周圍二百里，苑內有海十餘里，海內造三座仙山，各相距三百步，高出水面百餘尺；山上、山下築迴廊、殿閣，形勢相宜；海北有龍鱗渠，沿渠修建有長春、永樂等十六院，院門臨渠；每個院內，一年四季花木常新，秋冬草木凋謝以後，則剪彩綾飾為花葉，舊則更新，以示春意常在。煬帝對東都的營建非常滿意，重賞楊素。

楊素營建東都，一如當年營建仁壽宮，督役嚴急，役丁死者，十之四五。每天載運屍體的車輛，東至城皋，北至河南，絡繹不絕。營建東都與南鑿運河，北通馳道一樣，使煬帝結怨於天下，激化了各種社會矛盾，最後引起了大規模的農民起義。楊素之流，終於把煬帝捧上了斷頭台。投君所好，縱君之欲，是歷代奸佞小人的慣伎。可是知此者多，而拒此者少。因此，歷史上多少君主重複演出了一幕幕縱慾、荒政、亡國的悲劇。

楊素的權勢已經達到了登峰造極的地步。煬帝與楊素本是一對互相利用的狼狽，煬帝登上了皇帝的寶座、消滅了與他爭奪帝位的兄弟、剷除了所有障礙之後，他開始感到楊素再不是他的助手而是潛在的敵人。楊素權傾朝野，親朋故吏遍天下，以他之才、之威、之勢，一旦有變，必不可收拾。煬帝開始採取明舉暗奪之策，晉封楊素為司徒，但言行中卻流露出了剪除之意。

精於陰謀權術的楊素，當然明白煬帝的用心，楊素因此恐懼、憂鬱成疾。煬帝派名醫去醫治，賞賜上等的好藥，但關注的卻是楊素何日能死。楊素知自己有震主之危，不肯服藥，對弟弟楊約說：「危在旦夕，我豈能再活下去？」大業二年（六〇六年）七月，大隋王朝的一代奸梟終於結束了殘生。

唐朝名臣魏徵如此評說：

楊素「專以智詐自立，不由仁義之道，阿諛時主，高下其心，陷君於奢侈，謀廢塚嫡，致國於傾危，終使宗廟丘墟，市朝霜露，究其禍敗之源，實乃素之由也」。

大隋王朝，生靈慘遭塗炭，國家分崩滅亡，楊素罪責難逃！

烽火長安

李林甫、楊國忠、安祿山三梟角逐，造成了大唐王朝的一場空前浩劫。

天寶十五年（七五六年）六月，安祿山的叛軍如同一群發了瘋的野獸，殺進了大唐王朝的國都——長安。一隊隊手執大刀長矛的胡兵，到處追殺逃難的百姓，血流滿街，人頭滾動，沒有來得及逃跑的皇親貴戚，公卿百官，一群群被趕到午門之外的廣場上，剝光衣服，剖腹挖心，鐵棒砸腦……燒殺搶掠，整整三天三夜，京師長安變成了一座人間地獄。

禍端始於二十三年前……

開元二十二年（七三四年）五月，唐都長安繁花似錦。金碧輝煌的宮城、皇城次第相連，殿宇重重，瓊樓棋布，鱗次櫛比，在繞過長安的渭河水面上，映出壯美絢爛的倒影，遠遠望去宛如天宮仙苑。

這是一個皇上封相的日子。

早在晨星淡落之前，禁軍親衛、禁軍驍衛、禁軍金吾衛以及左右羽林、飛騎等部的甲士，就在宮門外擺開了威嚴的儀仗隊伍。幾千名穿著各色雲花襖、穿戴各色金鎧、兜鍪的武士，手執長戟、儀鍠、大槊、小戟、刀、矛、弓、盾等兵仗，擁著五彩旌麾、旗、幡，以及各類鼓角，從金鑾殿下一直排到午朝門外。

二十四匹披著紅氈的巨象，馱著金、銀、玉、瓷、陶等彩色寶瓶，不牽自走，很有秩序地來到午門之外依次站下；八匹印著「飛」、「鳳」之字的立仗馬，步蹄從容，自動列隊排在像隊之後，夾門肅立。

朝房內，百官穿著耀眼的朝服，在御史的指揮下，按文武序列和官階大小排好班次，聽點名號。天光欲曙，午門大開，兩名監察御史分別帶領文武官員從旁邊的掖門進入宮中。

金鑾寶殿坐北朝南，巍峨雄偉，殿前一對高大的古銅熏爐，香煙繚繞。禁城閣門兩側的鐘鼓樓中，飄出陣陣雅樂，使整個殿廷之中充滿了莊嚴肅穆的氣氛。

朝霞初照，金階上面響起了三聲清脆的淨鞭，鞭聲一落，兩名盛裝宮女高擎兩面金穗黃羅傘，從金殿左邊的西序門中款款而出，一百五十六名手執宮扇的彩衣宮女，雙雙隨後，飄飄走下金階，在殿前兩廂擺開。左右金吾將軍帶領引駕的六十六名金吾衛士，在金殿上下列隊肅立。

太監總管高力士隨著玄宗天子，在一群宮女和宦官的簇擁下，從西序門徐步而出，登上御座。三對龍鳳障扇立即在玄宗身後左右分開。

五十歲的玄宗天子，頭戴二十四梁通天冠，穿著一身絳紗袞龍袍，神采奕奕，威嚴地坐在盤龍御座上。殿前金吾將軍向他報了一切平安之後，殿中通事舍人即出至階前，唱贊文武百官叩拜。殿前丹墀下的百官一齊俯身叩頭朝拜，山呼萬歲。呼聲震動殿宇，直衝霄漢。玄宗望著山呼舞拜的文武百官，非常欣慰。

玄宗李隆基是一個非常精明能幹的皇帝。二十六歲時，一舉消滅了韋、武兩大集團的勢力，繼而又平定了太平公主發動的政變。「除天下之禍，拯天下之危」，鞏固了大唐王朝的統治。即位之後，撥亂反正，勵精圖治，光大祖宗基業。二十年間，使大唐王朝進入了鼎盛的黃金時代。國家統一，疆域萬里：東至安東（今東北三省及以東以北地區），西至安西（今新疆至中亞巴爾喀什湖一帶），南至日南（今越南廣治一帶），北至今安加拉河、貝加爾湖一帶；經濟繁榮，民安國泰：「四方豐稔，百姓殷富」，「人情欣欣然」。國家糧庫積滿，「陳腐不可較量」，時稱「開元盛世」。比之太宗皇帝的「貞觀之治」有過之無不及。玄宗作為東方最強大國家的君主感到無比的自豪。即位之初，他選拔姚崇、宋璟為相，創造了繁榮盛世，如今他還要選拔賢才為相，以保昇平。二十餘年的日夜操勞，使他對繁重的國事感到厭倦，他想尋找幾個可以託付國事的宰相，自己則要盡情安享天子之樂。

百官朝拜已畢，各就班位。殿中通事舍人朗聲宣道：「裴耀卿、張九齡、李林甫聽旨！」

三人應聲從朝班中走出。裴耀卿年近五十歲，中等身材，溫雅端莊；張九齡六十有餘，清瘦白皙，肅穆剛正；李林甫最年輕，四十歲左右，他身高體胖，笑容可掬。三人一齊跪在丹墀之上。

高力士宣旨：「大唐聖文武皇帝詔曰：茲命中書侍郎、同中書門下平章事張九齡為中書令；黃門侍郎、同中書門下平章事裴耀卿為侍中；黃門侍郎李林甫為禮部尚書，同中書門下三品。欽此！」

高力士宣罷聖旨，玄宗和顏笑語道：「三位賢卿同日進相，當和衷共濟，公忠體國，不負朕望。」

三人叩頭謝恩歸班，依次居百官之首。

唐朝官制，相府分為三：尚書省，管理全國政務，長官為尚書令；中書省負責起草詔令，長官稱為中書令；門下省負責審核政令和封駁，長官為侍中。三省長官共議國政，皆為宰相。宰相議政之處稱為政事堂。政事堂最初設在門下省。高宗永淳二年（六八三年）移於中書省。玄宗開元十一年（七二三年）改政事堂為「中書門下」。宰相位高權重，一般不輕易授人，多是按官位循資晉升。但為了使一些年輕資淺而有遠見卓識的傑出官員進入最高決策機構，往往給他們加上參議朝政、平章國計、同中書門下平章事、同中書門下三品等銜，參加政事堂會議，同為宰相。高宗以後，凡是為宰相者，都必須加「同中書門下三品」，只有三公、三師、中書令例外。

張九齡、裴耀卿、李林甫三人之中，張、裴二人前此已經加「同中書門下平章事」銜，參與宰相事，這次晉升為中書令、侍中，成了名副其實的宰相。李林甫升任禮部尚書，加銜「同中書門下三品」，自然也算入相。

三人同日進相，在朝廷中是一件可喜可賀的大事。文武百官紛紛恭賀聖君又得賢相。金鑾殿中又響起了一陣陣高呼萬歲的聲浪。

端坐在金鑾殿中的玄宗皇帝，神魂在萬歲聲中飄浮著，他陶醉地享受著百官們的恭賀讚頌，為自己知人善任選拔賢相的英明舉措而洋洋自得。殊不知正是在這一天，他把一個野心家、陰謀家安排在相位上，為繁榮昌盛的大唐王朝招來了幾乎毀滅的禍患。這個人便是「同中書門下三品」李林甫。

李林甫出身於皇族，曾祖父長平肅王李叔良是唐高祖李淵的堂弟。但因族大支遠，傳到李林甫父輩時，其家在宗族中的地位已不顯赫。李林甫自幼即是一個紈絝子弟，不學無術，說話粗鄙，既不能著文，也不能寫詩，僅能秉筆寫幾個大字而已。不過性格卻十分乖巧，能言善辯，長於奉迎。由於他皇族的出身，加之投機鑽營的本領，沒幾年的時間，竟然三躥兩跳地當上了掌刑法典章、糾察百官的御史中丞。接著又相繼轉為刑部侍郎、吏部侍郎。吏部掌管官吏的選拔、任免、遷轉，是一個最有實際權力的部門。李林甫官居吏部侍郎，他並不滿足，眼睛又瞄上了更高的職位，要做百官之長的宰相。他自知缺德少才，素無建樹，靠實幹是無望的。要想升遷，還必須走托請鑽營、攀權結貴的老路，但宰相不比其他，是要由皇帝直接任命的，走皇帝的「後門」，談何容易！但詭計多端的李林甫終於想出了妙策：曲線進攻——去攀結皇上最親近、最寵愛、最信重的人。

機會來了。一次，玄宗的大哥寧王李憲暗自去見李林甫，給他十個人的名單，讓他予以升遷。這是一個交結親王的大好時機，李林甫一口答應。不過他提出，這十個人中有一個要暫時貶黜，以示公正。寧王表示同意。於是在列「長名榜」決定官吏任免時，李林甫將寧王所舉的其中九個人全都按寧王的要求任官，將另外的一個在榜上放掉，當眾宣布此人四處托請，作風不正，這次不予升官。這樣，李林甫既結交了寧王，又贏得了「公正無私」的盛譽，一舉兩得。

李林甫與皇兄拉上了關係，當然高興。但他知道，皇上雖然最重視兄弟感情，但卻不讓他們參與國政，而最能影響皇上的則是武惠妃和宦官高力士。如果能夠得此二人相助，相位定然可得。不過這兩個人都深居皇宮，寵重恩深，像他這樣一個侍郎，莫說去攀結，就是見上一面，也是難於上青天。好在李林甫非常熟悉朝廷的關係網，他想到了另外一個人，可以透過她去溝通武惠妃和高力士。想到了她，李林甫的臉上露出了抑制不住的笑容。

她，就是侍中裴光庭的夫人——李林甫的情人。裴夫人是武三思的女兒，不僅貌美，而且詭譎有才略，喜歡交際，不甘寂寞。而裴光庭為人沉靜寡言，少於交遊，夫妻二人情趣寡和。李林甫本是個浪蕩公子，說笑談唱，樣樣在行，尤其是討取女人的歡心，更是行家里手。唐代與宋代以後不同，女人們可以參加一些社交、娛樂活動。在一個宴會上，兩人一見鍾情，遂暗中成了一對地下情侶。裴光庭死後，兩人往來不斷，如膠似漆。裴夫人與武惠妃是堂姐妹，高力士與武家舊交深厚，為此她經常出入宮中。裴夫人正是為李林甫入宮遊說最適合的人。寡居的裴夫人對李林甫的要求豈有不盡力之理！

這時，宮中發生了玄宗想更易太子的事。玄宗因為寵愛武惠妃，所以也特別喜歡她生的兒子壽王李瑁，而對失寵的趙麗妃所生的太子李瑛，逐漸冷淡。武惠妃為了使自己的兒子能夠奪得太子的地位，不斷地在玄宗面前訴說太子的過錯，玄宗遂有意易儲。李林甫從宦官那裡得到這個消息後，認為正是他向武惠妃獻媚求助的好機會。便透過裴夫人向武惠妃表示：「願護壽王為萬歲計。」更換太子，雖然看起來是皇帝的家事，但實際上也是國事，必須有得力大臣支持才能行得通。武惠妃知道這事在朝中會阻力很大，今見李林甫願意冒險幫助此事，很高興，因而視為心腹，便不斷地在玄宗面前說他的好話，希望他早日入相，成為自己的有力外援。同時，武惠妃又托請高力士在玄宗面前為李林甫美言。

高力士老奸巨猾，他雖受武惠妃之託，卻不敢貿然向玄宗提出任李林甫為相的建議。一天，高力士得知，玄宗準備提升尚書右丞韓休為侍中，任命的詔書正在起草。他忙將這一消息透露給裴夫人，要李林甫轉告韓休。韓休任相以後，認為李林甫對自己有感情，視為親信。不久，韓休為了排擠中書令蕭嵩，向玄宗推薦李林甫，盛言他有宰相之才。玄宗在後宮和朝廷聽了不少關於李林甫的好話，便對李林甫愈來愈有好感。因此，開元二十一年（七三三年），下詔命李林甫為黃門侍郎。黃門侍郎為門下省的副長官，掌出納帝命，主管機要，備皇帝顧問。當上了黃門侍郎，就等於打開了通往宰相的大門。果然，未及一年李林甫晉官禮部尚書，加銜「同中書門下三品」。李林甫靠鑽營女人的石榴裙終於當上了宰相。

三相之中，以中書令張九齡居首，執政事筆，為秉筆宰相。宰相議政，主持會議；會議之後總其紀錄。張九齡出身進士，博學多才，一向以文學為玄宗所器重。其為人剛正不阿，光明磊落，素為朝臣所敬佩。裴耀卿居次。裴耀卿是個才子，自幼即以聰敏善文而聞名，弱冠便被拜為祕書正字，以後又歷任長安令，濟州、宣州、冀州刺史，戶部侍郎，京兆尹等地方和中央的各級官職，頗有政績，行政經驗豐富，在百官中很有威望，也頗得玄宗的賞識。玄宗擢二人為相，可謂是得人。李林甫居宰相之末。李林甫是個學識淺薄之徒。在吏部負責典選時，見一候選人的評語有「杕杜」二字。「杕」字音弟，「杕杜」二字語出《詩經．杕杜》篇，意思是「不能親其宗族，致使骨肉離散」。李林甫未讀過《詩經》，不認識「杕」字，便問吏部侍郎韋陟道：「此云『杖杜』何也？」韋陟不便糾正，只好裝聾作啞，暗自發笑。不久，「杖杜」先生成為朝廷笑談。李林甫不通文墨，卻常常硬充風雅。太常少卿姜度得子，李林甫手書賀幛「弄麞之慶」。古人喻產子為「弄璋之喜」，「璋」為玉器。李林甫將「璋」字寫成「麞」，麞即獐，乃野獸之名。來賀喜的人見了無不掩口暗笑。

對於李林甫的品德、學識、才能，張九齡深有洞察。在張說任宰相時，李林甫圍前繞後，阿諛奉承，甘言如蜜。張九齡提醒張說要警惕李林甫。果然，張說罷相時，李林甫的彈劾最毒最黑，及玄宗欲用李林甫時，張九齡又直言諫阻說：「宰相繫國家安危，陛下以林甫為相，臣恐異日為宗廟、社稷之憂，望陛下慎重。」但玄宗早已被枕邊之風所迷惑，不從張九齡之諫，仍然擢升李林甫為相。

李林甫雖然德劣學寡，但野心卻很大。他不甘久居相尾，一心要排斥張、裴二相，獨攬相權。他知道自己的學問遠不如張九齡、裴耀卿，但要是論官場角鬥、玩弄權術，張、裴二人卻不在話下。

張九齡與裴耀卿都是以國事為重的人，因而兩人合作得很好，治理朝政頗有起色。張、裴二相的政績愈好，李林甫的嫉恨愈深，但他卻從不顯露出來。在表面上，李林甫對張、裴二相非常尊重，說話時面帶微笑，輕聲細語，總是一副溫和、恭順的樣子。他要使張、裴二人在他的微笑中失去警戒之心，再尋機在其背後插上致命的一刀。有句老話——「咬人的惡狗不叫」，李林甫深通此話的訣竅。多少政敵都是這樣被他咬倒在腳下。

李林甫明白，要想取張、裴二相而代之，關鍵還是皇上。什麼叫能力？什麼是對錯？皇上說你行你就行，不行也行；皇上說你錯你就錯，沒錯也錯。於是，他極力逢迎玄宗，討好武惠妃。為了按清玄宗喜怒哀樂、是非可否的脈搏，李林甫不惜重金賄賂宮中的宦官和后妃，甚至連皇上的廚師、伙夫、御婢，他都屢有厚贈，透過這些人探聽皇上的動靜。玄宗的一舉一動李林甫都知道得一清二楚。所以每次出言進奏，無不合於玄宗的心意。玄宗非常高興，稱讚道：「唯有林甫最能體會朕意。」

武惠妃見李林甫已經入相，朝中有了外援，遂加緊謀廢太子，不斷向玄宗進讒。一次太子李瑛與弟鄂王李瑤、光王李琚聚在一起，互相述說一些心中的不平。事被武惠妃所知，於是向玄宗哭訴：「太子暗中結黨，將要害我母子，並且還對皇上有誹謗之言。」玄宗大怒，宣見宰相張九齡，告諭將要廢黜太子及鄂、光二王。

張九齡諫阻道：「陛下踐祚近三十年，太子和諸王不離深宮，日受聖訓，天下都為陛下享國久長、子孫蕃昌而慶幸。如今三王皆已長大成人，沒聽說有什麼大過，陛下切不可輕信無據謠傳，於喜怒之際興廢黜。從前，晉獻公聽信驪姬，殺太子申生，三世大亂；漢武帝信江充之言，加罪戾太子，導致京城大血戰；晉惠帝聽信賈后讒言，廢愍懷太子，中原塗炭；隋文帝納獨孤後語，黜太子楊勇，改立煬帝，遂失天下。古人有言：『前車之覆，後車之鑒』。太子為天下之本，不可輕搖。臣不敢奉詔。」

玄宗見張九齡不贊同，默然無語，面有慍色。張九齡卻毫不改容，徐徐引退。

武惠妃知張九齡不同意廢太子，便派心腹宦官牛貴兒去收買。牛貴兒說道：「相爺，有廢必有興，您若是能夠幫助壽王為太子，可長久為相，子孫也可永享富貴。」

這既是利誘，又是威脅。

張九齡不為所動，正氣凜然地斥責牛貴兒：「你本是一宮奴，怎敢參與朝廷大事？」斥退牛貴兒，張九齡即詳奏玄宗。玄宗被張九齡的忠誠剛正所感動。廢立太子乃是關係到宗廟、社稷的大事，沒有宰相和重臣們的支持，不好一意孤行，只好暫時罷議。

對廢立太子之事，李林甫當面不發表意見，背後卻在宦官面前含蓄地說道：「廢立太子本是聖上的家事，何必問外人呢！」這是巧妙地暗示玄宗不要以張九齡為意，並影射張九齡干涉皇上的家事。從此，玄宗對張九齡日漸冷淡。

玄宗在位日久，志得意滿，漸肆奢欲，不大願意處理政事，特別是不願聽取大臣們的不同意見。每逢議政，張九齡、裴耀卿常常直諫，與皇上力爭，玄宗感到不快。開元二十四年（七三六年）八月五日，是玄宗的五十二歲生日，張九齡編纂《千秋金鏡錄》一書，作為生日禮物獻給玄宗。書中綜述前代興廢的原因及當朝行政得失，實際上是一份內容廣泛的諫書。玄宗雖然下詔嘉美《金鏡錄》，但內心中卻是老大的不悅，對張九齡更加疏遠。

李林甫見玄宗已經流露出對張九齡的不滿情緒，便乘機在玄宗面前經常說張九齡的短處，加深裂痕。

開元二十四年（七三六年），玄宗想要封賞朔方節度使牛仙客，張九齡不贊成，約李林甫一起去諫阻。李林甫兩眼一轉計上心來，他要設下一個圈套讓張九齡去鑽。於是他不但滿口答應，還故意鼓動張九齡要言詞激烈些。

張九齡與李林甫一起來到宮中。玄宗說道：「朔方節度使牛仙客，節約用費，勤於職守，朕欲加封他為尚書，二卿以為如何？」

在玄宗述說牛仙客功績時，李林甫微笑傾聽，頻頻點頭，流露出非常讚許的神態。

張九齡在傾聽玄宗說話時，表情嚴肅。玄宗的話音剛落，他便表示反對：「臣以為不可。尚書就是古代的納言，自大唐建國以來，只有當過宰相及在朝野德高望重的人才能擔任。仙客本是河湟地區節度使判官，現在驟然被任命為這樣顯要的官職，恐怕有辱於朝廷。」

在張九齡慷慨陳詞時，李林甫頻頻皺眉，故意讓玄宗看到，張九齡講完之後，看了李林甫一眼，意思是希望他按約定進言。李林甫卻佯做不知，不吭一聲。

玄宗見張九齡反對封牛仙客為尚書，便退了一步，又說道：「那麼只封給他有實封戶數的封邑如何？」

張九齡還表示反對：「也不可。封爵本來是用來獎賞有功人的。牛仙客作為邊將，充實府庫，修理軍器，都是他分內的事，談不上什麼功勞。陛下如果要獎勵他勤於政事的功勞，賞給他金帛也就足夠了。而封土封爵恐怕不合適。」

玄宗見張九齡一再反對自己的意見，大為不悅，默然不語。張九齡見皇上不再詢問，便叩頭退下。

李林甫見張九齡惹惱了皇上，心中暗自得意。待張九齡退出後，他上前奏道：「以臣看來，仙客實有宰相之才，何止於尚書！九齡乃是一介書生，不懂得選材用人的大道理。」玄宗聽了十分高興。

李林甫回到家中，坐在「偃月堂」中的太師椅上，閉目捋鬚，回想起張九齡中計的情景，心中無比愜意。突然他感到還可以利用一個人，去加深皇上對張九齡的反感，同時還可以乘機把他拉為自己的心腹。這個人就是剛剛來京的朔方節度使牛仙客。於是他立即命家人備馬去公館密訪。

牛仙客受李林甫的煽動，第二天便去面見皇上，哭著要辭官。牛仙客人如其姓，忠厚老實，兢兢業業。玄宗見滿臉憨態的牛仙客哭得那麼傷心，不由得遷怒於張九齡，懷疑張九齡對牛仙客可能挾有私見。因而又召見張九齡，再次提出要實封牛仙客。張九齡固執如初。玄宗大怒，喝問：「朝廷大事都要由你來做主嗎？」

張九齡叩頭謝罪說：「陛下不認為臣無能，任臣為宰相，所以朝中大事有不對的地方，臣不敢不直言。」

玄宗說：「你認為牛仙客出身寒微，那麼你的出身有什麼高貴的呢？」

張九齡回答：「臣不過是嶺南的一個貧賤人，不像牛仙客出生在中原。但臣在臺閣之中，掌管詔書誥命已經許多年了。牛仙客原本是邊疆地區的一個小官吏，目不識書，如果委以大任，恐怕難以服眾。因而臣不敢不直言。」

李林甫對張九齡譏牛仙客「目不識書」一語非常反感，這話正好也刺中了他的痛處。於是背後又去見玄宗，奏道：「仙客行政理事之才足可任宰相。只要有才能，不必拘泥於作詩著文之類的辭學。天子英明，用人還有不可以的嗎？」

玄宗對張九齡愈發不滿，認為還是李林甫識人才，能進賢，不專權。不久，玄宗下詔賜牛仙客隴西縣公，食實封三百戶。

同一年，玄宗遊幸東都洛陽，想返回長安。張九齡、裴耀卿考慮當時正是三秋大忙季節，沿途百姓會因迎接皇駕而影響秋收，建議玄宗冬季返回。二相退朝，李林甫故意裝作腳疼，走在後面。玄宗見狀，關切地問李林甫道：「愛卿的腳患了何病？」

李林甫回答說：「臣並非腳疼，而是有話要單獨奏陛下。陛下貴為天子，洛陽、長安只不過是陛下的東、西二宮，往來行幸還需要選擇什麼時間嗎？即或是秋收有些妨礙，將所過之處的租稅減免一些也就可以了。」

玄宗點頭稱是，立刻下令返回長安。認為只有李林甫才能體會自己的心意，對張九齡由疏遠、不滿而致厭惡。

李林甫從不與張九齡、裴耀卿正面辯論衝突，總是在背後單獨向玄宗說二相的壞話，挑撥離間，蓄意中傷，乘機邀寵。這是一切野心家、陰謀家的慣用伎倆。遺憾的是「英明」的玄宗皇帝卻當事者迷。

李林甫見時機已經成熟，遂在開元二十四年（七三六年）年底，借蔚州刺史王元琰案，誣告張九齡、裴耀卿都是朋黨。於是，玄宗貶張九齡為尚書右丞相，裴耀卿為尚書左丞相，不再參與政事。同時任命李林甫兼中書令，牛仙客為工部尚書、同中書門下三品，領朔方節度使如故。詔書出，張九齡、裴耀卿離開相位。李林甫小人得志，趾高氣揚，在文武百官面前嘲弄挖苦張九齡、裴耀卿道：「嘻嘻，二公雖再不能參與大政，還是左右丞相嘛！」

張九齡、裴耀卿二人坦然下堂。

李林甫以仇恨的眼光看著二人離去，在側的公卿無不為之戰慄。從此，李林甫成了大權獨攬的宰相。

李林甫集軍政大權於一身，一陣狂喜之後，又不寒而慄。他深知「臣高震主」的危險。歷代多少權臣，最終都落得個身敗名裂、禍滅九族的下場。如何才能永貴不衰呢？李林甫日夜苦思冥想、煞費心機。他終於想出了三條固寵保位之策：對百官，嚴厲控制，杜絕言路，閉塞皇上的視聽；對皇上，養君之欲，誘之以聲色，導之以玄虛，使之不理政事；對賢能之士，壓抑阻塞，排斥剷除，使朝廷之上永遠沒有超過自己的人。這樣一來，皇上不知其惡，不得賢才，自己便可以永遠取得寵信，保權固位，為所欲為。

為了杜絕言路，李林甫首先是控制能夠經常接觸皇上的宰相。他薦引牛仙客為工部尚書、同中書門下平章事，入朝為相。牛仙客出身縣中小吏，才能平庸，但能順從長官，辦事清勤，是一頭聽喝苦耕的笨牛。牛仙客得恩於李林甫，又深知李林甫的為人。因此，入相以後，更加發揚「牛」的精神，不管李林甫說什麼，他都點頭稱是。百官向他請示事情，他不敢決定，總是一句話：「按照規定辦吧！」李林甫喜歡他的就是這一點，正因為如此，牛仙客穩居相位六年，不斷加官晉爵。開元二十六年，拜為侍中，二十七年命為兵部尚書。李林甫原以吏部尚書兼中書令，今又透過牛仙客控制了武官的任免大權。天寶元年（七四二年），牛仙客病死，至死他始終是李林甫手中的傀儡和應聲蟲。也正因為他是傀儡和應聲蟲，他才得以身榮位顯，無禍而終。

牛仙客死後，刑部尚書李適之代為左相。李適之是唐太宗的玄孫，很有行政能力，任刑部尚書時「晝決公務，庭無留事」。又依仗是宗室，常常向玄宗奏事，與牛仙客是兩種不同類型的人。李林甫感到是個威脅。為了封住他的口，使他在玄宗面前沒有說話的餘地，李林甫想出一計。一天，李林甫故意裝出一副高興的樣子，笑眯眯地對李適之說：「華山發現了金礦，要是開採出來，實是一富國之舉，只是主上還不知道。」李適之不知是圈套，認為李林甫說得很有道理，就將此事進奏玄宗。玄宗聽了很高興，向李林甫徵詢意見。李林甫卻回答說：「臣早就知道此事，但華山是陛下的本命，王氣所在，豈能穿鑿！所以臣不敢上言。」玄宗聽了，覺得還是李林甫考慮問題全面，對自己一片忠心，而李適之太輕率。於是把李適之痛責一番，告誡他：「以後再奏事，先與林甫商議，不許再輕脫。」從此，李適之不敢再開口奏事。不久，玄宗便將他罷相。李林甫除掉了心腹之患。

御史台的諫官是皇帝的耳目。李林甫為閉塞玄宗的視聽，又嚴格控制諫官。在他升任中書令不久，便將朝廷的諫官們召集在一起，進行威脅說：「如今主上聖聰英明，群臣順從聖意，尚且應接不暇，還用得著你們去多嘴多舌嗎？諸君沒看見那些充當儀仗的列馬嗎？終日無聲，老老實實地站立，每天都食用三品料。一鳴則將它們除掉，到那時後悔也來不及了！」

李林甫明目張膽地鉗封群臣之口，企圖造成萬馬齊喑的局面。

補闕杜璡不怕李林甫的威脅，還是上疏言事。第二天，李林甫便將他驅逐出京，貶黜為邽縣令。監御史周子諒見牛仙客對李林甫事事恭維，毫無主見，平庸無能，遂上疏彈劾他濫居相位，不能稱職。在疏中也暗斥了李林甫。在李林甫的煽動下，玄宗大怒，命侍衛將周子諒痛打於殿廷，死而復蘇，又杖於朝堂，流放瀼州，至藍田而死。從此，朝廷文武百官懾於李林甫的淫威，都明哲保身，無復進言，諫諍之路斷絕。

玄宗皇帝被李林甫封閉在深宮之內，有目不得視，有耳不得聞，成了真正的孤家寡人。李林甫的罪惡無法上達，因而玄宗對他深信不疑。李林甫遂得以長期專擅朝政，打擊忠良，殘害無辜，敗壞朝綱，禍國殃民。

大凡做壞事的奸邪佞臣，都要諛君媚主，誘導君主沉湎於酒色荒淫之中，使之不辨是非，荒廢國政，從而以售其奸。

李林甫養君之欲，首先是使玄宗縱情聲色，不能自拔，開元二十五年（七三七年）十二月，玄宗最寵愛的武惠妃突然病死。玄宗為此一直鬱鬱寡歡。後宮數千佳麗，沒有一個可以彌補武惠妃逝世後給他留下的感情上空缺。開元二十八年（七四〇年）十月，高力士為他召來了壽王李瑁之妃楊玉環。楊玉環不僅姿色絕代，而且善歌舞，通音律，聰慧過人。玄宗一見大喜，如獲至寶。天寶四年（七四五年）八月，冊封楊玉環為貴妃。玄宗對楊貴妃的寵愛，遠遠超過當年的武惠妃。正如白居易《長恨歌》中所說：「後宮佳麗三千人，三千寵愛在一身。」六十歲的老皇帝完全陷入了情網之中，「春宵苦短日高起，從此君王不早朝」。「驪宮高處入青雲，仙樂風飄處處聞。緩歌慢舞凝絲竹，盡日君王看不足」。開元初年勵精圖治的玄宗皇帝，自從納了楊玉環之後，天天沉溺於酒色戲樂，置國家政事於不顧。

玄宗還喜歡雜技百戲，特別是對舞馬、鬥雞尤有興趣。專人訓練了四百匹會跳舞的馬，給馬穿上錦繡舞衣，佩戴金、銀、珠、玉等華麗的裝飾，使馬列成各種隊形，伴隨樂曲翩翩起舞。玄宗百看不厭。又選五百小兒專門馴雞，在興慶宮與大明宮之間建立雞坊，經常看鬥雞取樂。

李林甫身為統領百官、輔弼皇帝的宰相，有諫君之過的職責，可是他卻從不勸諫，相反給予積極的支持。他大肆搜刮民財，滿足玄宗恣意揮霍的需要。因此，玄宗對他寵信益深。

玄宗迷戀聲色之後，更加貪戀人生，希望自己長生不老，永遠過著縱慾享樂的生活。正如唐代詩人劉禹錫所形容的那樣：「開元天子萬事足，唯惜光陰促。」為此，他更加迷信道教，在淫樂之中又陷入玄虛之境。在宮中設立道壇，於大同殿立真仙之像，日夜焚香頂禮膜拜。又請道士入宮，醮祭煉藥，學法習術。還下令在全國大修道觀，向天下頒布御注《老子》，令王公以下必須學習。李林甫為了討取玄宗的歡心，捐獻出自己的住宅，改為道觀，為玄宗祝壽。玄宗大悅。

沉迷於聲色、玄虛之中的玄宗，對繁重的政務日感厭倦，便把軍國大權全都委託給李林甫，任其處理。他說：「朕不出長安近十年，天下無事。朕欲高居無為，悉以政事委林甫。」這正是李林甫夢寐以求的事。他雖不是帝王，卻可以狐假虎威，肆行帝王之權。

李林甫學問淺薄，是靠鑽營投機爬上相位的。他利欲熏心，嗜權如命，因而在他行奸為佞的仕途上，最怕有人超過自己。他的原則是：凡是才能、聲望、功業超過自己者，要除掉；凡是被皇帝所器重者，要除掉；凡是勢位接近自己者，要除掉；凡是異己或將來可能與己不利者，也要除掉。

宰相張九齡、裴耀卿、李適之都是學富五車，政績卓著的賢相，李林甫將他們排擠而罷相後，怕他們東山再起，仍然肆加迫害，不到半年，李林甫將張九齡牽連到周子諒一案中，貶出京師，任荊州長史。不久，張九齡因病而逝。李適之罷相僅九個月，李林甫將他牽連到「韋堅謀立太子案」中，李適之被逼自殺。

原尚書左丞嚴挺之，博學多才，為官剛正不阿，敢於直諫，理政嚴明，精於選舉。名相姚崇視為奇才，玄宗對他也非常器重，開元二十年（七三二年）擢升他為刑部侍郎。嚴挺之與宰相張九齡友善。張九齡賞識他的才幹，升任他為尚書左丞，知吏部。不久，張九齡又要薦舉他入相。嚴挺之鄙視李林甫的為人，不肯與他交結，李林甫懷恨在心，對嚴挺之入相千方百計阻攔。開元二十四年，橫加罪名，將他貶為洛州刺史。天寶元年（七四二年）玄宗又想起了嚴挺之。問李林甫道：「嚴挺之現在哪裡？此人頗有才幹，可以晉用。」

李林甫聽了大吃一驚。他深知嚴挺之之才遠在自己之上，一旦晉用，必然為相。於是他一面滿口答應，一面暗思壓抑之策。回答說：「嚴挺之現為絳州刺史。臣知道他是個難得的人才，有意讓他磨煉，以備陛下擇用。」

玄宗對李林甫為國育才、儲才之舉甚感滿意。

李林甫退朝後，立即命人找來了嚴挺之的弟弟嚴損之，非常親熱地敘舊，許願要幫助嚴損之授為員外郎。又關切地說：「皇上對尊兄很是器重，可找個藉口回京拜見皇上。不妨假稱中風，要求回京就醫。」

嚴損之哪裡知道這是李林甫的毒計，見他如此關心兄弟二人，非常感激。千恩萬謝而去。李林甫望著嚴損之的背影，露出了一絲得意的奸笑。

次日，李林甫拿著嚴損之代寫的奏文，送給玄宗，裝出十分惋惜的樣子，奏道：「挺之衰老得落了個風疾，且授他個閒官就醫吧！」

玄宗見奏，嘆息再三，感到非常遺憾。只好令免去嚴挺之絳州刺史，使其回京「養病」。嚴挺之非但未得晉用，反倒丟了刺史。

范陽節度使兼河北採訪使裴寬，多才多藝，通法度，善文詞，精於騎射，文武雙全。歷任許多中央、地方要職，處理政事清廉幹練，是一個一直被玄宗所器重的官員。去任太原尹時，玄宗曾特賜魚袋，賦詩為之餞行：「德比岱雲布，心如晉水清。」天寶三年（七四四年）三月，調入京師任戶部尚書。以裴寬的才能、履歷、政績、聲望，是最適合入相的人選。

李林甫見玄宗對裴寬屢屢加恩，心懷忌妒，怕他入相於己不利。這時刑部尚書裴敦「平海賊有功」，受到皇上的表彰。李林甫對裴敦也心懷忌妒，同樣怕他入相不利於己。恰巧這時裴敦接受一些朝官的托請「廣序軍功」。裴寬知道後，在奏章中「微奏其事」。李林甫見有機可乘，便從中挑撥二裴之間的關係。他先將裴寬上疏之事告訴裴敦，又慫恿裴敦去買通楊玉環的姐姐，在皇上面前說裴寬的壞話。還煽風點火地對裴敦說：「君速揭發裴寬，勿後人被人所製。」結果裴寬被貶為睢陽太守。不久，李林甫用明昇暗降的手段，奏請玄宗任裴敦為嶺南五府經略使。裴敦稍稍遲疑，沒有及時赴任，李林甫又奏他「逗留京師」，將他貶為淄川太守。就這樣，在不到一年的時間裡，深受玄宗器重的二裴，都被李林甫貶出京師，阻止了他們入相的機會。

天寶四年（七四五年），又有一名年輕有為的官員使李林甫寢食不安。他就是御史中丞韋堅。韋堅門第顯赫，並聯姻皇室。其姐是贈惠宣太子妃，妹是新立太子李璵（即李亨）的妃子。妻子是楚國公姜皎的女兒。韋堅本人也很有才幹，很早即步入仕途。開元二十五年擔任長安令，天寶元年（七四二年）擢任陝州刺史，兼水陸轉運使。為了使江、淮租庸順利到達長安，他在咸陽壅塞渭水，興建成堰，截斷灞水、滻水，讓它們靠著渭水東流，在潼關西永豐倉下與渭水會合，使漕運順利到達長安。玄宗為褒獎韋堅的漕運之功，特破格擢升他為三品京官兼太守，繼而又加封他為銀青光祿大夫，左散騎長侍，後來又兼御史中丞。

韋堅的妻子是李林甫的表妹。因而初始李林甫對韋堅很好，「引居要職，示結恩信」，不斷提高韋堅的官職。後來，他發現韋堅是極為傑出的人才，而且多次受到皇上的讚賞，恩寵日深，對自己的相位是一個潛在的威脅。因而由籠絡而變為嫉妒。他一面對韋堅表示更加親熱，一面暗謀排斥、陷害韋堅之策。

天寶四年（七四五年），李林甫奏請玄宗任命韋堅為刑部尚書，罷其江、淮租庸轉運使等職，奪其實權。但李林甫知道，這還不足以阻止韋堅入相，以韋堅之才，一旦在刑部尚書任上做出成績，就再也無法阻擋他入相。只有澈底消滅韋堅，才能去掉心腹之患。遂派爪牙楊慎矜祕密監視韋堅，暗中羅織罪名。於是，李林甫製造了震驚朝野的「謀立太子案」。

開元二十五年（七三七年）時，玄宗廢掉太子李瑛後，李林甫多次請立壽王李瑁為太子，但玄宗幾經考慮，為了求得穩定，放棄了立壽王的想法，採納了高力士的意見，立長子忠王李璵（後改為李亨）為太子。李亨立為太子後，使李林甫日夜不安，生怕以後會遭到報復。因而想方設法陷害李亨，另立他人。

天寶五年（七四六年）正月十五元宵節，太子李亨出遊，途中遇到了韋堅和河西、隴右節度使皇甫惟明，三人在景龍觀相聚。韋堅是太子李亨的妻舅哥，皇甫惟明原是忠王府的僚屬，與李亨關係密切。皇甫惟明回京奏事，見李林甫專擅朝政大為不滿，在奏報中勸玄宗去掉李林甫。李林甫得知後，對皇甫惟明懷恨在心。韋堅、皇甫惟明與太子相聚，被楊慎矜所偵知。李林甫得報後，感到這是一個可以一舉擊垮幾個政敵的大好機會，立即奏報玄宗，誣告內臣韋堅與邊帥皇甫惟明勾結密謀，「欲共立太子」。要發動政變，這是十惡不赦的大罪。玄宗將韋堅、皇甫惟明下獄審訊，但因無證據，只好貶韋堅為縉雲太守，皇甫惟明為播川太守。一年後，李林甫又橫加罪名，使韋堅與皇甫惟明都被「賜死」。又一個很可能成為宰相的人，被李林甫扼殺。

李林甫在相位十九年間，排斥、陷害著名大臣多達十四、五名，受牽連而致罪者不計其數。李林甫家中有一廳堂，呈半月形，名曰「偃月堂」。每當他要陷害某一大臣時，便住進堂內，絞盡腦汁，苦思中傷之策。如果他歡喜而出，那便有人要家破人亡了。他在朝廷上，如果對某人格外親切，甜言蜜語，這個人的末日也就快要到了。所以當時人稱他為「口有蜜，腹有劍」。

李林甫為了隨心所欲地陷害他人，特意豢養了一批酷吏。其中吉溫、羅希奭兩人就是他最得力的鷹犬。二人治獄，皆隨李林甫所欲鍛煉成獄，沒有一個能逃脫的。當時人稱為「羅鉗吉網」。李林甫利用這些酷吏，屢興大獄，迫害忠良，誅除異己，擅殺無辜。韋堅一案，上至公卿，下至船夫百姓，受株連的人多達數百家。監獄裡關滿了犯人，不少人慘死在酷刑之下，此案一直到李林甫死，整整搞了七年。弄得朝野上下人人自危，連太子李亨都嚇得上表請求與妃子（韋堅之妹）離婚，以求自保。

李林甫作惡多端，連他的兒子將作監李岫都看不下去，知道「多行不義必自斃」，為此十分憂慮。有一天，李岫隨李林甫在自家的苑園中散步，見園外有靈車經過，不由得觸景生情，淒然淚下。李林甫驚問其故，李岫跪伏在地，抱著李林甫的腿，哽咽了半晌才說出話來：「大人當了這麼多年的宰相，前面堆滿了荊棘，一旦禍至，要想比得上這個人都辦不到啊！」

一句話觸到了李林甫的隱痛處，他沉思了許久，慢慢拉起淚流滿面的兒子，低聲哀嘆道：「唉——，已經走到了這一步，還有什麼辦法呢？聽天由命吧！」

他望著緩緩遠去的靈車，心在抽搐，渾身顫抖，兩腿彷彿重如千斤，呆呆立在那裡。

李林甫何嘗不知害人如害己，作惡如壘卵？其實，他的日子並不好過。他既怕皇上有朝一日將他除掉，又怕仇人行刺暗算，時時都在提心吊膽中過活。家中住宅重院多門，牆壁雙層，中間夾板，以石板鋪地，如防大敵。就這樣，他還是感到不安全，一夜要換幾個地方睡覺，連家人都不知道他到底住在何處。李林甫表面上是勢炎熏天的宰相，實際是心驚膽戰的竊鼠。他已經失了人生最起碼的樂趣。

就在李林甫專擅朝政，惡毒殘害忠賢的時候，一個狡黠滑詐、野心勃勃的奸梟爬上了大唐王朝的軍政舞台。他的名字叫安祿山。

安祿山是營州柳城（今遼寧朝陽）的胡人。幼年喪父，隨母親流浪於突厥各部。開元二十二年（七三二年），因盜羊被幽州節度使張守珪捉獲。張守珪見他身軀高大有膽氣，特別是熟悉當地的山川地勢，風土民情，是個有用之人，便饒了他一條性命，命他為捉生將。安祿山聰明多智，勇猛凶狠，熟知契丹各部內情，所以每次出擊，逢戰必勝。不久便被提為偏將。安祿山不僅驍勇善戰，而且極善揣度人心，事事皆能投張守珪所好。對張守珪恭敬親近如父，深得張守珪的喜愛，將他收為養子。開元二十四年（七三六年），安祿山為平盧將軍，征討契丹和奚。因輕敵冒進，慘敗喪師，因罪被押送京師。宰相張九齡見他貌有反相，主張按軍法處斬，免生後患。但玄宗卻賞識他的驍勇，特下旨赦免了他，命他立功贖罪。開元二十七年（七三九年）安祿山升任平盧軍兵馬使。這時，御史中丞、河北採訪使張利貞來到平盧視察，考核官吏。安祿山知道，自己今後的命運就在他的唇舌之間。因此，對張利貞百般恭順，重金賄賂。對同來的隨行官員，不論大小也都優禮有加，一一厚贈。果然是金錢能使鬼推磨，張利貞等歸朝後，人人都盛讚安祿山的功德賢能。玄宗聞奏大喜，因為安祿山是他親自赦免的死囚，安祿山的功績正是自己天聰聖明的確證。因此於開元二十九年（七四一年）下詔授安祿山為營州都督、平盧軍使、知左廂兵馬使，度支、營田、水利、陸運使副，押兩番、渤海、黑水四府經略使，順化州刺史。天寶元年（七四二年），玄宗又任安祿山為左羽林大將軍、柳城郡太守，平盧節度使攝御史大夫，管內採訪處置使等。僅十年間，安祿山由一個盜羊賊變成獨鎮一方，執掌軍、政、財重權的地方最高官吏。

天寶二年（七四三年），安祿山入朝。為了討取皇上的歡心，騙取信任，狡詐的安祿山，於金鑾殿上，在文武百官眾目睽睽之下，編造了一個謊言。他奏道：「去年臣所轄營州發生了一件神異的事。當時不知什麼原因，境內突然生了許多紫方蟲，蠶食禾苗。我燒香祈告上天說：『若是臣不行正道，事主不忠，願使蟲食臣之心；若是臣不負天地，事君竭誠，讓蟲即刻滅絕。』禱告剛畢，即有成群青色赤頭鳥飛來，食蟲立盡。天降青鳥食蟲，實是國家的祥瑞，臣不敢隱瞞，請陛下宣付史館予以記載。」

玄宗聽罷，甚感驚奇。暗想：「這安祿山果然忠貞不貳，所以才會有天降群鳥食蟲的祥瑞呢？」於是當即准奏。安祿山巧妙地要了個蒼天作證自己「不負天地，事君竭誠」的把戲，騙得玄宗十分欣慰，加授他為驃騎大將軍。

李林甫見安祿山外擁重兵，內受帝寵，便想利用他來排斥賢能，鞏固自己的地位。自唐初以來，有「出將入相」之制。唐太宗為防止軍權旁落，非常重視邊帥人選，多用忠厚名臣，不久任，不遙領，不兼統。對蕃將雖然予以重用，但不專任大將，不使獨自統兵。對那些治軍有術，戰功卓著而又有治國能力的邊帥，常常調入京師為相，而朝中治國有方，又能治軍的大臣，則調任邊疆任軍帥。這種邊帥不久掌兵權，不兼統他地、他職，適當控制「蕃將」的政策，有效地維護了國家的安定。

開元前期，玄宗仍然沿襲祖制，也常常選邊鎮將帥入朝為相，或以宰相、重臣出任邊帥。李林甫最怕有才幹的邊帥入朝為相，超過他，取代他。特別是智勇雙全、德才兼優的王忠嗣，身兼河西、隴右、朔方、河東四鎮節度使，又是玄宗幼年的好友，更使李林甫感到深受威脅。於是李林甫耍了個陰謀，建議玄宗重用「蕃將」。蕃將多不識漢字，自然無法入朝為宰相。蕃將安祿山、哥舒翰、高仙芝等人任節度使，便可逐步削弱取代王忠嗣。於是他堂而皇之地上奏玄宗：「以文臣為將，他們總是缺少勇氣，怕刀槍箭石，不敢身先士卒。不如用蕃將。這些人出身寒微，生性勇猛，自幼長於馬上，精騎善射，長於戰陣，又孤立無黨。如果陛下給他們以恩惠，一定會為朝廷誓死效忠。」

玄宗喜好開疆拓土，又怕邊帥立功居驕，結成朋黨，不好控制。李林甫的建議正合心意。

安祿山在京，玄宗對他寵待非常，謁見無時。天寶三年（七四四年）三月，安祿山離京返歸前，玄宗又下詔命安祿山以平盧節度使兼范陽（即幽州）節度使、河北採訪使。

安祿山明白，自己存在的價值，官位的高升，全在於契丹和奚的反叛。為了邀功取寵，安祿山故意激反契丹和奚，然後大舉興兵征討，不斷報捷、獻俘、獻馬於京師，騙取玄宗對他更加寵重。

天寶六年（七四七年），安祿山再次進京，玄宗又加封他為御史大夫。玄宗恩寵日深，慰勞有加，邀他去參加深宮內宴。安祿山故作感恩流涕狀，跪伏在地，奏道：「臣本蕃戎賤人，仰蒙皇上聖恩，得極寵榮，自愧愚鈍，無異才為陛下所用，願以此身為陛下效死。」

玄宗聽後，對他的「忠直」更加喜愛，便叫他晉見太子李亨，希望儲君也能夠賞識他。安祿山見了太子故意不拜。殿前侍監等喝道：「祿山見太子為何不拜？」

安祿山又故作愚癡狀，驚問：「臣是胡人，敢問太子是何官？」

玄宗說：「太子就是儲君，朕百年之後，他就是天下的君主。」

安祿山聽後，驚慌跪拜。說道：「臣愚蠢，原只知有陛下一人，不知還有儲君，罪該萬死。」說畢，就是一陣不拘禮儀的亂拜。眾人皆掩口而笑。玄宗更加覺得他樸誠可信。

安祿山長得體肥粗大，腹垂過膝，體重三百五十斤。每次進京朝覲，途中必須不斷換馬，若只乘一騎，馬必斃命。一次，玄宗舉行盛宴，群臣畢集。宴席間，管弦雜奏，音韻迭諧，宮女隊進，翩翩起舞。玄宗看得興致盎然，也擊節相合。安祿山見這情景正是獻媚的大好時機，便起身離座，至玄宗座前啟奏道：「愚臣不知音律，但覺洋洋盈耳。臣係胡人，願為陛下獻胡旋舞，喜慶盛世昇平。」

玄宗笑道：「卿體甚肥，也能作胡旋舞嗎？」

安祿山聞言，即離席丈許，聳肩盪腿盤旋起來。初始尚覺有些笨滯，到後來竟盤旋如風，鬚眉不可辨，只見那個下垂過膝的肚皮，甩得如同一隻掄圓了的口袋，呼呼生風。盤旋約百餘轉，方才站定，面不改色。喜得玄宗連聲讚好，且指著他的大腹問道：「此中何物，如此碩大？」

安祿山立即回奏說：「別無他物，只有一顆忠於陛下的赤心！」

玄宗聽了大悅，更加確信安祿山是忠誠無貳的大忠臣。

其實，這時的安祿山早已產生謀逆之志，正在暗中築雄武城，大貯兵器，招納亡命，搜羅黨羽。對安祿山的奸狡，有人已經有所察覺，河西、隴右節度使王忠嗣曾數次上言安祿山必反。狡詐的安祿山裝出種種憨態和愚忠，正是為了掩飾他謀逆的野心。

玄宗對王忠嗣的上言不但置之不理，相反對安祿山更加寵幸。這時，正值貴妃楊玉環寵冠六宮。安祿山知道貴妃娘娘是最能影響皇上的人，因此便極力巴結楊貴妃。他向玄宗奏請為貴妃的養兒。其實，貴妃的年齡要比安祿山小得多。玄宗為了進一步籠絡安祿山，欣然准奏，命他謁見貴妃。天下奇物全玩膩了的貴妃娘娘，突然有了這麼一個大腹虯鬚、高鼻碧眼的「孩兒」，也甚覺有趣，常呼他進宮戲耍。從此，安祿山與玄宗、貴妃之間又蒙上了一層父子和母子的關係。

李林甫深惡王忠嗣議及朝政，向玄宗稱讚安祿山，並攻擊王忠嗣。玄宗革去王忠嗣所兼河東、朔方二鎮節度使的職務。接著李林甫又使人誣告王忠嗣陰謀擁兵奉太子。玄宗又罷王忠嗣河西、隴右二鎮節度使職，交有司審問。李林甫控制下的刑部、御史台、大理寺，判王忠嗣以死罪。後經隴右節度使哥舒翰的一再求情，玄宗才准允王忠嗣免死，貶為漢陽太守。一年多後，王忠嗣突然暴病而死。李林甫終於除掉了最有可能入相的邊帥。

李林甫雖然有意籠絡安祿山，但安祿山仗恃皇帝的恩寵，始初並沒有把李林甫放在眼裡。李林甫遂使出一計，威逼安祿山就範。一次，安祿山拜見李林甫，談話中間，李林甫假裝有事，召見與安祿山同為御史大夫的王鉷。王鉷當時正是恩寵無比的人。他知道李林甫這時召他來的用意，因此對李林甫辭卑貌順，趨拜甚謹。安祿山一見，大吃一驚，立刻改容換貌，對李林甫倍加恭敬，再也不敢放肆。李林甫為了徹底控制安祿山，每次與他談話，都頗費一番心機。因此，談話時李林甫總能揣知安祿山的心，將安祿山想說的話預先道破，而且兼帶分析前因後果，來龍去脈。常常驚得安祿山目瞪口呆，奉李林甫為神明，每逢見到李林甫，都戰戰兢兢，雖是寒冬，也汗流浹背。在滿朝公卿中，唯獨懼怕李林甫。就是回鎮范陽時，也總是打聽李林甫對他的態度。若是李林甫說了他好話，樂得歡喜跳躍；若是李林甫說：「告訴安大夫，叫他注意點！」則嚇得團團亂轉，連說：「啊喲喲，我要死了，我要死了！」這些事傳到宮中，逗得玄宗大笑不止。這使李林甫更加身價百倍，他成了朝廷中唯一能鎮服妖鼠的貓。

李林甫也正是企圖挾安祿山以自重的。因此，他對安祿山又極力拉攏。在一年寒冬時，他特意脫下身上的長袍，披在安祿山的身上。安祿山深知，權重必傾，位高必險。自己雖然身居要職，但畢竟是外藩之官，要想安身晉爵，必須在朝中有權臣為靠山，時時去影響皇帝。因此，他被李林甫制服之後，便死心塌地投靠李林甫。李林甫則以安祿山為外援，互相勾結，互相利用。對有人揭發安祿山反狀的，李林甫就出面為之辯解。

在李林甫的支持與庇護下，安祿山不斷升官晉爵。天寶九年（七五〇年），玄宗賜安祿山爵為東平郡王。十年，安祿山又兼任河東節度使。他一身兼任平盧、范陽、河東三鎮節度使，擁兵二十萬，占全國鎮兵的百分之四十，掌握的軍馬占全國的三分之一。控制大唐王朝東北地區和北部地區的數千里土地。

安祿山隨著他權勢的不斷擴大，其野心急劇膨脹。自天寶二年以後，安祿山多次進京，有時在京留住長達年餘。在宮廷和官場的活動中及多次往返的旅途中，他清楚地觀察到了唐朝社會政治日益腐敗、京師和內地武備空虛的真面貌。大唐王朝表面上顯得「海內晏然」，實際上已經是矛盾重重，危機四伏。安祿山感到有機可乘。特別是他已經嚐到了皇家極樂生活的滋味，更刺激了他的野心。那繁華的京都、輝煌的宮殿、神聖的皇權、無數的財寶、如雲的美女，尤其那百媚生輝令他垂涎的貴妃娘娘……強烈的占有欲，使他要成為這一切的主宰。他一方面向玄宗頻頻表示忠心，另一方面再次修築雄武城，積穀藏兵。豢養同羅、契丹、奚等族降兵八千餘人，收為養子，稱為「曳落河」（蕃語義為壯士），進行嚴格的軍事訓練，給予豐厚的賞賜，使之完全成為忠於自己的親兵死士。同時招納貧窮不得志的漢族高尚士人為謀主，為之出謀劃策。天寶十一年（七五二年），又兼併了朔方節度副使阿布思的數萬同羅精騎，大大增強了他軍隊的實力。

就在安祿山積極準備謀叛的時候，朝廷中李林甫與楊國忠爭奪相權的鬥爭愈演愈烈。李林甫在陷害了刑部尚書韋堅及河西、隴右、朔方、河東四鎮節度使王忠嗣之後，遇上了一個真正的敵手——國舅楊國忠。

楊國忠原名楊釗，山西蒲州永樂人，自幼頑劣，不讀書，無德行，是個喜飲酒、好賭博的無賴之徒，為族人所鄙視。窮困潦倒，無法維生，只好從軍入蜀，浪跡四方。只是由於堂妹楊玉環受到玄宗的寵愛，封為貴妃，他才突然時來運轉。天寶四年（七四五年），他受劍南節度使章仇兼瓊的委託，帶重金入京結交楊氏姐妹，尋求保護。貴妃的姐姐虢國夫人早年曾與楊國忠私通，現又喪夫寡居，楊國忠遂與她重溫舊情，廣贈財物。在楊氏姐妹的引薦下，楊國忠得以入宮晉見玄宗。楊國忠極善揣摩玄宗的心意，特別是他高超的賭博技巧，頗得玄宗的讚賞。不久，便被擢任為監察御史。

天寶五年，李林甫一手製造了韋堅、皇甫惟明「謀立太子」案。因為此事涉及太子，一般朝臣都不敢過問。李林甫自己也不便直接出面，這時他想到了楊國忠。楊國忠有貴妃做靠山，敢說敢為，正是適合的人選。於是極力拉攏楊國忠，引為黨羽，推舉他與心腹王鉷同處理此案。楊國忠知道李林甫心黑手毒，朝廷大權在握，自己剛來京師，要想立穩腳跟，飛黃騰達，沒有李林甫的幫助是不行的，遂按李林甫的心意，羅織罪名，將韋堅等人陷害致死。從此，李林甫與楊國忠關係更加密切，互相利用，狼狽為奸。

楊國忠雖然出身無賴，卻天資聰明，長於計算，善於搜刮理財。他見全國各郡、縣的倉庫裡堆滿了成千上萬的粟帛，便出主意把這些庫藏的物資全部換成輕軟之物，輸入京師。同時又建議把各地方以義倉、丁租、地課等名目繳納的租稅變換為布帛，充實天子的庫藏。天寶八年（七四九年），玄宗率文武百官觀看府庫，見財物、貨幣堆積如山，十分高興。遂命楊國忠兼代太府卿事，專門負責管理錢穀的儲藏與出納。

楊國忠掌握了全國的錢穀大權並不滿足，又把手伸向了軍鎮。隨著地位的不斷升高，權力的擴大，他對上層統治集團內部情況的了解也更深更細了。他發現李林甫有安祿山等東北方鎮的支持，太子李亨與西北方鎮關係密切，自己要想在朝中立於不敗之地，也必須有地方的軍事力量作為後盾。天寶九年（七五〇年）末，楊國忠任京兆尹不久，即向玄宗推薦自己在四川的老友和黨羽鮮于仲通為劍南節度使。接著，在楊國忠的策劃下，由鮮于仲通出面奏請楊國忠遙領劍南節度使。玄宗准奏，授楊國忠權知蜀郡都督府長史，充劍南節度副大使、知節度事。

在短短的幾年中，楊國忠借裙帶關係平步青雲，撈取了許多顯官要職。隨著地位的上升，他的權慾和野心也愈來愈大，眼睛漸漸轉向了李林甫的相位。

李林甫原認為楊國忠雖是外戚，但僅有「微才」，成不了什麼大氣候，因而積極拉攏，培植他成為自己的黨羽。殊不知楊國忠身手不凡，在施展陰謀、投機取巧方面，決不在李林甫之下。李林甫根據長期官場鬥爭的經驗，意識到楊國忠已經成為自己最危險的競爭對手。養虎成患，深為後悔。但他畢竟是個城府很深、詭計多端的人，他不動聲色，默默觀察，伺機動手剷除楊國忠。

楊國忠因有楊氏姊妹為靠山，又正得寵於皇上，有恃無恐，因而在與李林甫的明爭暗鬥中，往往是主動出擊，而且攻勢兇，下手快，計謀毒，常常使老奸巨猾的李林甫窮於招架，少有反擊之力。

楊國忠見李林甫樹大根深，不能驟然推倒，便採取先剪其羽翼，逐步削弱其實力，最後取而代之的策略。天寶八年（七四九年），楊國忠首先將李林甫的黨羽京兆府法曹吉溫拉到自己這邊。吉溫投靠新主，為表忠誠，積極為楊國忠出謀劃策，成為楊國忠得力的助手。同年六月，李林甫的親信刑部尚書兼京兆尹蕭炅坐贓被貶為汝陰太守；次年四月，李林甫的另一親信御史大夫宋渾也因坐贓巨萬，被流放潮陽。這都是楊國忠、吉溫謀劃奏劾的結果。天寶十一年（七五二年）四月，戶部郎中王銲與已故鴻臚少卿邢濤之子邢縡密謀作亂，未舉事而敗露。王銲是李林甫親信御史大夫、京兆尹王的弟弟。王銲謀亂，王鉷本不知其事，楊國忠卻以道聽途說之辭告王鉷參與謀亂。李林甫親自出馬，在玄宗面前為王銲開脫。但由於楊國忠從中屢做手腳，王銲以謀反罪被亂杖打死，王鉷連坐賜死。

楊國忠搞掉了王鉷，接管了王鉷御史大夫、京兆尹等二十餘職，更加擴大了自己的權力。但楊國忠並未因此而罷休，仍然繼續追查王銲、邢縡之案，目的是要搞掉李林甫。他利用審訊與王鉷兄弟有牽連的人，命令他們把李林甫與王鉷兄弟相互交往和勾結的情況交代出來。由此還牽連到了李林甫與叛走漠北的朔方節度副使阿布思的關係。由於楊國忠借題發揮，窮追不捨，李林甫過去的一些醜事逐漸敗露。楊國忠不斷把情況上奏玄宗，由此玄宗開始疏遠李林甫。

李林甫見自己的親信一個個被搞掉，並且大火即將燒到自己身上，當然不甘示弱。恰在這時，楊國忠的黨羽劍南節度使鮮于仲通征討南詔慘遭失敗，士卒死者六萬，而楊國忠又是權知蜀郡都督府長史、充劍南節度副大使、知節度事，當然負有不可推卸的責任。李林甫抓住此事攻擊和指責楊國忠無能。楊國忠不得不故作姿態，表示要親自赴鎮處理。李林甫感到這正是剷除楊國忠的絕好機會，因而奏請楊國忠赴鎮。這個意見名正言順，玄宗不得不同意。楊國忠有苦難言。臨行前，他跪在玄宗面前哭訴說：「臣此去必為林甫所害。」這時的玄宗已經討厭李林甫，因此安慰楊國忠，讓他放心而去，不久即將召回，並暗示他回來後將任他為相。

李林甫原想趁楊國忠離京後，尋事加罪，將他一舉搞垮。可是玄宗對楊國忠卻事事袒護。李林甫心中鬱悶，竟一病不起。

楊國忠剛剛到達蜀郡，尚未安頓下來，玄宗即派中使召他回京。楊國忠一到京，立即去李林甫的私邸「探病」，拜於病榻之下。

李林甫見楊國忠這麼快即返回京師，知道這一切都是皇上安排的，自忖大勢已去。他喘息著，像一條鬥敗的惡狗，失去了昔日的威嚴，流淚對楊國忠說：「林甫將不久於人世了，我死後公必為宰相，後事就拜託了！」

楊國忠深知李林甫狡詐多端，懼怕他又在設置圈套，嚇得滿頭大汗，連連謝辭：「不敢當！不敢當！」

李林甫真的到了窮途末日。天寶十一年（七五一年）十一月，惡貫滿盈的李林甫終於恐懼惶惶地死去。

在李林甫未斷氣的前七天，玄宗任命楊國忠擔任宰相，兼吏部尚書，取代了李林甫。

李林甫雖死，楊國忠卻餘恨未消。大肆揭發李林甫的奸事，並硬說阿布思謀反叛唐是受李林甫指使。這時的李林甫，對玄宗皇帝來說再也沒有任何價值了，唯一的一點用處，就是藉用他的屍體來替自己消怨。因此，玄宗下詔削奪李林甫的一切官爵，剖棺出屍，掘出口中的含珠，剝掉身上金紫官服，改用小棺以庶人禮下葬。子孫都流放到嶺南黔中，親近及朋黨連坐者共五十餘人。這一切距李林甫病死之日尚不到百天。正可謂是：惡滿必損終有日，一朝身敗如糞土。

楊國忠整垮搞臭了李林甫，自己身兼四十餘職，完全控制了朝廷大權。楊國忠小人得志，專橫霸道，比李林甫有過之無不及。朝廷台省官員中，凡有才行時名，不能為己所用者，皆被清除。他仿效李林甫，也將宰相商議朝政的政事堂搬到私家宅第，一切機要重事，都在他的家中決定。吏部選拔官吏，按制度要經過三次考核，再由僕射、黃門侍郎、侍中等官審察後才能任命。每年由春及夏，才能終其事。楊國忠為了顯示自己的精敏，先叫胥吏到自己家中來，預先定好名單。然後，把諸司長官等有關人員都叫到自己家中。他高坐在堂上，楊氏姐妹垂簾坐在兩廂，令人念入選人的名單，念一名通過一名。為了顯示自己至高的權威，楊國忠吆三喝四，將吏部侍郎韋見素等衣紫高官，支使得團團亂轉，大汗淋漓。楊氏姐妹在旁觀看熱鬧，評頭品足。嬉笑之聲傳於外。事畢，眾官告退。楊國忠得意地問道：「諸位姐姐，兩位衣紫袍的主事人如何？」

三姐虢國夫人嘲笑道：「韋侍郎肥肉敦敦，裡出外進廳堂落雨。」

八姐秦國夫人挖苦說：「張侍郎瘦骨嶙峋，東跑西顛庭院生風。」

大姐韓國夫人接著說道：「楊相國高坐巍巍，差上遣下風調雨順。」

楊國忠哈哈大笑，連呼：「妙極！妙極！」

國家選官大事，楊國忠視如兒戲。官吏不論政績好壞，只要對楊國忠厚行賄賂，表示忠誠，一律升遷。楊國忠的親信京兆尹鮮于仲通和中書舍人竇華等授意那些被選拔的人，特為楊國忠獻了一塊頌碑，吹捧楊國忠「銓綜之能」。玄宗知道後，竟命鮮于仲通撰寫碑辭，親自修改，命人鑿刻塗以金粉。政治腐敗竟至如此！

為了粉飾太平景象，楊國忠大肆剝削百姓，搜刮天下財富，源源運於京師。玄宗更加陶醉於「國泰民安，天下殷富」的盛世景象。天寶十二年、十三年，水旱災害相繼，關中大饑。楊國忠極力掩蓋災情。玄宗擔心久雨不晴，有害秋稼。楊國忠使人挑選了一些長勢稍好的莊稼送給玄宗看。說：「雨雖多，並不傷害莊稼。」矇騙玄宗。扶風太守房琯奏報所轄區的災情，楊國忠立即派御史去將他懲辦。自此，各地發生水旱蝗蟲之災，再也不敢上報。災區民不聊生，仍然要按豐年納糧。百姓家破人亡，怨聲載道。

楊國忠身兼劍南節度使，急於建立邊功，以助長自己的聲威。天寶十年他推薦鮮于仲通率兵進攻南詔大敗之後，又繼續徵調天下士卒十萬，準備再戰，搞得天下騷然，人心思亂。天寶十三年（七五四年）六月，楊國忠命李宓為帥，率大軍七萬再攻南詔。結果全軍覆沒，主帥李宓被擒。楊國忠再次隱瞞敗績，以捷書上聞。唐軍兩次喪師二十萬，聲威日益下降。玄宗知情不糾，聽之任之。

楊國忠把持下的朝政，日益黑暗腐敗，更加刺激了安祿山反叛的野心。

楊國忠本來也想像李林甫那樣籠絡安祿山，但安祿山卻壓根兒瞧不起楊國忠。楊國忠既不能制服安祿山，只好採取下策，屢次向玄宗進言，稱安祿山有反狀，想藉玄宗之手除掉安祿山。同時厚結安祿山的對頭隴右節度使哥舒翰，使哥舒翰兼河西節度使，共同對付安祿山。楊國忠與安祿山的矛盾日益尖銳。

玄宗對楊國忠奏言安祿山必反之事將信將疑，但楊國忠一再堅持，對玄宗說：「陛下若不信臣言，試遣使召之，他必不敢再來朝。」

玄宗遂召安祿山於翌年正月來朝。不料，安祿山接旨後即時進京，完全出乎楊國忠意外。原來，狡猾的安祿山，這時感到反叛的準備還不夠充分，還需要進一步麻痺玄宗君臣，以便突然起事，攻其不備。另外，據他在京中的耳目所報，楊國忠並沒有真正掌握他謀反的證據，只要自己應付得當，反倒可以進一步取得玄宗的寵信。安祿山一見玄宗，故意裝出受了莫大委屈的樣子，拜倒在地，叩頭痛哭道：「臣本胡人，不識文字，蒙陛下見愛，寵擢至此，致為右相國忠所嫉，恐怕臣死無日了！」

說到傷心處，涕淚俱下，叩頭流血。玄宗見狀，頓生憐憫，撫慰道：「有朕做主，卿可無虞。」

玄宗為了安撫安祿山，賞賜巨萬，又欲加封為同平章事。楊國忠諫阻道：「祿山雖有軍功，但目不識書，豈可為宰相！制書若下，恐怕要使四夷輕唐。」

玄宗改授安祿山為尚書左僕射，賜實封千戶。又應安祿山之請，使為閒厩、隴右群牧等使，並兼知總監事。安祿山又把牧馬大權抓在手中，密遣親信選健馬堪戰者數千匹，另外牧飼。玄宗覺得還不足以彌補安祿山所受的委屈，又使安祿山進位司空。

天寶十三年三月，安祿山辭歸范陽，玄宗親御望春亭，設宴餞行。又脫下御衣，親為安祿山披在身上。此舉使安祿山又驚又喜。暗想：「皇上將皇袍授我，這不正是取代大唐的先兆嘛！」他唯恐再生變故，復被留下，急忙謝恩而去。所過郡縣，一概不停，晝夜兼行，數日抵鎮。遂召集諸將，大擺筵席。說道：「此次脫險，實是萬幸。可笑那楊國忠，每天都在算計殺我，終不能損我一根毫毛。我命在天，他能奈我何！」

眾將齊聲稱賀。安祿山又宣布了五百將軍、二千中郎將的委任令。眾將歡呼雷動：「誓為郡王效勞！」

安祿山欲舉事謀反，怕有些漢將不能與他同心。因而在天寶十四年五月，又奏請以蕃將三十二人代替漢將。玄宗將准奏。同平章事韋見素對楊國忠說：「安祿山久有異志，今又有此請，謀反之心是明白無疑的了。明日我當極力向皇上進言，若皇上不允，請公接著力諫。」

楊國忠點頭承諾，次日，韋見素垂淚詳陳安祿山的反狀，苦諫玄宗萬不可再準安祿山之請。玄宗聽了很不高興。楊國忠此時卻一反常態，一聲不吭。原來楊國忠已經改變了主意。他知道皇上最不願聽安祿山謀反的話，再說也無益。此時他倒希望安祿山早反，以證明自己的先見之明。玄宗終於還是批准了安祿山的奏請，韋見素見社稷將危，而皇上卻執迷不悟，在中書廳號啕大哭。楊國忠端坐在堂，只是微微冷笑。

楊國忠見玄宗對安祿山堅信不疑，對安祿山更加忌恨。便令門客蹇昂、何盈暗中蒐集安祿山謀反的證據。然後又矯稱玄宗聖旨，命京兆尹李峴派人包圍了安祿山在京的住宅，進行搜查，抓住了安祿山的門客李起、安岱、李芳等人，送御史台祕密拷審，然後將他們暗殺。御史中丞、武部侍郎、閒廄副使吉溫，是安祿山的心腹密友，留在京中的耳目。京中諸事，皆隨時密報安祿山。楊國忠為了清除安祿山在京中的黨羽，將吉溫貶為澧陽長史。不久，又以坐贓、逼士人女為妾等罪狀，將他杖死在獄中，楊國忠企圖激安祿山速反。

安祿山得在京師的長子安慶宗的密報，上表申辯，且陳楊國忠罪狀二十餘事。玄宗怕激怒安祿山，只好歸咎於京兆尹李峴，將他貶為零陵太守，用以安撫安祿山。

楊國忠激安祿山速反，卻不做任何應變的準備，安祿山見楊國忠屢屢進逼，則加快反叛的步伐。不久，安祿山收買宦官輔謬琳之事敗露，玄宗殺輔謬琳，自此開始懷疑安祿山。

天寶十四年（七五五年）六月，玄宗以安祿山的兒子安慶宗與榮義郡主成婚為由，手詔命安祿山入京觀禮，安祿山稱疾不至。歸山之虎，玄宗已經無法控制了。

七月，安祿山上表請獻馬三千匹，每匹派兩名士兵護送，車三百輛，每車由三名士兵押運，全隊由二十二名蕃將率領，欲乘機襲擊京師。安祿山的險惡用心已經昭然若揭了。玄宗親下手詔阻止。詔曰：「獻馬宜等至冬天，由朝廷調撥馬夫，不必派本軍將卒護送。朕新為卿建一湯池，十月間於華清宮待卿。」

中使馮神威拿著玄宗的手詔專程送到范陽。馮神威還像往常一樣，威嚴高聲唱喝：「安祿山聽旨！」

安祿山臉色陰沉，只是在虎皮椅上微微挪了挪屁股，並不下拜。兩旁的武士劍拔弩張，怒目而視。馮神威頓時嚇得「神威」全無，趕緊將聖旨宣讀完畢。安祿山聽了詔敕之後，一語雙關地說道：「馬匹不獻也可以，本王於十月定然入京。」

說罷，令左右將馮神威送到館舍，再不復見。又派武士嚴加看守。數日後，安祿山才放他回京。馮神威回京見到玄宗，哭訴道：「臣險些再見不到大家（唐代時宮中人稱皇上為『大家』）了。」

玄宗聽罷，目瞪口呆。

楊國忠在一旁洋洋自得。

文武百官驚慌不知所措。

安祿山放走馮神威之後，便加緊準備起兵。恰巧這時有一入朝奏事的官員回到范陽，安祿山便偽造玄宗敕書，向全體將領宣示道：「今有皇上密旨，令祿山入朝討伐國賊楊國忠，諸君宜即從軍，違令者斬！」

安祿山帳下的將領，全是他的心腹，立即齊聲應答：「願隨郡王討賊！」

天寶十四（七五五年）十一月九日，安祿山在范陽起兵，率所部兵及同羅、契丹、奚、室韋等各族兵馬十五萬人，號稱二十萬，揮戈南下，點起了叛亂的烽火。

玄宗雖然知道安祿山心存異志，卻仍不採取任何加強軍備的措施，幻想安祿山能在十月再來華清宮。安祿山叛亂的消息傳到長安，朝廷上下一片惶恐。玄宗急向楊國忠詢問對策。楊國忠面帶矜色，輕率地向玄宗說道：「臣早知他必反，但謀反只祿山一人，將士皆不欲從，臣料不出旬日，便可傳賊首入京了。」

玄宗信以為真。

事實與楊國忠的預料完全相反。由於玄宗對安祿山的叛亂沒有任何準備，而內地又多年沒有戰爭，許多州縣無兵可用。臨時招募的士兵，沒有經過訓練，不會作戰。從武庫裡取出的兵器，許多都已銹爛，不能使用，一部分士兵只好手執木棒作戰。這些沒有經過戰陣的士兵，聞得叛軍鼓角聲響，便嚇得魂飛魄散。守城者尚未交戰，便嚇得從城牆上滾落下來，「自墜如雨」。平日只知作威作福、貪污勒索的地方官，聽到叛軍到來，有的棄城逃跑，有的開城投降。因而，安祿山的叛軍長驅南下，一路上幾乎沒有遭到什麼抵擋，很快就渡過了黃河。玄宗臨時調遣任命的范陽、平盧節度使封常清，在天寶十四年（七五五年）十二月，兵敗虎牢關，東都洛陽陷落。十五年正月，安祿山於洛陽稱帝，國號大燕。

安祿山的叛軍，勢如破竹，直撲京師的門戶潼關。玄宗聽信監軍宦官邊令誠的讒言，枉殺范陽、平盧節度使封常清和東征副元帥高仙芝。以患癱瘓病十個月之久的河西、隴右節度使哥舒翰任兵馬副元帥，加封尚書左僕射、同平章事，率兵八萬進至潼關。

哥舒翰面對叛軍兵鋒正盛的形勢，採取據險固守，等待叛軍疲敝再乘勢出擊的策略，堅守潼關。楊國忠與哥舒翰曾經聯手反對過安祿山，關係不錯。及安祿山起兵，始初打著誅楊國忠的旗號，朝野都以楊國忠招亂致患，莫不切齒。潼關前線的將士也都痛恨楊國忠。楊國忠聞風又恨又怕。楊國忠對哥舒翰以邊鎮軍帥入相，本來就心懷嫉妒，感到是一個威脅。今見哥舒翰在潼關按兵不動，以為他意在逼己。因此，屢次奏請玄宗，催促哥舒翰出戰。哥舒翰不敢違抗皇命，被迫引軍出關作戰，結果被叛軍打得大敗，潼關失守，哥舒翰被俘。

潼關失守消息很快傳遍了長安的大街小巷。一時間，高官顯貴、富商大賈、平民百姓，驅車挑擔，呼兒喚女，紛紛逃難。一股股人流，滾動著衝出城門，逃向四面八方。

六月十三日黎明，聲稱要御駕親征的玄宗皇帝，帶著身邊的皇族、親貴，如同喪家之犬，倉皇逃往四川……

安祿山的叛亂，先後長達八年之久，戰火遍及黃河中下游廣大地區。連年戰亂，使數百萬人喪生，無數的城市、鄉村變成廢墟。長安、洛陽周圍及河北等原來經濟最發達的地區，白骨成聚，堆如丘壟，千里絕煙。汝、鄭等州，家家室空四壁，絲帛盪無，百姓只能以破紙遮體。斗米少則千錢，多則七千錢，比開元年間上漲三百餘倍。饑民哀號，轉死溝壑。

安祿山的叛亂，使統一的大唐王朝從它強盛的頂峰上跌落下來。叛亂平息後，藩鎮割據，獨霸一方，不服朝廷。周邊各族，紛紛叛離，不斷內侵。隴右、河西走廊之地盡沒於吐蕃，安西四鎮盡失。昔日繁榮富強的大唐王朝，江河日下。

北國宮變

遼大康元年（一〇七五年）初冬的一天，遼道宗耶律洪基發了一股「無名火」，上朝罵大臣，退朝打太監，摔桌子瞪眼睛，茶飯不思，以酒消愁。上自太子，下到侍衛，一個個嚇得膽戰心驚。原來道宗接到密報，說皇后與人私通，姦夫也已查到，現正核實，證實之前自然保密。身為萬乘之尊的天子居然讓人給戴了頂綠帽子，沒有立即拔劍而起，還要核實，足見道宗還是位有涵養的「明君」。

其實，道宗是中了耶律乙辛的奸計。而耶律乙辛是何人？他為何要陷害皇后呢？對此有必要交代一番。耶律乙辛生於遼聖宗開泰年間，雖然後來權傾朝野，但卻是個貧寒人家的子弟，出生時其父高興之餘，想喝點酒都辦不到。不過耶律乙辛雖出生於如此人家，卻長得一表人才，不僅相貌堂堂，而且聰明伶俐。其父見孺子可教，寧願不喝酒也供兒子讀書，所以他學成之後就入了仕途。由於他巧言善辯，處處逢迎，頗得皇帝的好感，接連被重用，清寧五年（一〇五九年）就被封為趙王，真可謂是青雲直上。清寧九年（一〇六三年），遼皇室發生了骨肉相殘的宮廷政變——「重元之亂」，道宗的皇叔重元謀奪皇位，起兵造反，耶律乙辛率兵平叛，事情辦得乾淨利落，受到道宗的重賞，加職北院樞密使，晉封魏王，賜號「匡時翊聖竭忠平亂功臣」，從此成為道宗的寵臣、朝中炙手可熱的人物。

耶律乙辛權傾朝野，自然有一班奸邪小人前來逢迎，短短幾年時間裡就形成了個奸臣集團。連「貴幸無比」的北府宰相張孝傑也投到他的膝下。但耶律乙辛唯一顧忌的就是太子，他年紀雖輕，地位特殊，常常表露出對耶律乙辛的不滿。大康元年，十八歲的太子兼領南北樞密院，參與朝政，這下子耶律乙辛不能為所欲為了，所以他密謀廢掉太子，不過此事難度太大，因為太子是道宗的獨生子。

「無論如何要廢掉太子！」耶律乙辛憤然表示決心。原來白天上朝，太子把他擬的公文一把撕碎，還當著群臣的面教訓了他一頓，使他大失面子。「哼！羽翼未豐就敢如此對待功臣，他日……」他說不下去了，也不敢再想了。

「王爺，這事交給小的去辦！」死黨蕭十三摩拳擦掌。

「咦，你有什麼主意？」耶律乙辛口氣多少有點輕視，他不大看得起蕭十三。

「這好辦，太子好獵，下次他出獵時我帶猛士伏擊道左，萬一事泄，小的去頂罪。」這叫什麼主意，不過蕭十三有這一片忠心，耶律乙辛也不便深責，只是置之不理。

張孝傑開口了：「王爺，茲事體大，萬不可魯莽。這一層關係先要搞清，方可再做舉止。太子為皇后所出，與太子為難，就是與皇后為難；廢掉了太子，也就得罪了皇后。而且，太子可廢，而皇后還可再生兒子，所以，此事要一步一步去辦。」這段話雖未說明，但相當陰險，實際上是啟發耶律乙辛先害皇后，再害太子。

這一分析正中耶律乙辛下懷，他頓時振奮起來，雖然夜深人靜，三人還是壓低了聲音，密商起來。最後決定告發皇后私通，姦夫指為趙惟一，因為皇后善彈琵琶，頗通音律，常常譜曲彈唱，趙惟一為伶官，因此而奉侍左右。

耶律乙辛找個機會一說，道宗立即火冒三丈，他不僅頭腦昏庸，而且耳朵特別軟，一聽就信，馬上就要去找皇后算帳。耶律乙辛一把拉住道宗，連連勸道：「陛下，這只是道路傳言，未必真有其事，臣不敢壅於上聞，故冒死來報。皇后為一國之母，也要給她留點面子，臣看還是先查一查，搞清楚了再說。」他見道宗火氣稍平，便接著說：「這查證之事，臣以為不要派別人為好，就由臣和張孝傑去查，陛下也宜不動聲色，靜待結果，臣定會秉公去辦，若無此事最好。」道宗自然同意，打發走了耶律乙辛，越想越氣，越覺真有其事，所以大發無名火，只是與耶律乙辛有約在先，才不得不耐著性子等待「調查」結果。

幾天之後，耶律乙辛來報「調查」結果：皇后通姦確有其事，姦夫是趙惟一，人證是宮婢單登、教坊朱頂鶴二人，物證是皇后所寫的《十香詞》，說完呈上物證，先傷心地哭了起來。道宗展開《十香詞》一看，原是不堪入目的香閨情詩，不禁勃然大怒：「哼！不知廉恥的奸夫淫婦，如此勾當竟能形諸筆墨，非殺不可！」耶律乙辛苦苦相勸，少不得說些家醜不可外揚之類的話。但這回道宗乾綱獨斷，見無力回天，耶律乙辛揮著淚說：「趙惟一雖萬剮不足以洩臣之恨，只是皇后誕育太子，總是有功於社稷，不能不設法保全，若實在不能容，也要給她留個體面，就讓她自盡吧！」這下道宗才「從諫如流」，同意如此處理。

結果趙惟一及其家族被誅滅，皇后自盡，一場冤案，就此定局。道宗悶悶不樂，耶律乙辛則張羅著為道宗擇后，一以討好道宗，一以將來自己推薦的皇后誕育皇子，再謀奪太子之位。他先是為道宗選擇了自己的親信駙馬都尉蕭霞抹的妹妹蕭坦思，立為皇后，但遺憾的是這位皇后久不生育，這可急壞了耶律乙辛，又沒法幫忙，急中生智，居然打起兒媳的主意。原來他兒媳連生男孩，為了前途，便說服兒子，將兒媳送入宮中，少不了說些雖非處女，但有此異稟，況且相貌不惡，還能將就用等，道宗見耶律乙辛如此忠誠，大受感動，哪裡還會挑剔，沒想到耶律乙辛這回偷雞不成反蝕把米，其兒媳入宮後也未生育，這下他沒了轍，一面自嘆命苦，一面暗罵道宗「連這麼點能耐也沒有」。

耶律乙辛的下一步計畫便是除去太子。不過太子高高在上，身邊自然也有一班謀臣策士，所以耶律乙辛陰謀尚未施展，自己先栽了跟頭。

太子耶律濬是道宗的獨子，自幼「好學知書」，又頗精騎射，是個文武雙全的人物，也很得道宗的喜愛。他十八歲主管南北樞密院，總管全國軍政，是耶律乙辛專權的最大障礙。自從母后被害，他恨透了耶律乙辛，於是託人向道宗進言：「自太子預政以來，耶律乙辛內懷疑懼，與張孝傑相勾結，狼狽為奸。此二人權重勢大，黨羽頗多，一旦謀亂，難以對付，不能讓乙辛再據京城要津了。」道宗是個沒有主意的昏君，一聽也覺有理，便決定把耶律乙辛趕出京城上京（今內蒙古巴林左旗南），派到中京（今內蒙古寧城西大明城）留守。這留守一職多為虛銜，本為安置老臣之位，所以耶律乙辛痛哭流涕，但又不能不去。道宗一看他如此難過，又有些後悔，無奈詔令已下，不好再改，所以一連幾日怏怏不樂。

耶律乙辛在中京度日如年，道宗在上京也覺有一種親爹坐牢般的感受。二人互通書信，傾訴衷腸。耶律乙辛向道宗表示：朝中奸臣成群，陛下處境艱危，自己身處朝外，時時有廟堂之憂；道宗則表示很快就召他回京，加之耶律乙辛親信黨羽從中奔走，製造聲勢，所以道宗在大康二年十月召他回京，官復原職，這次被貶，前後不到半年。

這段波折雖歷時不長，但對耶律乙辛的觸動卻相當大，他決定加緊策劃，趕快動手，一面加緊集權，一面準備構陷太子。罪名是最容易觸怒道宗的「太子謀反」。大康三年（一〇七七年）五月二十五日，耶律乙辛上朝出奏：「知北院樞密使事蕭速撒、耶律撒剌等人密謀廢掉我主聖上，立皇太子。」話音剛落，滿朝震驚，道宗立即命人調查，然後趕緊退朝，龜縮起來。不料一經調查，根本沒有此事，但道宗卻因此而多了個心眼，對太子也有所提防，所以誣告者並未受罰，而被誣告者則紛紛被貶出京城。

這次交鋒雖未能扳倒太子，但排斥了太子黨九員大將，可算小勝。但耶律乙辛則深以為憂，他深知朝中大臣多歸心太子，時間一長對手勢力會更大，再者一戰不勝，對手反撲過來恐怕被打個措手不及。於是他立即召集親信，準備一鼓作氣，攻掉太子。

蕭十三首先發言：「大王五月之變，雖告初成，但小的認為太子還在，與大王分庭抗禮，加之皇后被除，太子更是恨之入骨，將來太子即位，我輩何處容身？不如早定決計，除掉太子。」這番話等於沒說，不過他是耶律乙辛的心腹，謀略雖不行，但膽大包天，而且敢做敢當，加之每次會議都搶著發言，所以大家也都習以為常了。

「丞相，你看上次未能打動皇上，是不是該換個名義？」耶律乙辛謙虛地請教張孝傑。

張孝傑有把握地說：「不必，太子篡位是謀逆之舉，罪莫大焉，上次未能打動皇上，不是罪名不重，而是證據不足。」

「但這證據如何去找呢？」耶律乙辛面有難色地問。

「謀逆大事，唯恐不密，我們上哪兒找證據？不過只要有參與者出首告發，就算有了人證。」張孝傑陰險地說。

「也就是說找幾個心腹，偽作參與其事者，怕一旦事敗被罪，前去自首？」耶律乙辛問。

「對。」

「蕭十三，這事你去辦，找的人一要靠得住，二要職位相當，懂嗎？」耶律乙辛命道。

蕭十三連聲答應，事情就這樣定了下來。

幾天以後，兩位被選中的小丑詣闕出首，一個說：「耶律撒剌等人設計害乙辛，廢我主，立太子諸事，臣亦參與，臣怕事泄連坐，特來自首，臣死罪！臣死罪！」另一個也隨聲附和，口口聲聲：

此事。

「臣不赦！臣不赦！」道宗一聽，勃然大怒，立即下令將太子囚禁，並命耶律乙辛組織鞫審團，徹查

太子無辜被拘，自然不服，承審大臣居然動用大刑，太子厲聲抗辯：「父皇只有我一子，我才二十歲，且已立為太子，還有什麼苛求，做如此僭逆篡上之事，我能蠢到那種地步嗎？」無奈奸臣們不聽，見太子不招，就編織供詞，上奏說太子已供，廢立之事俱實。

耶律乙辛負責審問「奸臣」，他將蕭速撒、耶律撒剌一班大臣折磨得只求一死，問供時又用繩索勒住脖頸，這樣一來「罪犯」自然說不出話，只是「嗯、嗯」直叫，於是他回奏：此等奸逆別無異詞，廢立之事俱實。

道宗得報火冒三丈，廢太子為庶人，並加以囚禁，「謀逆」諸臣依律處死。這年六月在不到一個月時間裡就殺死大臣三十多人，太子黨徹底垮台，空出職位，耶律乙辛一一以親信補之。

耶律乙辛這回又成了大功臣，朝政由他一手把持，道宗心灰意冷，懶得過問，在這種情況下耶律乙辛招權納賄，為所欲為，國政更加黑暗。

耶律乙辛一夥彈冠相慶，飲酒作樂，酒過三巡，耶律乙辛嘴就沒有了遮攔，信口胡言起來：「我雖出身貧寒，但出生時卻頗多祥兆，比如我娘曾做一夢，夢中與羊相搏，親手拔去羊的角和尾，你們說說，這羊字去了頭尾成了什麼？」

「王啊！」蕭十三搶著回答。其實他早聽耶律乙辛講過多少遍了。

「王爺，此事該宣付國史呀！」張孝傑嘴上這麼說，心裡卻想，這耶律乙辛八成做起帝王夢了。

耶律乙辛越說越來勁，他說：「我小時上山牧羊，睡了一覺，夢中有一神人，取下日月送給我吃，我吃完月亮，太陽剛吃了一半，就被人喚醒，至今不知所夢何意。」

「王爺，此夢大有講究，這日月可比作太子和皇后，皇后被除，所以食月已盡；太子雖被廢，但畢竟保住了一條小命，所以食太陽而未盡，當指此言。」張孝傑說。

這幾句話說者無意，聽者有心，耶律乙辛心想：是啊，太子畢竟還活著，與皇上是骨肉之親，加之又是獨子，萬一時過境遷，皇上稍一顧及骨肉親情，這天下還不是太子的？一想到這可怕的結局，頓時酒也醒了一半。他把這個心病對眾人一說，張孝傑先放下筷子，臉色陰沉起來。倒是蕭十三毫不在乎，他說：「這個不怕，太子在我的手中，我已命人按囚犯相待，不必加以私刑，這個金枝玉葉的太子就活不長。」

「不行，太子不死，我心病不去，無毒不丈夫，我要你立即去辦，拿太子首級來見！」耶律乙辛惡狠狠地說。

同年十一月，一個風雪交加的夜晚，兩個扮作文官的武士來到廢太子囚室，騙出太子，加以殺害，然後割下首級，揚長而去。

大雪一連下了幾天，這日耶律乙辛天未亮就起身，頂風冒雪，向宮裡而去。宮門侍衛一見大感詫異，因為他一向在家辦公，很少上朝，更沒有這麼早就來之例，不過也不敢多問，趕緊進去通報。

「莫非出了什麼軍機大事？」道宗一面猜想，一面在太監的幫助下穿衣戴帽。待他出來召見，一看耶律乙辛青衣小帽，面有淚痕，越發猜不透了。

「陛下，廢太子昨夜暴卒了！」耶律乙辛一語甫畢，道宗如遭一擊，太監手疾眼快，一把扶住，道宗才沒有跌倒。

「陛下」，耶律乙辛一邊揮淚，一邊說道：「廢太子當初謀逆，皆是左右奸臣教唆所致，太子年幼無知，誤聽小人之言，臣以為皇上的意思也不過是讓他閉門思過，將來還要以社稷相託，不料自作孽，不可活，如今上天降罪，也是沒法子的事，臣請皇上一則節哀順變，再則看在骨肉情分上，恢復太子名分，以禮安葬。」說完連連磕頭，泣不成聲。

道宗心裡一陣酸楚，畢竟是父子情深，所以也流了些淚水，這才覺得心裡好受一些，加之看到耶律乙辛哭得呼天搶地，也不好陪哭，於是嘆了口氣，說：「死了也好，死了乾淨，這是天意，葬儀安排，朕都依你，只是朕是否應去見他最後一面？」

聽道宗這樣說，耶律乙辛立即止住哭聲，連忙阻止：「這個大可不必，一則見了陡增傷感，再則近日天氣突變，聖躬更不宜遠出，此事由臣去辦，定會圓滿，事後臣再向皇上詳陳，張孝傑也是這個意思。」既然耶律乙辛這樣說，道宗也不好堅持，就答應了。

歲月嬗變，時光荏苒，轉眼又是兩年。道宗經過這一連串的打擊，頓覺衰老了許多，加上後宮空虛，一直無子，有時竟有一種萬念俱灰的感覺。於是國事悉委之耶律乙辛了，好在耶律乙辛勤於政務，也頗有能力，國家還算穩定，加上滿朝都是耶律乙辛的黨羽，所以也聽不到什麼閒話。太子死時，還留下個名叫阿果的小男孩，懂事就未見親爹，道宗覺得可憐，就帶在身邊，鍾愛異常，每當見到孫子活潑的樣子，才覺生活多了一線生機。

不料這年僅五歲的皇孫也成了耶律乙辛的眼中釘，必欲除之而後快。

大康五年（一〇七九年）正月，道宗決定出獵，命乙辛在京留守，本來他已決定帶皇孫出獵，不料臨行耶律乙辛說：「陛下，口外天寒，皇孫只有五歲，怎經得起一路風塵，國本一脈單傳，萬一有個閃失可不得了，臣請皇上將皇孫留下，由臣照料，可保萬無一失。」道宗聽罷也覺言之有理，未及多想，就答應了。

一個陰謀之網又開始編織。耶律乙辛害死了皇后、太子，眼見道宗一天天衰老，心想將來這天下還不是皇孫的？皇孫一旦登極，自然有人前去翻歷史舊帳，那時皇帝不把自己扒了皮才怪，現在除掉皇孫，也就是除掉了隱患，五歲的孩子還未成人，害死後隨便找個什麼藉口就搪塞過去了。

還是有不怕死的忠臣在，同知點檢蕭兀納聽說此事，立即去見道宗，說：「陛下如果聽從耶律乙辛的話留下皇孫，臣也請求留在京城，保護皇孫，以防不測。」

「你是說耶律乙辛有謀逆之心？」道宗疑惑地問。

「耶律乙辛是否要反，臣不知，不過他一門悉處要津，黨羽遍布天下，要反也易，陛下請想，為何耶律乙辛當政以來，國家會如此多事？皇孫是國本所繫，若入耶律乙辛掌握之中，後果臣不忍言。」

道宗有些被打動了，由此聯想到另一件事，不禁一陣害怕。原來前些日子耶律乙辛勸他過繼一個兒子以承大統，當時他就覺得這個建議匪夷所思，自己有親孫子在，為何捨近求遠，捨親取疏？當時雖未接受他的意見，但也未多想，現在看來如果不是對皇孫有什麼偏見的話，怎會提出那種出乎常情的建議？想到這裡，他又懷疑起太子的事是否也是無辜被害呢？於是他警覺起來，立即決定帶皇孫出獵。

不久，又一件事促使道宗猛醒，在黑山，駐蹕，他看到跟在耶律乙辛後頭的官吏比自己身後的還多，一個個低頭弓腰，誠惶誠恐的樣子，這才相信耶律乙辛的勢力實在是太大了，恐怕自己也難以控制，如果他發動叛亂，朝中有誰能起而抵禦，自己還不束手就擒？於是他決心回朝後清洗耶律乙辛的勢力。

大康五年三月，道宗撤掉耶律乙辛的軍權，調為「知南院大王事」，並授予「于越」的官銜，這一官銜為遼代獨有，只授給大功臣，在百宮中地位最高，為大臣最高榮譽銜，但其無職掌，道宗以此來穩住耶律乙辛，再者以此剝奪其實權。

道宗的用意很快為耶律乙辛識破，因為這年十月他的王位就被降格為郡王，但他也無計可施，奸臣一旦失去昏君的支持，便只好聽天由命了。次年，他又被降級並被逐出京城，到地方任職。同時，他的親信、黨羽也紛紛被逐，如張孝傑被貶到地方為官，相反，皇孫的地位卻直線上升，年僅六歲就被封為梁王。

大康七年（一〇八一年）臘月，道宗決定最後處理耶律乙辛一黨，張孝傑以私自販鹽及擅改詔旨罪被削去爵位，貶為庶民。同時，耶律乙辛也被「以禁物鬻入外國」獲罪，免死被囚於來州（今遼寧綏中縣西南）。張孝傑不久就死掉了，而耶律乙辛卻不安分，大康九年（一〇八三年）他窮極無聊，居然想投奔敵國宋朝，結果事發被處死了。

在中國奸臣禍國的歷史上，耶律乙辛還算不上是個十分顯赫的人物，他的知名度遠不及北宋的蔡京、南宋的秦檜。但這些人雖也殘害忠良，打擊異己，卻沒有敢在皇室親族頭上動刀。而耶律乙辛略施計謀，就使得遼道宗殺掉皇后、廢掉太子，然後將國家大權拱手相讓，從這個意義上說，他又是中國奸臣史上的特殊人物。

遼道宗是個昏君。他統治期間，遼朝政權已經穩定，祖先那種生存發展的嚴峻局面已經不存在，所以他只求苟安，不思進取，又剛愎自用，信任奸臣，聽其擺布，結果喪妻失子，他應是奸臣禍國的最大受害者，但是，人們不會對他寄予一絲同情。

耶律乙辛是他一手誅滅的，這並不能說明他不是昏君，而是反映著一個深刻的歷史問題，在君主專制體制下，奸臣得售其奸，主要是君主造成的，如果君主不允許奸臣存在，奸臣就會死無葬身之地，所以，君主要對奸臣的產生負全部責任。

壽昌七年（一一〇一年），道宗去世，其孫即位，是為遼天祚帝。即位之初，就為祖母、父親平反昭雪，又命人將耶律乙辛、張孝傑之墓掘開毀屍，遺骨分揚四方，家屬分賜群臣為奴。不過早已被昏君奸臣搞得腐敗透頂的遼朝並未見任何起色，在天祚帝統治期間，篡逆之事屢有發生，人民起義風起雲湧，終於在保大五年（一一二五年），遼朝亡於宋金的夾擊之下。

天日昭昭

靖康元年（一一二六年），北宋王朝遭遇了滅頂之災。金兵攻破首都汴京（今河南開封），俘虜了宋欽宗和剛剛「退休」且以詩書畫名揚後世的太上皇宋徽宗。經過一番殺掠後，於次年三月席捲北退。

渡過黃河之後，這支由金兵押送、幾百輛牛車組成的車隊便淹沒在漫天的黃沙中。頭一輛車中坐的就是宋徽宗。朔風不時鼓開作為車篷的氈幕，一幕幕觸目驚心的場面映入徽宗眼簾：殘破的中原大地在腳下消逝，往日華貴無匹的親王、嬪妃、公主、駙馬在金兵的刀槍下扶老攜幼，踉蹌而行。國亡了，家破了，他一下子頓悟了曾作為北宋俘虜的南唐後主李煜詞章的意境，什麼「雕欄玉砌應猶在，只是朱顏改」，什麼「夢裡不知身是客」，此時的心境不正是如此嘛！更令他害怕的是金人能否會像宋太宗毒死李煜那樣殺掉他呢？而死後又有何面目去見太祖、太宗呢？

宋徽宗的命運似乎比李煜好得多，金人沒有殺他，只是經常侮辱戲弄一番，以淚洗面的他居然又活了九年。在後來的某些史家眼中，他還不算「亡國之君」，因為北宋後還有南宋，而在危急存亡關頭建立起來的南宋政權，一開始便處在風雨飄搖之中。

自靖康元年十二月初一日起，相州（今河南安陽）城樓上便飄起了「天下兵馬大元帥」的旗幟。這是徽宗第九子康王趙構的旗幟。趙構在金兵南下之際出使議和，但被反對議和的軍民阻攔，不久京城陷落，便就任了大元帥職，但當時將多兵少，所以首要任務就是招兵，由武翼大夫劉浩負責招募。掛起招兵旗，就有吃糧人。戰亂之中當兵倒不失為一條生路，所以每天投軍者三五成群，只是兵員素質較差，但也無暇挑剔，軍官只象徵性地用「木梃」量一下身材，再讓應募者跑跳幾步，便開始在臉上刺字，發放衣物，就算正式入伍了。但一日劉浩發現了一位叫岳飛的人才，令他又驚又喜。

岳飛身材中等偏高，方臉大耳，眉宇開闊，雙目炯炯有神，生就一副雄赳赳的武士氣概。他陳述了自己的履歷：今年二十四歲，湯陰人，家有老母妻兒，曾兩次從軍，為收復河山，這次決心投軍。說到激動處，岳飛袒開後背，露出行前母親刺的「盡忠報國」四字，令劉浩感動不已。

聽說岳飛武功不錯，劉浩便試試他，結果令劉浩等人目瞪口呆。岳飛分別以左右手挽弓三百斤，又用腰部開弩八石（宋朝一石約合今九十台斤）。劉浩連聲說：「這般武藝，可選充班直，做皇帝的近衛了。」言畢內心一陣酸楚，因為大宋朝的皇帝已被金兵所擄，生死不明。

當時相州附近有一支吉倩領導的近四百人的武裝，岳飛這次參軍的第一個任務就是收編這支隊伍。一天晚上，岳飛只帶四名騎兵直闖入吉倩的大營，說明來意，講清利害，吉倩等人半信半疑，正在交談之際，不料有個軍士從背後猛撲岳飛，岳飛手疾眼快，側身一讓，順勢一掌，將來人打翻在地，然後拔劍抵住此人胸口。見此情景，吉倩等人紛紛跪地，表示順從，岳飛未發一箭，輕易地收編了這支隊伍，因功被授予承信郎（最低級的武官）。

還有一次，岳飛率百餘名騎兵在滑州（今滑縣東南）練習冰上騎射，忽見大隊金兵飛馳而來，岳飛穩住隊伍，沉著迎戰，一名金將拍馬舞刀直取岳飛，岳飛舉刀一迎，刀口直入敵刀寸許，然後手起刀落，將敵將斬於陣前，宋軍士氣大振，一鼓作氣殺退敵兵，此戰之後，岳飛升為秉義郎（從八品的武官）。

靖康二年（一一二七年）五月初一日，康王趙構在應天府（今河南商丘）稱帝，改號「建炎」，這一政權史稱「南宋」。趙構拜天祭祖，遙想祖宗創業的艱難，被擄父母兄弟的慘狀，倒也灑了些淚水。不過，在趙構心中比國仇家恨更重要的還是自身的安全，不久，他就以「巡幸」為名，拋棄中原人民，出逃揚州。北方國土任金人蹂躪，金兵所過之處，殘殺百姓、搶掠財物，甚至驅掠人民賣為奴隸，當時十人才值一馬。有時人口交易不順利，就把大量丁口活埋，中原大地哀聲遍野。

目睹這一切，岳飛憤然上疏高宗趙構，請求取消巡幸，利用民心士氣，大舉北伐，恢復中原。這一大膽的舉動引起了高宗周圍投降派的驚恐，他們上諂言說：「陛下，本朝家法重文輕武，哪怕是武將之首的三衙長官，見了文臣也要恭敬作揖，岳飛一個七品武官，連參與末議的資格都沒有，居然敢評議朝政，此風斷不可長。」結果，岳飛因此不但丟掉了官職，連軍籍也失去了。

岳飛離開了隊伍，但在烽火連天的中原大地卻不乏用武之地。他投奔前線的河北路招撫使張所門下，張所對他略有所聞，開口便問：「聞汝勇冠三軍，汝自料能敵人幾何？」

「勇不足恃也，用兵在先定謀。謀者，勝負之機也，故為將之道，不患其無勇，而患其無謀。」岳飛侃侃而談，又大講了一番上兵伐謀，次兵伐交的道理。

「公殆非行伍中人也！」張所開口又是重文輕武的語氣。不過，張所對岳飛破格提拔，援手於困厄之中，令岳飛感銘終生。十年之後，岳飛已為大將，特地找到張所的兒子，上奏蔭補為官，這是後話。

岳飛不負眾望，很快表現出卓越的軍事才幹。在收復新鄉的戰役中，他一馬當先，奪下了金兵的軍旗。還有一次，岳飛率軍與敵相持，眼看糧食快要吃完，便生出一計，讓每個士兵準備兩束柴草，交叉縛成「十」字形，到了半夜，燃起柴草的四端，吶喊著衝向敵軍，金兵看到火把無數，以為大兵來到，紛紛逃竄，岳飛率軍追殺，打了一次大勝仗。

當時抗金形勢極為艱苦，飽經戰亂的北方赤地千里，軍隊得不到充足的補給，更為嚴重的是抗金事業得不到南宋政府的支持，岳飛先後跟了七位長官，此時他的官職是「統制」，統帥兩千人馬，尚無力挽回大局。建炎三年（一一二九年），他被迫隨軍南撤，他暗自發誓，將來一定要當上將帥，指揮重兵殺過江河險阻，收復河山，使自己在史冊上與關羽、張飛齊名。同年，金兵在兀朮率領下大舉南侵，宋軍走的走，降的降，高宗乘船入海，岳飛的主帥杜充叛變投敵。在這危急存亡的關頭，岳飛孤軍奮戰，開始了獨當一面的大將生涯。

岳飛轉戰於建康（江蘇南京）周圍，與金兵周旋。他已鍛煉得更加成熟，成為一位智勇雙全的將領，加上嚴格約束部隊，所部紀律嚴明，戰鬥力極強。曾六次主動出擊，殺死敵兵一千多人。

由於岳飛軍隊的活動，兀朮擔心孤軍深入，被切斷後路，便放棄南進計畫，班師北撤。岳飛以逸待勞，迎頭痛擊，連續四次打敗敵軍，在黃天蕩（今江蘇鎮江附近）與敵相持四十八天，兀朮險些被活捉。

岳飛乘勝直取建康。他持槍躍馬，衝鋒在前，在敵群中縱橫馳殺，如入無人之境，殺得金兵屍橫遍野。戰後統計，斬獲敵將首級一百七十多個，弓箭刀旗三千五百多件。收復了建康城。

後來，岳飛在楚州（今江蘇淮安）、承州（今江蘇高郵）等地幾次打敗金軍。在戰鬥中，岳飛的隊伍逐漸擴大為一支四萬人左右的勁旅。

東南的局面得到了暫時的穩定，高宗從海上回到了臨安（今浙江杭州），為了獎勵岳飛捍衛半壁江山的功勞，親筆書寫了「精忠岳飛」四字，製成戰旗，賜給岳飛，並任命他為神武後軍統制。三十一歲的岳飛已成為與張俊、韓世忠、劉光世並駕齊驅的四員大將之一，江淮之間「兒童識其姓字，草木聞其威聲」。

金統治者在向南宋發動軍事進攻的同時，於建炎四年（一一三〇年）九月，在南宋的降宮中選了一個叫劉豫的人，指定他作傀儡皇帝，國號齊，定都汴京，歷史上把這一政權叫作「偽齊」。金統治者的用意有二：一、透過偽齊來統治中原；二、把偽齊作為宋金間的緩衝，使宋不能直接威脅金朝，而金卻可隨時透過齊來攻打南宋。

紹興三年（一一三三年）冬，金兵向西北發動攻勢，偽齊也出兵響應，連續攻占了鄧州（今河南鄧縣）、襄州（今湖北襄陽）等地。岳飛聞訊，立即上疏請戰，朝廷中主戰的呼聲也很高，在這種形勢下，高宗勉強同意了收復襄陽六州的軍事行動。

紹興四年（一一三四年）五月初一日，岳家軍在「精忠岳飛」四字大旗的引導下，浩浩蕩蕩，沿江西上。岳飛騎在馬上，信心十足。因為這次出擊不僅糧餉供應充足，而且朝廷還把在河南作戰多年，熟悉襄漢一帶地利的勇將牛皋調到他軍中。初五日，岳家軍兵臨郢州（今湖北鍾祥）城下。

郢州是偽齊最南端的要塞，劉豫很重視這裡的防守，任命荊超為知州，荊超驍勇強悍，曾做過北宋禁衛軍的班直，號稱「萬人敵」，手下配置了一萬多士兵，內有少量金兵，自以為固若金湯。

首戰的勝負對戰局關係極大，岳飛慎重地騎馬繞城一周，視察地形，並勸城上的荊超說：「你受過大宋朝的皇恩，值此國難當頭之際，自應翻然變計，棄暗投明。」不待岳飛說完，荊超跳腳大罵，岳飛大怒，發誓破城。

次日破曉，在隆隆的戰鼓聲中，岳家軍發起了總攻，戰鬥異常激烈，岳飛在戰旗下指揮，忽然一塊炮石擊來，左右為之驚避，但岳飛卻巋然不動。

將士們奮勇爭先，踏肩登城，終於粉碎了敵人的頑抗，荊超眼看大勢已去，便自殺了。郢州一戰，殺敵七千人，首戰告捷。

稍事休整，岳飛分兵一支去攻取隨州（湖北隨縣），自己則親率大軍直取襄陽府。

偽齊襄陽府守將李成，原是岳飛手下敗將，探知岳家軍壓境，急忙引兵出城，擺陣迎戰。岳飛一看李成的陣勢，便笑著對牛皋說：「李成這賊幾次敗在我手下，我原以為他會學聰明些，誰知他越敗越蠢，平曠的地形對騎兵有利，險阻的地形對步兵有利，而李成的布置恰好相反。」岳飛令王貴率步兵攻擊李成的騎兵，又令牛皋率騎兵攻擊李成的步兵。一聲令下，岳家軍排山倒海般地衝向敵陣，一陣搏殺，偽齊軍大敗而逃，岳家軍乘勝占領了襄陽。

接著，岳家軍一鼓作氣攻下了隨州、鄧州、唐州（今河南唐河）、信陽軍（今河南信陽），在戰鬥中，岳飛長子岳雲成長為一員猛將。

岳家軍在不到三個月時間裡，迅速收復了襄鄧六州，保衛了長江中下游地區，打通了通往川陝之路，這是南宋第一次收復失地，同時擊潰了偽齊軍的主力，偽齊從此一蹶不振。

捷報傳到臨安，按戰前的許諾，高宗提升岳飛為清遠軍節度使，不久又晉封武昌郡開國侯。岳飛以三十二歲的年齡而持節封侯，在宋朝是沒有先例的，全軍將士都引以為榮。

但此時岳飛的心境卻十分愁苦，他把功名富貴視作塵土，最大的願望是收復失地，光復故國，但南宋王朝怕刺激金人，嚴命他只許收復失地，不許越境一步，更不許提「收復汴京」的口號。他不得不遵命。在留軍駐守，安撫百姓之後，他帶大軍回到了鄂州（今湖北武昌）。

一天，岳飛雨後登上了鄂州的一座高樓，憑欄遠眺，錦繡河山分外動人，遙想北方淪陷的國土，不禁思緒衝動，高歌一曲，唱出了中國古代愛國主義的絕唱——《滿江紅》：

怒髮衝冠，憑欄處，瀟瀟雨歇。
抬望眼，仰天長嘯，壯懷激烈。
三十功名塵與土，八千里路雲和月。
莫等閒，白了少年頭，空悲切。
靖康恥，猶未雪；
臣子恨，何時滅？
駕長車，踏破賀蘭山缺。
壯志飢餐胡虜肉，笑談渴飲匈奴血。
待從頭，收拾舊山河，朝天闕。

偽齊不甘心這次失敗，這年冬天，又勾結金軍，南下進攻。他們避開岳飛的防區，矛頭指向安徽、江蘇。南宋政府一面在江淮一帶布防，一面急召岳飛東下支援。

這一回，金齊聯軍又碰了釘子，他們在大儀（江蘇揚州西）等地遇到韓世忠的軍隊，受到沉重打擊，他們攻打廬州（今安徽合肥），又碰上牛皋和徐慶率領的岳家軍，金齊士兵不敢戀戰，稍一接觸便紛紛敗退。在北風的怒吼下，金齊聯軍踏著冰凍的土地，垂頭喪氣地北撤了。

紹興六年（一一三六年）七八月間，岳家軍一改秋季防禦的兵家慣例，長驅北伐，收復了伊（水）、洛（水）等險要之地，給敵人以沉重打擊，後因援軍不濟、軍糧不足，不得不撤回鄂州。接著又大敗偽齊軍的進攻。這是南宋立國以來首次大規模的反攻，其成就表明，光復舊物已非可望而不可即的事了。

劉豫連續南侵，屢戰屢敗，金統治者看到這條走狗不僅無用，而且成了累贅，索性於紹興七年（一一三七年）把劉豫廢掉了，從此，偽齊這塊招牌也就撤銷了。金統治者決定與南宋議和，說只要南宋向金朝稱臣，每年交納一定數量的銀和絹，金朝就歸還宋徽宗的靈柩，還可以把偽齊的地盤讓給南宋。

早在建炎四年（一一三〇年）深秋的一天，江蘇漣水的宋軍截住了幾隻來自敵占區的小船，一經盤查，來者自稱是北宋末年的御史中丞秦檜。秦檜之名倒是略有所聞，但不是已隨徽、欽二帝被擄到北方了嗎？想到這兒宋軍一下子警惕起來，揮刀一指「說！北虜何故放你歸來？」

「怎麼是放？是我們殺了監視的金軍，連夜逃回的。」秦檜理直氣壯地一指周圍的僕人，「不信你問他們。」眾奴僕連忙點頭哈腰、指天畫地、信誓旦旦。

「不對！如果是那樣，倉促之間怎能帶回這麼多行李？」一個宋兵懷疑地問。「再說，我們誰也不認識秦檜，說不定是細作，乾脆殺掉了事！」說罷揮掌打倒秦檜，幾個士兵一擁而上，俐落地上了綁。

秦檜深知戰亂之中，丘八爺殺幾個人如同踹死幾隻臭蟲；他心生一計，做出一副秀才遇見兵的無可奈何之狀，憤然道：「我等眷戀故國，冒死來歸，不意要落得如此下場，豈不讓天下忠臣心寒！我做過大宋朝的官，要殺也輪不到你們，帶我去見你們的長官。」說完頭一揚，對發楞的宋軍喝道：「頭前引路！」

無奈當地的宋將也不認識秦檜，這下秦檜急了，老婆王氏大哭起來。也活該大宋朝倒楣，這時有個讀書人聽過秦檜講學，出來作證，宋將這才下令鬆綁，然後用船把他們送往浙東。

一路上王氏嘮叨不停，「當年你做州學教授，嫌教師清苦，吵著寧願回家種地也不願作『猢猻王』，若不是我勸你，何能桃李滿天下，何來此化險為夷之局？」「哼！我等化險為夷，是大宋朝國運將隆的符瑞。」秦檜不願別人揭短，又加了一句：「婦道人家懂什麼！」

秦檜大名鼎鼎，不在於他桃李滿天下，也不在於他任過御史中丞，而是當年在靖康之變中曾上書金帥，反對立張邦昌為帝來取代宋室，儘管他完全是為金朝設想，認為這樣不利於金人統治中原，但還是博得了很多宋朝官吏的好感。後來被俘到了北方，秦檜見宋朝大勢已去，就投降了敵人，成了撻懶的親信，為其起草文稿，出謀劃策，曾建議與其勞師動眾，不如派回一名舊臣，以徽宗名義命令南宋自動歸順，世代臣屬，年年納貢，儘管未被馬上採納，還是頗得賞識的。經過秦檜多次爭取，金統治者也希望在南宋安插耳目，就把他放回去了。

不過秦檜在金朝的這些醜事南宋君臣並不知道，經宰相范宗尹的引見，高宗接見了秦檜，秦檜一邊揮淚，一邊講著自己在北國的「遭遇」，高宗也陪了些淚水，待講到金國的強大時，秦檜誇誇其談，手舞足蹈，直說得高宗目瞪口呆。末了，高宗徵詢道：「卿試看今日之天下將作何了局？」

秦檜精神一振，侃侃而談：「依微臣管見，要使天下太平無事，用兵絕非上策。我如戰敗，後果臣不忍言；我如取勝，則以弱敵強，一時之勝難保歷久不敗，一處之勝難保各處皆勝，自是兵連禍結，無有了期。上策應是兩國議和，雙方南自南，北自北，這樣陛下可做太平天子。微臣在北窺金國政局，亦有和好之心。臣願為此奔走，竭盡愚誠。」

接著君臣二人摒去左右，密語大計。秦檜從袖中掏出一紙，高宗一看，秦檜連求和的國書都擬好了，連誇他想得周全。

高宗從無抗金的決心，只是迫於形勢，才不得不權宜應付，如今得到秦檜，自是喜不待言。第二天對朝臣說：「秦檜樸忠過人，朕得到他，高興得一夜都睡不著覺。」並任命他為禮部尚書。針對一些人的懷疑，高宗解釋秦檜被擄北去後「如蘇武之在匈奴，常持漢節。」三個月後，又提升他為參知政事（相當於副宰相）。

但是，秦檜很快成了眾矢之的，官員紛紛上疏彈劾，指責他「培植黨羽，獨專大權」，「專主議和，妨害恢復中原」，並且，秦檜與高宗也發生了矛盾。他的南自南、北自北的議和計畫，完全是按金人要求提出的，不僅放棄恢復中原，還要把南宋政權中的黃河以北人歸金，中原人歸偽齊。南宋政權、軍隊中很多人來自北方，這種遣返在事實上也是不可能的。並且高宗也屬北人，高宗曾質問過秦檜：朕是北人，該歸哪裡？秦檜無言以對。於是高宗罷了秦檜的官，在眾多朝臣的壓力下，高宗還發誓永不敘用秦檜，這是紹興二年（一一三二年）的事。

高宗雖然罷免了秦檜，但他始終沒有收復失地的決心和抵抗到底的信心，對岳飛等人抗金活動也是虛與委蛇。到紹興七年（一一三七年）金人廢掉偽齊，放出和談風聲，一想到納貢稱臣不僅可以得到原偽齊的土地，永保太平無事，還可了卻一樁「心病」，便急不可待了。

高宗的「心病」是什麼呢？原來金廢偽齊後，傳言要讓欽宗在中原做皇帝，雖都是受制於金，但欽宗不像劉豫，正統觀念決定了他會受到很多士民的擁戴，這樣一來，高宗的帝位就會風雨飄搖了。想到這可怕的後果，高宗才迫不及待地求和，而求和的合適人選，自然是與撻懶關係密切的秦檜了。

紹興八年（一一三八年），高宗不顧滿朝文武的反對，厚顏無恥地宣布秦檜官復原職，準備與金人議和，議和條件也僅提要死去的徽宗的靈柩和還活著的高宗生母韋氏，再不提欽宗了。

隨著偽齊的垮台，爭取祖國統一的機會到來了，但秦檜與高宗反而積極從事投降活動，包括岳飛在內的文武大臣們堅決反對，高宗為此悶悶不樂。秦檜又獻一計：「岳飛忠孝性成，國家對他有天高地厚之恩，不如召他來京，剖陳利害，他不會不體諒陛下的難處。」

岳飛應召來到臨安，高宗和秦檜一番「開導」之後，岳飛沉默不語，再一追問，不料岳飛說道：「敵人難以相信，和局難以依賴，宰相不好好為國家著想，恐怕要受後世的譏議。」高宗無言以對，秦檜恨得咬牙切齒。岳飛在這沉默中行了禮，悄然退下了。

「岳飛原不過一介匹夫，不到十年光景朕使他拜節封侯，不料他不思報答，反來譏刺朕，這是以臣事君之道嗎？」高宗打破寂靜，恨恨地說。

「近來岳飛聽說陛下要議和，到處散布什麼要『納節請閒』，這不是要挾朝廷嗎？」秦檜陰險地接著說：「本朝家法對武將約束極嚴，哪一朝武將敢如此跋扈？臣為國家設想，不意卻成了眾矢之的，臣請皇上放臣歸田。」說罷雙淚成串而落。高宗自然百般勸慰，末了，秦檜說：「臣以身許國，自應不計利害，不過議和之事諸臣各抒己見，莫衷一是，陛下是無法決斷的。如果陛下決意議和，臣請下詔規定今後此事由臣獨自處理，群臣不得干預。」高宗見秦檜回心轉意，忙不迭地說：「朕獨委卿，獨委卿。」

「陛下，茲事體大，臣請陛下三思三日。」三天後，秦檜再去問高宗，鐵了心的高宗還是那句話：「朕獨委卿。」

和議進展得很迅速。紹興八年十月，金使來南宋議和，所過州縣地方官要像迎接皇帝一樣迎接金使，這激起了不少大臣和百姓的憤怒，全國又一次掀起了反對議和的浪潮。秦檜一方面對大臣進行誘逼，一方面勾結一班無恥之徒來為他效勞，結果，贊成和議的人升了官，反對議和的人被罷免或流放。

金使到達臨安，要冊封高宗為帝，這就意味著高宗要跪受金主的冊封。南宋軍民引為奇恥大辱，以各種方式表示反對，高宗也感到難為情，秦檜又左右奔走，最後說服金使，以高宗居喪不便跪拜為由，由他代表高宗跪接金朝的詔書。

紹興九年（一一三九年）正月，南宋正式宣布了議和內容：宋向金稱臣；每年向金貢納銀兩、絹匹各二十五萬；金將原偽齊統治的河南、陝西地區劃給南宋，歸還徽宗靈柩和高宗生母。

與此同時，南宋朝廷還大赦天下，文臣武將加官晉爵，以示普天同慶。岳飛自然也在升官之列，他力辭不獲後，上表「謝恩」，申述他反對議和，堅持抗戰的主張。

「陛下看看，這哪裡是『謝表』，分明是抗議！」秦檜撇著嘴，憤憤地說。

人逢喜事精神爽，和議成後，高宗的心情很好，「岳飛一介武夫，說話不識大體，亦在意中。不過……」他頓了頓說：「岳飛不是要納節請閒嗎？我看他性格急躁，又有眼病，適當時候讓他交出兵權，回家養老吧！」

和議果然靠不住。正當高宗和秦檜一夥彈冠相慶，得意忘形之際，同年金國發生了政變，主張議和的撻懶等人被處死，主戰的兀朮做都元帥。次年，根據兀朮的建議，金國撕毀和約，舉兵伐宋。在短短一個多月的時間裡，金朝歸還的土地重新全部淪陷。

高宗一夥頓時慌了手腳，為了保全統治地位和身家性命，不得不下令抵抗。

高宗的詔書傳到鄂州的岳家軍中，將士一片歡騰，這支被羈束多年，枕戈待旦的隊伍渴望著大反擊的到來，軍中充滿著必勝的信念和一往無前的銳氣。

六月的中原，驕陽似火，刀槍在烈日下閃光，軍旗在微風中鼓動，兵士們摩拳擦掌，進軍的號角吹響了！

頭一仗在潁昌（今河南許昌）附近爆發了，先鋒張憲的部隊與金軍搏鬥了一整天，攻下了該城，隨即揮師東下，又在四天以內，收復了陳州（今河南淮陽）。各路岳家軍又攻下了鄭州、西京（今洛陽）等地，岳飛親自進駐郾城，準備大決戰的到來。

兀朮得報遭遇岳家軍，連吃敗仗，立即在汴京召開軍事會議，給敗將們打氣，他對垂頭喪氣的將領們說：「宋朝將帥都不難對付，唯一例外的是岳飛，但爾等切勿膽怯，這回岳飛孤軍深入，勞師襲遠，已犯了兵家大忌，準備『鐵浮圖』和『拐子馬』，讓岳家軍有來無回！」

七月初八日，金兵鐵騎如流，向郾城開進，在城北二十里的地方，與宋軍遭遇了。岳飛急命擺陣，又喚來長子岳雲，命他率騎兵直闖敵陣，並嚴命：「此戰一定要獲勝，否則先斬你的頭！」岳雲得令，揮錘率隊衝入敵陣，鏖戰幾十個回合，危急關頭，連岳飛也挽弓上陣，左右開弓，宋軍將卒士氣大振，殺退了敵人一次又一次的進攻。

兀朮眼看不能取勝，決定孤注一擲，出動「鐵浮圖」和「拐子馬」兩支騎兵。「鐵浮圖」又稱「鐵塔兵」，是頭戴雙層鐵盔，身披重甲的騎兵，以三匹馬為一組，用皮帶相連，後面放著拒馬子，用來阻止戰馬後退。鐵浮圖往往正面衝擊，推進時就像一堵鐵牆，對敵軍造成極大的威脅。鐵浮圖的左右兩翼，配備著叫作拐子馬的輕騎兵，常常在戰鬥白熱化時突然出擊，這兩支騎兵是女真貴族賴以攻戰的重要支柱。

對於這種戰法，岳飛早有研究，他命步兵迎戰，步兵把刀斧綁在長柄上，伏入陣地，待敵接近，便弓身低頭，專砍馬足，一馬躺下，另外兩馬便不能前進。同時，他又指揮另外兩支騎兵專門對付拐子馬。岳家軍奮勇爭先，從下午一直殺到天黑，金兵的鐵浮圖紛紛倒地，拐子馬也潰不成軍，兀朮帶著殘兵敗將，向北潰逃，眼看數萬鐵騎化作七零八落的散兵，兀朮號啕大哭道：「從海上起兵，全靠鐵浮圖和拐子馬打勝仗，現在全完了！」

接著岳家軍又在潁昌大敗敵軍，全軍浴血拼殺，直戰得「人為血人，馬為血馬」，殺敵五千餘人，俘敵二千餘人，繳獲戰馬二千餘匹。兀朮的女婿也在這場戰鬥中陣亡。

岳家軍在郾城、潁昌大敗金軍，取得了大宋開國以來的空前大捷。至此，兀朮殘兵敗將退回開封，喪失了進攻能力，面對訓練有素、裝備精良、紀律嚴整的岳家軍，發出了「撼山易，撼岳家軍難」的哀嘆。兀朮不敢再戰，只求能平安撤回北方。

七月下旬，岳家軍進逼到距北宋故都僅四十五里的朱仙鎮，金兵一經交鋒，即行奔潰，女真騎兵的士氣已低落到不堪一擊的程度。此時，北方人民爭先抗金，金朝號令已不行於中原大地，人民或舉兵抗金，或牽牛挽車，以饋義軍，總之，大反擊的時刻到來了。

大戰之後，岳飛披著一身征塵，縱馬躍上朱仙鎮的高岡，放眼望去，故都的城闕掩映在落日的餘暉裡。遙想十幾年的艱辛，展望即在眼前的勝利，不禁百感交集，熱淚盈眶。

捷報一個接一個傳到臨安，高宗的臉越拉越長，秦檜更是唉聲嘆氣，君臣二人各懷心事。高宗是勝亦憂，敗亦憂，敗了無立足之地，勝了又怕擴大武將的權力、威望，從而威脅皇權，再則，即使最後戰勝金朝，又該如何處理前朝皇帝宋欽宗呢？所以上策還是議和。秦檜身為金朝奸細，自然與岳飛的抗金事業勢不兩立。

「陛下，臣恐唐末五代枝強幹弱，冠履倒置的局面會重演。」秦檜陰險地說。

「岳飛不識大體倒是有的，若說擁兵自重，對抗朝廷，或不至於吧！」高宗自我安慰地說。

秦檜嘴一撇，「怎麼不至於，岳飛出師前，陛下命他適可而止，最多不可超過蔡州，可岳飛置聖訓於不顧，繼續北上，居然打到開封城下了，這不是公然抗上嗎？」

高宗沉默了。

「再說岳飛孤軍深入，勞師襲遠，已犯兵家之忌，應速命他班師回朝。」秦檜說。

高宗打破了沉默：「對，就如此措辭，快擬旨吧！」

「這道上諭，還得勞動陛下的親筆，臣擬的上諭，岳飛素來不屑一顧。」

就在岳飛抵達朱仙鎮的這天，他收到了十二道內容相同、措辭嚴厲的上諭，命他立即班師，進京面聖。這一道道詔書，似一支支利箭，射向岳飛的胸膛，他淚流滿面，悲憤地對部將說：「十年的努力一旦付諸東流，收復的各州一日全部放棄，社稷江山，難以中興，乾坤世界，無由再復。」諸將也痛哭流涕。岳飛無法對抗朝廷，只好忍痛班師。百姓們扶老攜幼，流淚挽留，岳飛含淚拿出詔書，向百姓解釋，並勸他們隨軍南撤，以免金軍報復。一路上，岳飛無顏以對中原百姓那一雙雙失望的眼睛。當岳家軍班師之際，風聲鶴唳的金兵狂奔一百餘里，但始終未見岳家軍來攻，兀朮茫然了，不知所措了。

兀朮本來以為這場戰爭從根本上打輸了，不料宋朝發生瞭如此變故，便又拼湊起一支大軍，重新占據了岳飛放棄的土地，並於紹興十一年（一一四一年），進犯淮西，宋軍先勝後敗，岳飛奉命徵援，但未到前線，戰事已經結束。戰後大將張俊反誣岳家軍「逗留不前」，加上此時岳飛心緒低到了極點，發了些牢騷，這都成了後來殺害岳飛的「罪證」。

雖然此戰金軍略占優勢，但多次戰敗已使兀朮從主戰派轉變成了主和派，議和條件加了一條：必須處死岳飛。這個條件對秦檜來說是不謀而合，對高宗來說倒有些為難。因為宋初太祖曾有誓約：「不殺大臣及言事官，違者不祥。」岳飛的生命受太祖誓約的保護。但此時高宗已把金統治者視為「祖宗」，把議和視作唯一的追求，所以殺岳飛也不是不可以，只不過茲事體大，還須從長計議。

四月下旬，宋廷在西湖設盛筵款待岳飛、韓世忠、張俊三大將，酒後，將三人明昇暗降，剝奪軍權，留朝任職。這是宋朝歷史上第二次「杯酒釋兵權」。張俊已為秦檜收買，所以，受排斥的只是岳飛和韓世忠。

下一步，唆使岳家軍中一個叫「王雕兒」的人誣告岳飛的愛將張憲「謀反」，企圖以兵力威脅朝廷歸還岳飛兵權。然後由張俊逮捕張憲。在酷刑和利誘面前，張憲寧死不屈，張俊居然假造供詞，上奏說：張憲已供認在收到岳飛文字後謀反。

十月，岳飛被投入牢獄，當主審者拍案叫他交代「謀反」罪行時，岳飛撕開衣襟，露出「盡忠報國」四個深嵌肌膚的大字，壓抑著滿腔怒火，大講國仇家恨。無奈主審者秉高宗和秦檜的旨意，不容申辯。至此，岳飛已知自己陷入國賊之手，便閉目長嘆，任憑獄卒凌侮，不發一言。

在万俟卨（音莫齊謝）等主審者的推敲下，岳飛的罪狀主要有三點：一、岳飛不滿被解除兵權而策動張憲謀反；二、淮西戰役逗留不前，坐觀勝負；三、曾指斥皇帝「不修德」。前兩條是捏造和誣陷，第三條也無實際證據，退一步說，即使以上罪名成立，按宋朝法律也只能判徒刑，而無死罪。但万俟卨等人置法律於不顧，判了岳飛死罪。

很多正直的官員對此痛心疾首，他們有的願以身家性命擔保，有的公開批評朝廷「中原未寧，禍及忠義」，已遭疑忌的大將韓世忠不顧個人安危，責問秦檜，秦檜無恥地說，謀反的事莫須有（也許有），韓世忠憤然說：「莫須有三字何以服天下！」從此，「莫須有」三字成了冤獄的代名詞。

眼看到了歲末，高宗和秦檜為了歡度新春，向金朝獻媚，再也等不及了。高宗假作仁慈地將岳飛的斬刑改為賜自盡，便催促執行。臨刑前，岳飛寫下了「天日昭昭、天日昭昭」八個大字，然後將毒酒一飲而盡。同時而死的還有長子岳雲和愛將張憲。這年，岳飛三十九歲，岳雲二十三歲……

岳飛的家產被抄沒入官，家屬被流放，岳家軍備受摧殘，牛皋被賜自盡，很多將領被驅逐、監管。

相反，秦檜卻備受表彰，被加封為太師，連在襁褓中的孫子也賜予三品官職，直到西元一一五五年秦檜去世，此間一直把持朝政，極盡人臣之榮。忠奸結局如此不同，不禁讓人扼腕嘆息。

毫無疑問，岳飛是偉大的愛國主義者，中華民族的英雄，傑出的政治家和軍事家，他為祖國的統一和人民的安寧奮鬥了後半生，他為人嚴謹忠厚，為官清廉剛直，帶兵親如父子，他提出的「文官不愛錢，武將不惜死」成了千古傳誦的名言，他的《滿江紅》成了激勵歷代仁人志士捨生取義的壯歌。

千百年來，由於封建統治者的有意渲染，岳飛給人以「愚忠」的印象。其實，他是個富於個性，敢露鋒芒的人，朱熹就批評他「驕橫」、「不知自保」，今天看來，這正是他的優點。

岳飛被害前的一個月，宋金達成了和議，兩國以淮水為界，宋向金稱臣，每年貢銀兩、絹匹各二十五萬，金冊封趙構為宋帝。高宗興高采烈，祭告天地、宗廟、社稷。其實，在金人眼中，他與劉豫是沒有差別的。

怎樣看待高宗呢？他本來擁有成為一代偉大君主的客觀條件：處在分裂的時代，有經濟發達的南方為依托，又有岳飛等一批傑出的將領，但他才能平庸、性格多疑，最大的願望就是能苟安一隅，即使如此，假若他不殺岳飛，或不至於被列入昏君之列。沒有人為他惋惜，只是顧及帝王的面子，才沒有讓他跪在岳飛的墳前，但在九泉之下，他將永遠跪在大宋列祖列宗的靈前。

秦檜是個骨朽人間罵未消的人物，他的鐵像已在西子湖畔巍峨的嶽廟中跪了幾百年，還將永遠地跪下去。甚至有人為這砣生鐵惋惜，有道是「青山有幸埋忠骨，白鐵無辜鑄佞臣。」

「兒時曾住練江頭，長老頻頻說岳侯」，是啊！哪一代中華兒女沒有從長輩的口中聽過岳飛的故事呢？在世代人們的心目中，岳飛的名字是愛國主義的象徵。西子湖畔古柏參天的岳飛墓園，受到一代又一代人的憑弔和景仰。

浩氣丹心

南宋的最後一年——祥興二年（一二七九年）正月，張弘範率元朝大軍直撲崖山，中國歷史上規模空前的一場大海戰就要開始了。

珠江口外，零丁洋上，烏雲密布，風起雲湧。隨著天氣的惡化，張弘範的情緒也很低落。他統帥的這支由蒙漢混合組成的南征軍橫掃東南，兵鋒所指，沿海的漳、潮、惠、潭、廣、瓊諸州相繼被克，不料到了崖山這南宋的最後一隅，對手還有如此兵力。據探子回報，宋軍艦隊有大小船隻一千餘艘，其中不少是巨大的「樓船」，兵力近二十萬，由張世傑指揮。而自己只有大小船隻五百餘艘，而且有二百艘迷失航向，尚未趕來，並且這些北方士兵經過十幾天的航行，一個個頭暈目眩，嘔吐不止，戰鬥力大為降低。南宋小朝廷無路可退，已拉開了決戰的架勢。在這種情況下，張弘範不敢輕易開戰，決定智取，最好是能「不戰而屈人之兵」。

勸降的軍使被罵了回來，看來非得找文天祥不可了。一想到文天祥，張弘範就頭疼，自從上個月俘獲了他，就一直待在軍中，以他的名望身分，若能寫封勸降信，或許會打動張世傑。不過張弘範實在不願見文天祥，於是請來李元帥，交代一番。

艙門被霍然拉開，一束光亮驅走了黑暗，艙中一個魁梧的身軀站了起來，仔細一看，只見他目光炯炯，英俊軒昂。李元帥遲疑了一下，沒敢進去。

「唉！何苦呢，文丞相，只要您點一下頭，那榮華富貴……」

「不要饒舌！快說，所來何事。」文天祥斷然打斷來人的話題。

「噢，文丞相，您認識張世傑吧？」

「認識。」

「您該給他寫封信，剖陳利害，勸他反正來歸，如何？」

一陣沉默。

「拿紙筆來。」

李元帥大喜過望，急忙將筆墨紙硯遞了進去。一會兒，一捲紙拋出艙口，李元帥連忙拾起，顧不上看，跑著歸報張弘範。

張弘範展開紙捲，閱後說了聲「好人好詩！」然後長嘆一聲。眾人圍攏一看，只見上面寫道：

辛苦遭逢起一經，干戈寥落四周星。

山河破碎風飄絮，身世浮沉雨打萍。

惶恐灘頭說惶恐，零丁洋裡嘆零丁。

人生自古誰無死，留取丹心照汗青。

這是一首愛國主義的高歌，數百年來激勵著一代代仁人志士捨生取義，前仆後繼。

文天祥，字宋瑞，又字履善，號文山。南宋端平三年（一二三六年）生於江西廬陵淳化鄉（今吉安市南）一個書香之家，其父一生未取得功名，但終生苦讀，教子也極嚴格。家境雖不寬裕，但勒緊腰帶也要供兒子讀書。文天祥學習十分刻苦，功課之餘，他特別喜歡讀歷代忠臣義士的傳記，幼小的心田中就充滿了對先賢的敬仰。

寶祐四年（一二五六年），二十歲的文天祥「大魁天下」——考取一甲第一名，得了狀元頭銜。經過三年為父守孝後，步入仕途。他起先是主管建昌軍（江西南城）仙都觀，不久又除祕書省正字，主要工作是為朝廷草擬文書，直到景定三年（一二六二年）才被任命知瑞州（今江西高安）。此時蒙古已興起於漠北，東征西討，建立了龐大的帝國，對宋戰爭也時有發生。而南宋偏偏不爭氣，朝政在賈似道把持下，腐敗透頂。文天祥憂心如焚，屢次上疏，所以他的仕途十分坎坷，朝廷長期不委任他以要職。此間，更多的時間裡他是在家鄉研究學問，直到咸淳九年（一二七三年）朝廷才起用他為湖南提刑，主管一路司法，不久又遷知贛州。

咸淳九年（一二七三年）初，在元軍的圍攻下堅守達六年之久的襄、樊二城相繼陷落，守將呂文煥投降。次年，蒙元大軍水陸並進，大舉發動了滅宋戰爭，早已被賈似道一夥奸臣蛀空了的南宋王朝陷入一片混亂之中。度宗一命嗚呼，四歲的兒子趙㬎即位，朝政由謝太后主持，她一面嚴命賈似道出都御敵，一面詔告天下，要各地起兵勤王。德祐元年（一二七五年）正月，文天祥接到勤王詔書，痛哭流涕，然後傳檄諸路，招兵買馬，軍費不足，他就傾家出資，在短短時間裡，便組織了三萬義兵。曾有朋友相勸：「目下元軍三路進攻，你以烏合之眾迎敵，無異驅群羊以鬥猛虎。」文天祥回答說：「我何嘗不知力量的懸殊，但國家有急，徵天下之兵，竟無一人一騎前往，我深以為恨，所以自不量力，以身赴難，或許由此天下義士群起響應，那麼，社稷還是可以保全的。」

但是，南宋朝廷卻給文天祥當頭潑了一瓢冷水。原來此時有人進讒言，說文天祥的隊伍是烏合之眾，如同兒戲，毫無作戰能力。此時賈似道已因兵敗被革職流放，朝政由陳宜中主持，他信以為真，下令不許文天祥入衛臨安（今杭州）。但在愛國之士的強烈要求下，加之前方戰事日緊，這才同意讓文天祥率軍進了臨安。不久，平江（今江蘇蘇州）受到威脅，文天祥率軍支援，給敵人以打擊，但因南宋朝廷的錯誤指揮，結果平江陷落，文天祥在這年十一月回到了臨安。

此時元朝大兵壓境，南宋小朝廷面臨著最後的選擇——是戰還是降。很多官吏、將領或降或逃，連左丞相留夢炎也棄官逃跑了，主張抵抗的只有文天祥、張世傑等少數人。這時主持朝政的陳宜中與謝太后都主張投降，文天祥無奈，退而求其次，他又提出請三宮（太皇太后、皇太后、皇帝）入海，福王、沂王分駐閩廣，再圖恢復的建議。仍沒人理睬，朝廷已決意投降。德祐二年（一二七六年）正月，朝廷向元軍獻上降表、傳國璽。元軍表示接受投降，並要求陳宜中出城商議投降事宜。右丞相陳宜中怕被扣留，又怕擔負賣國罪責，結果連夜逃走了。張世傑不願投降，率兵揚帆入海，前往福州。在這種情況下，謝太后任命文天祥為右丞相，命其前往元營議降。文天祥接受使命，希望一則可以觀察形勢，一則企圖以口舌打動敵人。想法雖未免天真，但這種臨危不懼、捨身救國的精神卻十分感人。

正月二十日，文天祥率賈余慶等人來到元營，元方統帥伯顏首先發言：「丞相來談投降的事嗎？」文天祥則說：「那是前丞相一手辦理的，我一概不知，現太皇太后命我為相，我還未就任，先來軍前商量。」他頓了頓，接著說：「本朝承帝王正統，不知北朝究竟想把它作為國家來對待呢？還是要毀它的社稷？」

文天祥這幾句擊中了要害，當年賈似道私締和約，許以重利，哄得蒙古退兵，事後又不報給朝廷，為使「抗元英雄」的面具不被揭破，居然扣留蒙古使臣，元朝這次發兵，就是以此為藉口，並沒有說要滅掉南宋。

伯顏正是為滅宋而來，雖理不直但氣壯，他堅持要文天祥投降，而文天祥則要求他退兵。在辯論上他不是文天祥的對手，於是拿出了最後的辦法，聲色俱厲地以死相威脅。不料文天祥毫無懼色。伯顏只好扣留文天祥，把賈余慶放了回去。

賈余慶被放回後第二天便被任命為右丞相，代表南宋前來投降，伯顏特意讓文天祥和他坐在一起，看到賈余慶的醜惡表演，文天祥怒火滿腔，大罵賈余慶賣國。

二月初五日，六歲的皇帝趙㬎宣布退位，然後率大臣投降，元軍接收之後，押往北方。

消息傳來，文天祥放聲大哭，元方屢次相勸，都無法打動他，一次元朝官員問他吉王、信王的下落，這使他心中又重燃希望之火，於是振奮地答道：「非閩即廣，大宋疆土萬里，盡有世界在！」元朝官吏頗露驚愕之色，他們開始意識到這場戰爭並未結束。對宋戰爭以來，元方很是輕視南宋朝廷，但沒想到卻有如此忠肝義膽的人物，也不知該如何處理，便決定把文天祥押往北方。

伯顏脅迫宋朝一些大臣作「祈請使」，到大都（今北京）去朝見忽必烈，文天祥也被逼一起前去，但他沒有什麼身分，形同囚犯。他們從臨安出發，沿運河北上，文天祥決計逃走，一路尋找機會。在鎮江，得到一個為元軍做事的漢人老兵的幫助，冒死逃出了虎口，當他們一行十二人登上小船時，元兵追來，很巧此時潮退水落，元軍的大船擱在淺處，動彈不得，眼看著文天祥等人乘船遠去。

文天祥來到已成孤城的真州（今江蘇儀征），當地百姓聽說文丞相來到，頓時傾巷來迎，文天祥悲喜交集，特別是看到百姓穿著宋朝的服飾，更像遊子歸鄉那樣激動、興奮。真州與朝廷不通音信已有數月，守將苗再成對大宋忠心耿耿，他聽了文天祥的訴說流淚不止，不過一想到文丞相到來，自覺有了信心，挽回大局或許不是癡人說夢。

元軍發現文天祥逃走後，便使了個惡毒的借刀殺人之計，故意散布文天祥已經降元、正在真州賺城的謠言。消息傳來，苗再成也起了疑心，他想文天祥是丞相，定會被嚴密監視，怎能逃脫？更沒有十二個人一起逃脫之理。但他不忍加害，使了個計策，把文天祥騙出城去，然後關上了城門。

站在荒草之中，望著落日西斜，文天祥心如刀割。不料歷盡苦難，逃出虎口，卻落得今日下場，一種天下之大，無處容身之慼湧上心頭，幾滴熱淚奪眶而出。不過文天祥是鐵石心腸的男兒，他叫起同伴，毅然向宋軍占領下的揚州走去。

不知又經歷了多少磨難，文天祥一行來到了揚州城下。此時正是夜半時分，城門不開，一行人深一腳淺一腳地進入城外一座只剩殘垣斷壁的古廟，不顧地上骯髒，都坐下來相偎取暖。四更的梆子聲響過，城門大開，但一個驚人的消息傳來，城門守兵正嚴格盤查，指名捉拿文天祥。

怎麼辦？一行人爭論紛紛，有人主張進城，理由是揚州守將或許容他們申辯，不會加害，即使被殺，這裡也是大宋的疆土。但杜滸堅決反對，他主張先找個地方暫避，待天黑後赴高郵，然後經通州（今江蘇南通）渡海到閩廣尋找二王。不過從這裡到通州要五六百里，又值兵荒馬亂之時，所以無人附和杜滸。正巧此時他們找到個樵夫，與他一談，樵夫答應送他們去通州，於是大家才同意。

一路上歷盡飢寒、疾病、潰兵的騷擾、元軍的追擊，終於在德祐二年（一二七六年）三月二十八日到達通州。當地守將不相信他們投降了元朝，熱情地接待了他們。經過幾個月的磨難，在此終於獲得了暫時的安穩。文天祥把路上所寫的一百餘首詩結集為《指南錄》，敘述了一路的艱辛和壯烈。

在通州，文天祥獲得了一個令人振奮的消息：吉王趙昰、信王趙昺已到達福建，陸秀夫、張世傑、陳宜中等人都在溫州，準備重建朝廷，正號召忠臣義士前去勤王。他決定立即前往。閏三月十七日，文天祥離開通州，揚帆向南。出海那天，他佇立船頭，賦詩明志：

幾日隨風北海遊，回從揚子大江頭。

忠奸抗衡

臣心一片磁針石，不指南方不肯休。

經過十幾天的航行，船在台州（今浙江臨海）靠岸。文天祥從陸路趕往溫州，這時大元帥府已遷至福州，他與陳宜中派來的使臣一商量，便同意擁立吉王，因為只要有了皇帝，就像徵著朝廷的存在，就可以號召天下了。

五月初一日，吉王在福州登極，改元景炎，是為端宗皇帝。文天祥被召到福州，又被授予右相的職位，但他力辭不受，因為把持朝政的陳宜中怕文天祥威脅他的地位，所以不但不採納文天祥收復江淮、浙東的計畫，還百般排斥他，文天祥也看不起陳宜中的為人。南宋末年國家艱危，大臣們還不能同心對敵，這就注定了其失敗的命運。

景炎元年（一二七六年）七月，文天祥到達南劍州（今福建南平），聚兵以圖收復江西。由於元軍暴行累累，所以義旗一舉，參軍者絡繹不絕，他率這支隊伍攻占汀州，又出兵江西，很快打開了局面。但這時福建的形勢惡化，元軍攻入福建，宋端宗、陳宜中等人下海，從此南宋小朝廷遊蕩於海中，再未在大陸上行使過中央權力。

文天祥在大陸上堅持抗敵，也經歷了多次失敗，景炎二年（一二七七年）八月，一次戰敗使他妻離子散，夫人和兩個女兒為元軍所俘，但他並沒有灰心喪氣，而是依然以旺盛的意志鬥爭著。

南宋小朝廷的厄運一件接著一件。景炎三年（一二七八年）四月，端宗趙昰病死了，陳宜中也逃走了，而且一去不返。陸秀夫、張世傑擁立八歲的趙昺即位，改元祥興。六月，朝廷遷到崖山。崖山位於廣東新會縣南八十多里外的海中，這方圓幾十里的彈丸之地，成了南宋的最後一個落腳點。八月，朝廷加封文天祥為少保、信國公。但此時元王朝已下定決心，最後剿滅南宋政權，任命張弘範為都元帥，大軍水陸並進。

形勢萬分危急，文天祥一面上報朝廷，一面加緊布置。十二月二十日中午，由於當地降人引路，文天祥在五坡嶺突然被俘。最後關頭，將領紛紛拔劍自殺，文天祥自殺不成，被押往元軍大營，去見張弘範。一路上元軍一再叮囑，見了張元帥一定要下跪。文天祥說：「我見了伯顏都不跪，何況張弘範！」元軍問故，文天祥閉目而答：「能死不能跪！」

不過張弘範並沒有為難他，反而好言相勸，親解其縛，又找來幾個宋軍戰俘服侍他，只是嚴加戒備，以防再逃。這次進攻崖山，文天祥也被押來，所以才有請他勸降一事。文天祥作詩明志，在張弘範看來也是意料中的事。在敵強我弱的情況下張弘範決定固守待援，暫不開戰。

敗軍之將，不可言勇。張世傑是敗怕了，他深知此戰若能取勝，局勢或許會有轉機，若是失敗，連退路也沒有了。所以他不敢主動出擊，而是用繩把船連在一起，這樣就只能守而不能攻，置已於被動地位。文天祥每天度日如年，盼望宋軍能主動來攻，但最後盼到的卻是敵人援軍已到的消息，他心中痛苦萬分。

元軍封鎖海口，切斷了宋軍淡水來源。宋軍取海水解渴，紛紛嘔吐，戰鬥力因此大降。至元十六年（一二七九年）二月六日，元軍發動總攻，宋軍英勇反擊，但抵不住元軍的輪番衝鋒。元軍紛紛躍上宋船，從這一船殺向另一船，雙方展開肉搏戰。張世傑一看大勢不好，決心突圍。他派人駕小舟去接皇帝，但護衛皇帝的陸秀夫卻不准：一則不相信這小舟能穿過戰火，把皇帝送過去；再則不認識來人，怕元軍騙取皇帝。他決定與皇帝一起殉難。他命妻子兒女跳海後，抱起九歲的皇帝跳入冰冷的海中。楊太后目睹此景，悲痛萬分，也跳入海中，大臣、宮女們也紛紛跳海。

張世傑雖率少數艦船突圍，但途中突遇颱風，他怒吼著跳入波濤翻滾的大海。碧海忠魂永遠受到後人的紀念。

身囚在元船上的文天祥親眼看到了宋軍的覆沒，這是一種怎樣的折磨啊！鐵石心腸的他也肝膽欲裂，他後來記道：「崖山之敗，親所目擊，痛苦酷罰，無以勝堪，時日夕謀蹈海，而防範不可出矣！」只能「坐北舟中，向南慟哭」。他憤然賦詩：

一朝天昏風雨惡，炮火雷飛箭星落。
誰雌誰雄頃刻分，流屍漂血洋水渾。
昨朝南船滿崖海，今朝只有北船在。
昨夜兩邊桴鼓鳴，今夜船船鼾睡聲。
北兵去家八千里，椎牛釃酒人人喜。
惟有孤臣兩淚垂，冥冥不敢向人啼。
六龍杳靄知何處，大海茫茫隔煙霧。
我欲借劍斬佞臣，黃金橫帶為何人？

元軍取得了最後的勝利，但他們也不能不佩服對手的壯烈。幾天後，一具具屍體陸續漂浮起來，竟達十多萬具，其中很多人是跳海自盡的。元軍從一具幼童的屍體上找到了大宋的玉璽，在中國亡國史上，這應該是最壯烈的一幕吧！

張弘範落了個千載罵名。其實，他原是金朝人，與宋朝並無君臣之義。若從漢族立場批評他助元滅宋，也不是今天我們所應持有的價值觀。歲月會淹沒許多歷史恩怨，實事求是地說，張弘範也是一代名臣，在政治、文化上多有建樹，他參與這場戰爭，也在內心中留下了抹不去的痛苦和內疚，他曾作詩道：

磨劍劍石石鼎裂，飲馬長江江水竭。
我軍百萬戰袍紅，盡是江南兒女血！

三月十三日，文天祥被押到廣州，次日，元軍大擺筵席，一以慶功，一以勸降文天祥。張弘範作出極恭謙的樣子，對文天祥說：「宋朝已亡，丞相忠孝之事已畢，即殺身成仁，誰又能把這一事蹟宣付國史？丞相如能以此忠心改事我朝，大元相位，非丞相還能有誰。」

文天祥心痛如剮，他憤激地說：「國亡不能救，為臣子者死有餘罪，怎還敢苟且偷生！」

副元帥龐鈔兒赤見話不投機，趕緊勸酒讓菜，以轉移話題，不料文天祥怒目而視。龐鈔兒赤見他不「禮尚往來」，便破口大罵，文天祥毫不示弱，拍案而起，與他對罵起來。結果「宴會」不歡而散。

張弘範無法打動文天祥，只好如實向忽必烈報告。忽必烈讚歎道：「誰家無忠臣！」他命張弘範將文天祥送往大都，無論如何，要使文天祥成為元朝的一代名相。

至元十六年（一二七九年）四月二十二日清晨，一場大雨過後，碧空如洗，也給初夏的羊城帶來了幾分涼意。當朝日初升之際，二十幾匹戰馬嘶鳴著衝出城門，消逝在北行的大路上。

這是文天祥被押赴大都的萬里行程的起點，一起押送的還有宋禮部侍郎鄧光薦，他是在崖山之戰中投海不死而被俘的，一家十二口都在戰亂中喪生。二人結伴而行，對彼此都是一種鼓舞。行前，文天祥說：「這次北行，大不了一死，也可能會像漢蘇武那樣被放逐絕域。不過光薦，路還長呢！你我都不必作楚囚之狀。」所以二人振奮精神，拍馬向前。

負責押解的是都尉石嵩和將官囊家歹，他們是張弘範的心腹，所以才委以如此重任。不過這實在是樁苦差事，長途跋涉不說，而且戰亂之後地方不安定，出一點閃失他們十個腦袋也賠不起，加上文天祥雖是囚犯，卻要優待，至少表面上不能太為難他，這也增加了押送的難度，所以他們都一肚子火。

好在從廣州到南安軍（今江西大餘）這一程路還算安靜，所以石嵩等人還不擔心會有什麼閃失。只是南國初夏多雨，道路泥濘，自然不敢走，怕萬一馬失前蹄，摔死了文丞相，而一旦雨過天晴，文天祥又詩興大發，山澗流水，萬壑松風，往往引得他一坐就是大半天。文丞相脾氣大，也不敢催促，所以一直走了一個月零三天，才到了南安軍。

下一程走水路，棄馬登舟，石嵩等人鬆了口氣。不料文天祥提出個要求，要派僕人孫禮登岸趕到廬陵，代他到父親的墳前祭告一番，然後孫禮再到吉州上船。石嵩也答應了。

石嵩對囊家歹說此事，大受埋怨。囊說：「你險些上當，三年前文天祥在這裡起事，從者數萬，現在這裡還有許多勤王軍餘部，萬一他們來劫人，我們哪裡是對手？文天祥詭計多端，他分明是叫孫禮送信去。」一聽他這一說石嵩大為後悔，立即扣住孫禮不讓他走，並把文天祥鎖在舟中，不讓其出來，嚴密控制，以防走漏消息。

其實這二人多慮了，文天祥祭奠其父的心情是真誠的，並不是要找人來救，如果說這裡有個祕密的話，那就是他要自殺。因為路過故鄉，聯想到當年數萬子弟隨他勤王，大多戰死疆場，故想一死以殉，況且能死在故鄉的土地上，也算死而無憾了。至於死法，他選擇了絕食，他估計七八天後孫禮趕到吉州時，自己就會餓死。

這下石嵩等人驚慌了。文天祥要是真的餓死了，自己勞而無功不說，朝廷要追究起來，還不知如何交代。他們勸文天祥，直說得舌敝唇焦，仍不見一點效果。萬分無法，他們居然想強行灌食，這自然招致文天祥的痛斥，最後還是囊家歹出了個主意，讓鄧光薦去勸說。兩位老友隔絕已有數日，見文天祥面容憔悴，鄧光薦心裡十分難受，他緩緩地說：「文山，你要為國盡忠，我不敢壞你的大節，不過死在這荒江僻野之中，有點兒不明不白，北朝不知會以此做什麼文章，我看還是從長計議吧！」文天祥聽他說得有理，沉思片刻，決定不再絕食。

石嵩等人十分高興，不過高興之餘，囊家歹不免嘀咕，他對石嵩說：「這文天祥不知又搞什麼花樣，還是小心為妙，上次文天祥被俘脫逃，就是身邊隨從幫的忙。為保萬無一失，我看應遣去隨從，這就等於拔去他的翅膀了。」石嵩連稱高明，把文天祥身邊的四五個隨從打發走了。

船過鄱陽湖，出湖口，入長江，向建康（今南京）進發。這一程路經過安慶、池州、魯港、採石磯等地，沿途不少古戰場，時時引起文天祥對往事的緬懷和感嘆。

「這長江天險，保我大宋百餘年江山，如今天險依在，而國破家亡，看來只靠天險還是不行。」鄧光薦感慨地說。

「長江還有險，國中自無人。」文天祥信口念罷，接著說：「古來憑險據守，關鍵還是要擇將，如孫權火燒赤壁，虞允文采石大破金軍。我朝之事，先是壞在賈似道身上，當年襄陽被圍，他私締和約，又隱瞞不報，實在是貽害深遠；二是壞在襄陽守將呂文煥身上，他投降獻城，使天險盡失；三又是壞在賈似道身上，當年大兵集結魯港，有精兵十三萬，舳艫相銜百里，國事非不可為，但他卻依賴孫虎臣，這人上了前線還帶著姬妾，未戰先逃，國事越發不可收拾。」

「賈、孫不足道也，這呂文煥是個可惜的人物，他堅守襄陽五六年，也難為了他，若能堅持到底，是個可入忠義傳的人物。」鄧光薦惋惜地說。

文天祥說：「上次我到北營中，見到了呂文煥，他做了叛逆，還來勸我，我責問他投降之事，他也說什麼朝廷不去救援之故。不過光薦，春秋之義，責備賢者；力窮絕援，就該殉國，貪生怕死，既辜負朝廷，又辱沒家聲，千秋萬世都要受人唾罵。」

「文山，百年前金兵百萬來侵，兩淮之地俱失，虞允文只率二萬新敗之卒，在這采石磯大敗金軍，社稷轉危為安，為何我大宋如今竟無一個這樣的人才呢？」鄧光薦感慨地問。

沉思半晌，文天祥嘆了口氣說：「國運盡矣！」

二人娓娓而談，一腔孤忠，萬般感慨。然而他們也無法揭示宋滅元興這一歷史現象，不識廬山真面目，或許正由於他們身在此山中吧！

六月十二日，文天祥到達建康。這裡曾是南宋重鎮。為防止他逃脫，元軍對他貼身監視，行動很不自由，文天祥與鄧光薦談詩論古，以打發時光。

「文山，我抄得一首好詞，作者是王清慧，本是我朝宮中女官，名分是昭儀（妃嬪中的一級），被押往北方，途中作了這首詞，現正廣為傳唱。」鄧光薦興奮地說。

文天祥展開一看，是首《滿江紅》：

太液芙蓉，渾不似舊時顏色。曾記得春風雨露，玉樓金闕。名播蘭馨后妃裡，暈潮蓮臉君王側。忽一聲鼙鼓揭天來，繁華歇。龍虎散，風雲滅。千古恨，憑誰說！對山河百二，淚盈襟血。客館夜驚塵土夢，宮車曉輾關山月。問姮娥於我肯從容，同圓缺。

「是首好詞，惜末句少商量，此時正應共赴國難，怎可逃避呢！」文天祥說罷步原韻和了一首《滿江紅‧代王夫人作》：

試問琵琶，胡沙外怎生風色。最苦是姚黃一朵，移根仙闕。王母歡闌瑤宴罷，仙人淚灑金盤側。聽行宮半夜雨淋鈴，聲聲歇。採雲散，香塵滅。銅駝恨，那堪說。想男女慷慨，嚼穿齦血，回首昭陽離落日，傷心銅雀迎新月。算妾身不願似天家，金甌缺。

詞中用典頗多，如琵琶喻王昭君，姚黃本牡丹名，這裡指宮女，銅駝指戰亂，銅雀喻山河易主等。鄧光薦讀罷，連稱好詞，主題相同但意境大異，一股豪邁之氣充於其間。

文天祥要起程了，但鄧光薦卻病倒了，不能隨他北去了。臨別，兩位難友握手互勉，淚下如雨，贈詞留念。

八月二十四日，文天祥從建康經水路去淮安。沿途經過的真州、揚州、高郵，都是他當年落難經過的地方。在真州想到當年脫險前來，萬人空巷的歡迎場面，想到當地守將苗再成如今已經犧牲，不禁感慨地唱道：「山川如識我，故舊更無人。」每到一處，都勾起他痛苦的回憶，真可謂是「痛定思痛，痛何如哉！」

儘管元軍嚴密封鎖消息，但文天祥北上的消息還是走漏了，兩淮志士謀奪文天祥。但這次元軍警戒特嚴，文天祥的小舟前後有船夾護，兩岸有蒙古兵挾弓持戈巡邏，文天祥則被鎖於艙中。兩淮志士無機下手，眼看著船隊北上，從此，就再沒有機會了。

九月初一日到達淮安，棄舟換馬，文天祥的心情沉重起來。因為一則對南方人來說，過了淮河就等於到了北方；再則宋金長期以淮水為界，過了淮河就等於到了北國。加之此處古戰場甚多，觸景生情，感慨良多。在此他又一次堅定決心，寫了一首《過淮河宿闞石有感》：「北征垂半年，依依只南土；今晨渡淮河，始覺非故宇。」「我為綱常謀，有身不得顧。妻兮莫望夫，子兮莫望父。」

「時時逢北人，什伍扶征鞍。雲我戍江南，當軍身屬官。」戰亂之後，人煙少見，常見到的只是一隊隊南下的蒙古兵，他們與押解文天祥的元軍談了起來，紛紛訴說這場戰爭給他們帶來的不幸和對戰爭的厭倦，這使文天祥又思索了很久。

「漠漠地千里，垂垂天四圍。」「煙火無一家，荒草青漫漫。」北方的荒涼使文天祥感到壓抑。而在桃園卻看到了另一番景象，在綠色的山野間，炊煙縷縷，草舍點點，真不愧是桃源之地，他由此看到了生機，感到欣慰。

越往北走，文天祥的處境越壞，因為這是元朝統治鞏固的地區。過了徐州之後，秋雨綿綿，道路泥濘，一片蕭瑟景象。由於在建康耽誤了時間，這時只好冒雨趕路。元軍給了文天祥一頂笠子和兩條氈子，遮在身上，風勁雨斜，也起不了什麼作用。

文天祥一路賦詩，抒發情懷，又遙想歷史上的英烈，以此來激勵自己。在山東平原，他想起了奮起抵抗安祿山叛軍的唐代大書法家顏真卿，他讚道：「公死於今六百年，忠精赫赫雷行天。」在白溝河他又想起北宋末年張叔夜與金兵作戰，兵敗被俘，投到白溝河中自殺的往事，他決定做張叔夜的後來者：「我死還在燕，烈烈同肝腸。」「文武道不墮，我輩將堂堂。」

北方人民同樣敬佩文天祥，這令他感動不已。他們在河間一家燒餅鋪歇腳時，主人一聽來者是文丞相，想到自己祖上也是大宋百姓，出於對英雄的敬佩，立即請文天祥寫幾個字留念。文天祥毫不推讓，立即寫詩相贈。

十月初一日清晨，一陣野雞的啼鳴把文天祥喚醒。推窗而望，但見白茫茫的大地盡頭現出一縷朝陽。他深深吸了口北國初冬清新的空氣，心中暗想：這萬里征程就要結束了。

文天祥一行過盧溝橋時，天已黃昏，所以到達大都時就是萬家燈火了。各衙門早已關門，石嵩等人換不來公文，所以監獄不收。又是囊家歹出了個主意，把文天祥送到會同館，不料該館官員打著官腔，說這裡只接待南朝降官，不收留囚犯，急得石嵩打躬作揖，對方才板著臉同意收留一夜，這樣一來，文天祥的待遇就可想而知了。

不料次日該館官員態度大變，非但未趕他搬家，反而把他請到這裡最好的房子中住下，又擺上盛筵，低三下四地請文天祥入席。文天祥心中詫異，忙問究竟，那官員稱是孛羅丞相吩咐的。文天祥連連冷笑，知道這是元王朝的第一個花招，他拒而不受，面南而坐，等著一個個人物的登場。

第一個來人是留夢炎。元統治者真會挑人，此人出身、職位和文天祥相同，都是狀元、宰相，當年臨安吃緊之時，棄官而逃，不久又投降元朝。留夢炎一進門，文天祥一眼認出，頓時火冒三丈，破口大罵：「留夢炎，你貴為天子門生，位極人臣，大宋如此待你，你卻做了反賊，如今三尺童子都在罵你，你居然有臉來見我！你還有廉恥嗎？」留夢炎早知文天祥會如此相待，只因主子之命，不敢不從，如今見文天祥這樣說，趕緊趁機下台，連說：「我不是人，我沒廉恥。」然後面紅耳赤地走了。

第二個出場的是趙㬎，他投降元朝後，被押來大都，已被削去帝號，封為瀛國公。元朝派他來目的有二，一是以君臣之義來打動文天祥，再者你不是會罵嘛！你若罵故主，看你還做什麼忠臣。但文天祥卻處理得很得體，他見趙㬎來到，立即請他在上，自己面北而跪，連聲說「聖駕請回」。可憐的趙㬎只有九歲，哪裡懂得什麼勸降，聽他這麼說，也怏怏而歸。

「你們南朝君臣都是窩囊廢，連句話也不會說，怎麼見了文天祥都像老鼠見貓？難怪你們會亡國！」阿合馬破口大罵。他是花剌子模人，出身商人世家，天生一張騙人的利嘴，又善「理財」，頗得忽必烈的信任，現任中書平章，權傾朝野。他罵完宋朝君臣後，決定親自出馬，剛柔並用，說服文天祥。不過他不是去會同館，而是命人把文天祥帶來。

文天祥被帶來了，他昂首闊步來到堂上，作了個揖，然後在阿合馬面前坐了下來。

「知道我是誰嗎？」阿合馬問。

「聽說是宰相。」文天祥輕蔑地回答。

「既然知道，為何不跪！」阿合馬厲聲說。

「南宰相見北宰相，怎麼能跪？」文天祥寸步不讓。

阿合馬見文天祥到了今日還自稱宰相，便奚落地說：「你為什麼到這裡來了？」

文天祥則不緊不慢地說：「南朝如早日用我為相，北方人就到不了南方，南方人也不會到北方來。」

阿合馬想不出用什麼話來駁倒他，竟以死相威脅，不料文天祥竟淡然一笑。這分明是嘲諷與輕視。阿合馬怒火中燒，不過也拿他沒辦法，只好一甩袖子，沒趣地走了。

一計不成，又施一計。元統治者改變了對文天祥的優待，企圖以肉體摧殘來使他屈服。從堂上下來，獄卒就將他捆上雙手，戴上木枷，押到兵馬司衙門一間土牢裡囚禁起來。獄中生活可想而知，每日只有一錢五分的伙食費，飲食粗劣不堪入口，睡的是高低不平的土炕，身上蝨子多得捉不完。後來木枷雖然去掉，但頸上還繫著鐵鍊。更可恨是獄卒那凶狠的態度。文天祥到大都來只求一死，不料死也不易。「亦知戛戛楚囚難，無奈天生一寸丹」，就因為有這顆赤誠的丹心，一切苦難便都忍了下來。

十一月初九日，孛羅丞相召文天祥到樞密院，為了壯大聲勢，在心理上產生震懾作用，大堂及兩廡刀槍林立，殺氣騰騰，元政府的主要官吏也都來了。

文天祥步入大堂，作了個揖，昂然而立。通事（翻譯）大喝一聲：「跪！」

文天祥一動不動。

差役一擁而上，來按文天祥，他就勢坐在地上，差役們也無可奈何。

孛羅見文天祥如此倔強，便決定先不勸降，擬在辯論上駁倒文天祥，你不是自認為是忠臣嗎？我偏說你不是忠臣。

孛羅開口了：「古時候有沒有人臣把土地城池送給別國，自己逃掉的呢？」他指的是文天祥被俘脫逃一事。不料卻被文天祥抓住了破綻。文天祥說：「把土地城池送給別國，就是賣國，有所利而為之；既然逃走就不是賣國。從前我出使伯顏軍中，無理被拘，本應一死殉國，之所以不死，是因為度宗還有兩個兒子在浙東。」

孛羅自以為抓住了把柄，問：「德祐皇帝（趙㬎）不是你的君主嗎？」

「是。」

「棄君主而另立二王，如何是忠臣？」

文天祥回答：「德祐皇帝不幸被擄，此時社稷為重，君為輕，為社稷打算，就是忠臣。就像本朝隨徽欽二帝到北方的，不是忠臣；擁立高宗，才是忠臣。」

孛羅一時語塞，場面十分尷尬，一個官員走上前去，耳語一番，孛羅才接著「提問」：「宋高宗自有來歷，二王受誰的命為帝，再說，二王是逃走之人，立得不正，是篡位。」

文天祥起而反駁：「景炎皇帝是度宗長子，德祐皇帝之兄，如何是不正？登極於德祐去位之後，如何是篡位？陳丞相奉二王出宮，是太皇太后之命，怎麼是無所受命？」這幾句話駁倒了對方的論點，元朝官員一時提不出問題了，但又不甘心讓文天祥占上風。過了一會兒，孛羅問：「你立二王，做出了什麼功勞？」文天祥淡淡地說：「我立君上以存宗廟，不計較什麼功勞。」孛羅緊接著追問一句：「既知做不得，何必做？」孛羅自覺占了上風，得意起來，不料文天祥打了個比方，他說：「人臣事君，如子事父，父有疾病，明知不可救，豈有不下藥之理？」這下，孛羅啞口無言了。

最後，孛羅問文天祥今後有何打算，文天祥請求一死，孛羅又神氣起來，說你要死，我偏不讓你死，而是長期監禁你。文天祥反唇相譏，說我死都不怕，還怕監禁？孛羅不料又碰了個釘子，大發雷霆，破口大罵，但通事沒有翻譯。

文天祥被帶回牢房，元統治者也不再糾纏他了，他們擬用長期監禁來消磨他的意志。

這間牢房寬八尺，深三丈二，可謂十分寬敞，但沒有窗，白天也是陰森森的。冬季滿屋冰霜，這對長於江南的文天祥來說是一大痛苦。夏天又熱得讓人喘不過氣來。至元十七年（一二八〇年）夏，大雨幾次湧進地勢低窪的牢房。那夜大雨傾盆，頃刻之間牢房就積水盈尺，老鼠掙扎著跑出洞口，滿屋亂竄，紛紛溺死水中。文天祥呼喊獄卒，但無人回應，只好在風雨中坐待天明。

雨過天晴，獄卒開溝放水，地上又一片泥濘，無處下腳，而且天氣轉熱，室內如蒸籠一般。一個「好心」的獄卒弄來一些垃圾，把室內填高，這樣一來雖無水患，卻臭不可聞。獄卒在門外燒火做飯，火氣烤人，附近米倉中陳米的味道和廁所的臭味也不時隨風而來。他統計過，這裡有土氣、水氣、日氣、米氣、火氣、穢氣、人氣七種惡味。在這樣的環境中一關就是兩年，此間他身體未垮，意志未倒，靠的就是胸中一團正氣。他讀史詠詩，寫出了氣壯山河的《正氣歌》。

日子雖然難過，但還算安靜。然而元統治者又生一計，擬用骨肉親情來打動他。一日，他突然收到了三年多杳無音信的女兒柳娘的來信，這才知道夫人和兩個女兒都在大都宮裡當女僕，過著奴隸般的生活。他一直思念著妻兒，北來途中曾作長歌表達這種感情，本以為他們已死於戰亂，今日方知不但活著，而且近在咫尺，這該是怎樣的一種折磨啊！

「人誰無骨肉，恨與海俱深」。文天祥手捧書信，淚下如雨，心如刀割。他明白，只要投降，不僅骨肉可以團聚，女兒還可過上金枝玉葉的生活，他大聲喊著「奈何！奈何！」但他決定忍痛割捨兒女之情，沒有給女兒回信，為的是讓女兒絕望，但在給妹妹的信中字字血淚地傾訴了此事：「收柳女信，痛割腸胃，人誰無妻兒骨肉之情，但今日事到這裡，於義當死，乃是命也，奈何！奈何！……可令柳女、環女好做人，爹爹管不得。淚下，哽咽！哽咽！」

文天祥的弟弟已投降了元軍，這時也被派來勸降。這次兄弟見面與接到女兒信時心情大不一樣，二人沒說什麼，弟弟拿出元朝寶鈔四百貫留給哥哥，文天祥這才說了句「此逆物也，我不受」，弟弟收起寶鈔流著淚走了。

元朝統治者絞盡腦汁勸降文天祥，其原因有三：其一，他們要採用漢法，以儒治國，文天祥是狀元、宰相，是深通儒家之道的人士，自然受到他們的重視；其二，以文天祥的地位、聲望，一旦投降，有利於安撫尚不穩固的東南地區；其三，元朝統治者深知文天祥是忠臣，他們不願擔殺忠臣之名，而不殺他的前提便是文天祥須投降。

至元十九年（一二八二年）八月，忽必烈回到大都，聽了群臣的介紹，更加器重文天祥的為人，他一面下令改善文天祥的待遇，一面表示他一旦投降，將給以高官顯位。文天祥拒絕接受優待，並表示：「管仲不死，功名顯於天下；天祥不死，而盡棄其平生，遺臭於萬年，將焉用之？」長期的磨難使他變得更加堅強了。

此時，一些漢宮商議保釋文天祥，條件是讓他出家當道士。這樣文天祥可保住性命，而元王朝也免去了殺忠臣的惡名。但留夢炎一則出於私怨，再則也怕擔風險，極力表示反對，他說：「文公贛州起兵的志向，鎮江脫身的心思，一點都未改，如果放他出去，他再鬧出事來，我輩如何脫得關係？」大家一聽，也很害怕，終於打消了這個念頭。

此時漢族人民的反抗十分激烈，京城中也出現匿名信，提出要起事造反，救出文丞相。在這種情況下，元統治者決定處理此案，十二月八日，忽必烈召見文天祥，做最後的勸降。

文天祥走上金殿，長揖不跪，侍衛強命他跪，被忽必烈制止了。

忽必烈說：「你在這裡有三年了吧，宋朝滅亡也有三年了，為父守孝也不過三年，你的忠心天日可鑑，你如能移此忠心改事我朝，朕可命你在中書省有一坐處。」

「天祥是大宋狀元宰相，國亡與亡，只求速死，不當久生。」文天祥冷冷地說。

「不當宰相，就當樞密。」忽必烈說。

「不當！」

「你想怎樣？」

「死！」

一陣沉默之後，忽必烈拍案而言：「好男子！朕成全你。」

十二月初九日，大都的柴市人山人海，人民流淚為這位民族英雄送行，監斬官恐怕有變，一面嚴加戒備，一面向人民解釋：「文丞相是南朝忠臣，皇帝讓他做宰相，他不願意，現遂他所願，賜他一死，非殺犯人可比！」

在金鼓聲中，囚車由遠及近，文天祥神態安詳，毫無懼色。

「丞相還有什麼話說？」監斬官問。

「哪邊是南方？」文天祥問。

文天祥撲倒在地，向故國的方向致最高的敬禮，一瞬間，他想起了死去的親人、犧牲的戰友，一種偉大、崇高之感油然而生。

「丞相還有什麼話說，回奏尚可免死。」監斬官不放過最後的機會。

「沒有！」話音剛落，人群中傳出了哭聲。

文天祥昂然而立，從容就義，終年四十七歲。他以一腔熱血捍衛了人格和信念的尊嚴。

人們在他遺體的衣帶間發現了一篇遺書：

「吾位居將相，不能救社稷，正天下，軍敗國辱，為囚虜，其當死久矣！頃被執以來，欲引決而無間，今天與之機，謹南向百拜以死。其贊曰：孔曰成仁，孟曰取義，惟其義盡，所以仁至。讀聖賢書，所學何事？而今而後，庶幾無愧！宋丞相文天祥絕筆。」

遺書寫於當年春天，氣勢磅礴，字裡行間，滲透著忠臣的血淚。

至元二十年（一二八三年），他的靈柩被運回故鄉，他的戰友作祭文緬懷他的壯烈，其中有曰：「名相烈士，合為一傳，三千年間，人不兩見。」這個評價，他是當之無愧的。

今天看來，宋滅元興是歷史的必然，南宋君主昏庸，奸臣當道，種種腐敗，不一而足；反觀元朝立國之初，人才濟濟，生氣勃勃。文天祥是忠於南宋的，他是以封建正統觀和夷狄觀來看待宋滅元興的。應該指出，這不是我們今天所應持有的歷史觀。但是，這並不意味著文天祥的死是無意義的。他忠於南宋，也忠於祖國，更忠於信念，他那種以身許國、不畏強暴、百折不回、不屈不撓的精神，他所提出的「正氣」，不正是中華民族立於不敗之地的根源嗎？

在人格上，他堪稱一代完人。有人評價說：「忠臣、孝子、大魁、宰相，古今惟公一人。」他處國家傾覆之時，不計利害，歷盡艱苦，被俘後在威逼、利誘下矢志不移，大節不改。慷慨赴死易，從容就義難。他經歷了生死、富貴、貧賤、親情的考驗，真正做到了威武不能屈、貧賤不能移，正是孟子所說的大丈夫。

在事業上，他是勝利者。他的鬥爭具有反抗民族壓迫的歷史意義。無論是在戰場上，還是在囚室中，他從不氣餒，堅持鬥爭，元統治者只能奪去他的生命，卻征服不了他的心靈，他是勝利者，是中華民族的英雄。

文天祥雖然寫過「留取丹心照汗青」的詩句，但他並沒有企望能名垂青史，一度甚至認為「亡國大夫誰為傳」，「只饒野史與人看」，如能在墳前立塊「宋故忠臣墓」的石碑，就死而無憾了。但他的人格征服了千萬人的心靈，包括他的敵人，在元、明、清三代，他是備受尊崇的人物。

「忠肝義膽不可狀，要與人間留好樣」，文天祥永遠是仁人志士的楷模，鬥爭者的旗幟，他的獨立人格、高尚品德、抗爭意識、愛國情操，永遠是中華民族的精神財富。

元初奸佞

一般來說，一個王朝的開創階段，政治是相對清明的。明主賢臣，人才濟濟，才能造就出一個革故鼎新之局。但元朝初年，卻出現了一個權傾朝野、為非作歹長達二十餘年的奸臣——阿合馬，而且，這個阿合馬既不是名門之後，又不是戰將勳臣，而是一個奴僕出身的低賤之人，這就不能不引人注目了。

十三世紀，蒙古崛起於東方，幾次震撼世界的征討，建立了橫跨歐亞的大帝國。

阿合馬是回回人，出生於花剌子模國費納克忒城（今烏茲別克的塔什干西南），生年不詳。該國後來在蒙古西征中被滅，阿合馬就投到蒙古弘吉剌部首領按陳那顏的帳下當差。他高高的個頭，健壯的身材，滿頭捲髮，高鼻樑上有一雙機靈的眼睛，初次見面就使按陳那顏對他有了好感，將他交給愛女察必驅使。由於阿合馬事事揣摩主子意圖，當差很會巴結，所以不久就成了察必的親信。

阿合馬的命運發生了轉機，不久，察必嫁給忽必烈為妻，阿合馬作為「嫁妝」，自然跟了過去，他有了接近忽必烈的機會，而且，由於他機靈、聰慧，忽必烈對他也頗有好感。此時忽必烈還不是蒙古大汗，不過他雄心勃勃，廣攬人才。

草原金秋，涼風習習，每到傍晚，一群謀臣策士便來到忽必烈的帳前，主客席地而坐，大講治國之道。常來的人有王鶚、郝經、劉秉忠等人，後來還來了個叫廉希憲的畏兀兒（今維吾爾族）人，由於常常往來，阿合馬對他們也熟悉了。王鄂據說是金朝狀元，架子也大。郝經為人隨和，上茶時他總點頭致謝，但後來出使南宋，就再也沒有看見他。最可惡的是廉希憲，年紀不大，又不是漢人，卻滿口的孔孟之道，見了自己從不理睬，而偏偏忽必烈就喜歡他，一見他來就眉開眼笑，「廉孟子、廉孟子」（廉希憲綽號）叫得親熱。

這天劉秉忠講漢初君臣辯論的故事，正說到大臣陸賈向高祖進言：馬上得天下，不能馬上治天下。廉孟子也隨聲附和，說什麼只有文武並用，才是長治久安之道。聽得阿合馬心中一陣冷笑：哼！什麼馬上馬下的，治國就如同商人做買賣。這些書呆子就只會高談闊論，要是自己有朝一日能施展才幹，定會讓天下人刮目相看。才想到這兒，忽必烈嫌茶水涼了，喊著要換茶，阿合馬又連忙上前斟茶倒水。

西元一二六〇年，忽必烈登上了蒙古大汗的寶座，史稱元世祖。他變通祖制，採用漢法，很多中原名士來到了他的帳下，一時人才濟濟，頗具開國規模，當然，很多蒙古貴族對此是頗為不滿的。

這時，發生了兩個事件為阿合馬提供了出人頭地的機會。西元一二六二年，漢族官僚李璮起兵倒戈。這個李璮是山東益都（今山東壽光縣境）行省長官，在此經營三十餘年，為成就帝業，趁忽必烈剛就帝位，防務空虛之機，發動了兵變。兵變雖然很快被平定，但無疑給忽必烈重用漢人的政策以沉重打擊。忽必烈不敢重用漢人，轉而留心西域人。

再則蒙古立國以來連年征戰，國庫空虛，總靠搶掠畢竟不是長久之計。忽必烈即位之初又連年災荒，百姓背井離鄉，赤地千里，賦稅大減。而仗不能不打，飯也不能不吃，面對空空如也的國庫，面對急如星火般催討軍糧的使臣，他急需找一位善理財的人。

忽必烈愁眉不展，主人的心事阿合馬心中自然曉得。幾年間他跟隨忽必烈形影不離，也算是心腹了，而且還弄了個什麼「同知」的頭銜。蒙古不像漢族宮廷那樣禮法森嚴，所以他說話也比較隨便。

「陛下，高談闊論是漢人之長，衝鋒打仗是蒙古之長，若說理財，那還得數我們回回人呀！」阿合馬說。

忽必烈說：「這點我知道，但不知我朝回回人中誰堪此任呢？」

「奴才出身商人之家，從小受父母陶冶，頗知將本求利之道。其實，這治國與經商也有相似之處，若陛下信賴，奴才願一試。」

一連串的變故使忽必烈在用人上舉步維艱，蒙古內部權力之爭激烈、漢人表裡不一，未必都願臣服，是否可以信賴都成疑問，眼下這個阿合馬雖說是個奴才，但正因如此才沒有以上兩方面的問題，況且是自己的親信，何妨讓他一試。想到這裡，便對阿合馬說：「要按漢人法度，你這奴才終身無出頭之日，我們蒙古不講這些，況天下初創，一切不能悉如章法，朕可命你一試，但你要忠公體國，效法先賢，你知道我說的先賢是誰嗎？」

「奴才不知，請陛下開導。」阿合馬心中大喜過望，不過表面上還是惶恐卑謙的樣子。

忽必烈陷入往日的沉思中，緩緩地說：「我說的先賢是吾圖撒合理，這是我們蒙古的稱呼，漢名叫耶律楚才，是契丹人。我們蒙古以游牧征戰為業，不知理財，當年奪取中原土地，還想改為牧場，楚才力諫不可，並創賦稅之法，本朝賦稅制度就是由他一手規劃，取之於民，用之有度，國家受益匪淺。更可貴的是他經手天下貢賦，能做到一塵不染，兩袖清風，這點你要以他為楷模。楚才故去，已有十八年了。」忽必烈娓娓而談，阿合馬則做出傾聽的樣子。

「你還要學學廉孟子，多讀些書。」忽必烈囑咐他。

提起廉希憲，阿合馬心中就不快，但他知道這廉孟子擁戴忽必烈登上汗位，立了大功，現在是忽必烈跟前的「大紅人」，所以便極誠懇地答應了下來。不久，忽必烈任命阿合馬領中書左右部，兼諸路都轉運使，獨攬財賦大權，這年是西元一二六二年。

阿合馬上任後，接連做了兩件很有成績的事：一件是官辦冶鐵。在農業國家中，礦冶就算是規模最大的工業了，而礦冶中又以鐵冶為主。阿合馬向忽必烈進言：目前鐵冶多是私人為之，這樣財賦不僅流入了民間，而且也不利國家的穩定，應由國家控制起來，改為官辦。忽必烈自然同意。於是阿合馬決定把冶鐵戶組織起來，改為官辦，並擴大規模，產品按定額上交國家，交不足額便要處罪，然後由國家實行鐵器專賣。雖然產品質次價高，而且農民還要跑很遠的路才能買到，但國家因此而擴大了收入。這樣每年產鐵約一百萬斤，鑄成農具二十萬件，可換成官糧四萬餘石。接著，這一制度又推行到與人民生活關係最為密切的食鹽貿易中，禁止販運私鹽，由國家壟斷鹽業，自然是又開了一個財源。

其二是追徵和擅增賦稅，原來由於災荒或戰亂等因素朝廷免過許多地區的賦稅，而阿合馬則要重新追徵。他認真「調查」後採取了從人民身上榨取更多血汗的辦法：把官吏收入與稅收額掛上了鉤。以前稅額固定，與地方官收入無關，所以有的地方拖欠嚴重，甚至有的地方官為圖清閒，居然編造些「天災人禍」，請求朝廷把賦稅一免了之。這回阿合馬規定超額者賞，不足者罰，於是地方官都「積極」起來，逼得各地人民傾家蕩產，賣兒賣女。

阿合馬的花樣還有許多，這裡不過僅是舉其大者。

阿合馬得意洋洋，西元一二六四年初冬的一天，他帶著稅課帳本，又帶上大批中原特產，趕到上都（今內蒙古正藍旗東閃電河北岸），向忽必烈報功。琳瑯滿目的中原特產小到女人的胭脂，大到木器几案，擺滿了忽必烈的帳前，加上阿合馬那一張巧言善辯的利嘴，說得忽必烈十分高興，連連誇讚，並提升他為中書平章政事，進階榮祿大夫，兩年後設立制國用使司，又以阿合馬兼領使職。

阿合馬又提出了一個新花樣，他向忽必烈進言，實行「撲買」制度。這是一種包稅制度，即對酒、醋、墟市（集市）、渡口等稅收，由政府預估應徵數額，招商承包，承包商（撲買人）向政府交納了保證金後，就取得了徵稅權，徵收多少國家不再過問。這種制度因是苛政，廉希憲首先起而反對：「國家稅收若無定額，而是取之無度，小民何以為生！」忽必烈也覺言之有理，就沒有同意。

阿合馬自有辦法，他打聽到廉希憲退朝後，便前去見忽必烈，說：「撲買之事，實出無奈，國家用度日繁，今年大駕去上都一次，就要支出四千錠，而且不久將要對南宋用兵，臣位職中書，到時供應不上，可就罪無可逭了。」

「你說的也不無道理，但國家稅收委之商人，恐怕也非為政治國之道吧！」忽必烈多少有點動心了。

「本來就是權宜之計，非常時期事貴從權，臣為國理財，自應任勞任怨。」他還想說些廉孟子沽名釣譽之類的話，不過話到嘴邊又吞了回去。

忽必烈見他說得也不無道理，加之軍用正急，也就答應了。結果不久就大見其效。如陝西一地稅額由原來的一點九萬錠增加到五點四萬錠，但忽必烈不知包稅商人從人民手中收取了高於這一數額幾十倍的利益，人民被逼得四處逃亡，史載陝西人口一年之中減少了幾十萬，這在當時是個巨大的數字。

假若阿合馬把搜刮的錢財悉入國庫，那麼充其量他不過是個「酷吏」，而事實則不然，他把大量財富據為己有。據載他家有馬八九千匹，珠玉幾百石，使用的農奴達七千多人，真稱得上是富可敵國了。而且阿合馬生性好淫，得勢後廣置姬妾，達四十九人之多，而且多數是搶來或地方官獻上來的。

只要是他看中的女子，就絕無倖免的可能。所以，阿合馬是個道道地地的貪官、惡霸。

阿合馬只怕兩個人，一是廉希憲，他文武雙全，二十四歲就出任關西道宣撫使，又有擁立忽必烈之功，而且為政清廉，為人剛毅，軟硬不吃。阿合馬拿他沒有辦法，只好敬而遠之。二是怕安童，安童是忽必烈的親戚，又居相位，為人直言敢諫，阿合馬曾建議升安童為三公，妄圖虛給名聲，實奪其權，但陰謀用意被人識破，沒有得逞。

西元一二六八年，在廉希憲等人的建議下，忽必烈決定設立御史台，負責監察百官。消息傳來，阿合馬心驚肉跳，這些年自已為所欲為，就是因為朝廷制度不健全，這御史台一設，豈不束縛了自己。於是他當堂表示反對：「陛下，設御史台是漢朝家法，與我蒙古國情不合，設這個機構，只會徒起紛爭，朝廷恐怕就要多事了。」

忽必烈不以為然，命廉希憲回答阿合馬的「顧慮」。廉希憲開口道：「設立監察機構，是古來就有的制度，在朝內可彈劾奸邪之臣，在朝外能及時發覺非常之事，訪求民間疾苦，沒有比這個制度更有效的了。」

「這是中原文治之法，目下天下未靖，正是用武之時，若事事牽制，讓我們怎麼辦事！」阿合馬有些氣急敗壞了。

廉希憲厲聲說：「如果沒有這個機構，讓上上下下、大大小小的奸臣恣意妄為，貪贓枉法，虐害百姓，難道反能把事情辦好嗎？」

這下擊中了要害，阿合馬雙目圓瞪，但張張嘴，吞了口唾沫，沒有做聲。

御史台成立不久，先查出了阿合馬集團侵吞大量公糧和現金的問題。忽必烈召來阿合馬，不待訊問，一頓板子先打得他哭天喊地。打完之後，再命他從實招來。

阿合馬揮淚哭訴：「陛下垂教，無論雷霆雨露，臣都甘之如飴，只是陛下誤聽人言，臣不能不辯。臣為國理財，經手巨萬，自有緩急輕重，有的入帳，有的尚未入帳，怎可說我貪污？不信陛下可命人再去清查。」他見忽必烈半信半疑，便接著說：「當前軍費大增，臣日夜憂慮，只怕供應不上，所以有時不擇手段，故而很遭人忌，陛下要明察。」

這點擊中了忽必烈的要害，此時北邊諸王舉兵叛亂，南邊正伐南宋，近十萬大軍已開始包圍襄樊，而東對日本的征討也在準備之中，加上蒙古貴族生活腐化，忽必烈確實為錢傷透了腦筋。他本想教訓阿合馬一頓，讓他有所收斂，但又怕他因此而裹足不前，致使軍費無著，所以，便緩和了一下口氣說：「你這奴才，御史台的調查當不致空穴來風，你自應有則改之，無則加勉，正因為朕依賴你，所以才管教你，你不可因此而心存懈志。」

阿合馬見忽必烈態度急轉，便乘機進言：「財務之事，目下牽制太多，許多官員不懂此道，又橫加干預，臣建議成立專門機構，由臣掌管。」他見忽必烈有些動心，便加重語氣說：「如此，臣擔保把國庫收入再提高二成。」

阿合馬抓住忽必烈急需軍費的心理，一番努力，果然成功。至元七年（一二七〇年），忽必烈批准了阿合馬的建議，成立尚書省，並任命阿合馬為平章尚書省事。他大權在握，躊躇滿志，在心裡一遍又一遍地念道：廉孟子呀廉孟子，總有一天要讓你知道我的厲害。

一系列的變故使阿合馬大長見識，看來要想在朝中站穩腳跟，光有錢還不行，還必須有人、有權。於是他開始廣植私黨，攬權自重。

阿合馬的手法十分露骨，按當時的制度，朝廷用人，要先由吏部擬定資品，呈尚書省，再由尚書省與中書省商議後確定。而阿合馬根本不理這一套，他用人既不透過吏部，也不與中書省商議，愛用什麼人就用什麼人，而且舉「賢」不避親，什麼子侄、岳父、小舅子、心腹爪牙都委以要職。如長子忽辛任大都路總管兼大興府尹，後來又升任中書右丞，另一個兒子抹速忽任杭州達魯花赤（蒙語意為鎮壓者，有總轄官之意，總攬地方軍政、民政之權），連家奴也出掌軍政。右丞相安童自然不服，上告忽必烈，而忽必烈居然不信。阿合馬上朝奏事，又專找忽必烈高興或酒醉之時，說話又專揀好聽的說，這樣一來，安童竟拿他沒辦法。

至元九年（一二七二年），尚書省與中書省合併，表面上是平等合併，實際上阿合馬以尚書省的班底兼併了中書省，從此，阿合馬實際上控制了朝政。

阿合馬專權過甚招致很多官吏的不滿，廉希憲經過調查，發現他不少劣跡，於是上報給忽必烈。忽必烈也覺過分，便找阿合馬來核實。阿合馬見躲不過去，只好硬著頭皮來到朝堂。當問及他擄掠婦女一事時，他竟鼓動如簧之舌巧辯，說什麼是女子自願的。廉希憲怒不可遏，操起棍子迎面就打，阿合馬跪在地上，躲閃不及，吃了不少虧。

若是在十年前，廉希憲肯打他一頓，他甚至會高興得燒香祭祖，而如今已不再是奴才了，而是權傾朝野的大臣，當著文武百官的面被打得哭爹喊娘，這口氣怎能咽得下。他故意來到宮裡，先找皇后添油加醋地哭訴一番，接著又去見忽必烈，畢竟是多年的主僕關係，說見就見，見到忽必烈，他拜倒在地，哭求做主。

「那都是你幹的好事！告訴你，落到廉孟子手裡，只打一頓，還不是便宜了你。那些金枝玉葉的貴族、駙馬，他都敢管束，何況你這奴才。」忽必烈說。

「陛下，臣為國理財，得罪了很多人，我是代人受過呀！這個且不去說，廉孟子也太跋扈了，前些日子陛下下詔，雖說是下令釋囚，可也不能誰都放，有些大奸大惡者自應不在此例，但廉孟子把匿贊馬丁也放了！」

「什麼，廉孟子放了匿贊馬丁！」

「本來沒他的事兒，臣見放匿贊馬丁不妥，前去有司責問，但廉孟子見臣去責問，二話沒說，找來判狀，補籤上他的名字，他是陛下信任之臣，臣就不敢說什麼了。」

忽必烈動怒了，第二天找來廉希憲一問，果有其事，於是質問道：「詔書只是叫你們釋放京師囚犯，怎能釋放匿贊馬丁呢？」不料廉希憲頂了一句：「臣未聽說另有不准釋放匿贊馬丁的詔書。」忽必烈理屈惱怒，一氣之下罷了廉希憲的官。

阿合馬拍手稱快，不過他高興得太早了，忽必烈不久就後悔了，他希望廉希憲向他認個「錯」，以便體面地重新起用。但等了幾天，不見動靜，便問侍臣廉希憲在家做什麼。阿合馬聽出了弦外之音，惟恐廉希憲東山再起，便搶著說：「他整天跟老婆孩子吃喝玩樂罷了。」不料遭到忽必烈一頓訓斥：「你胡說，希憲清貧廉潔，人所共知，他拿什麼吃喝玩樂？」阿合馬嚇得大氣不敢出。廉希憲晚年多病，醫生囑咐用砂糖煎藥吃，當時砂糖是貴重物品，家人無處去弄，阿合馬得知後派人送來二斤，以拉攏關係，廉希憲嚴詞拒絕，他說：「假若砂糖真能救命，我也不會用奸人給的砂糖來活命！」這話傳到忽必烈耳中，便馬上賜給砂糖。

不過阿合馬還是部分地達到了目的，廉希憲雖然很快復起，但已不在朝中任職，而是到邊遠地區任地方官。不久，安童也被排擠出朝，去奉命出鎮北邊，這樣一來，阿合馬就沒有了顧忌。

這時對宋的戰爭進入白熱化階段，朝廷急需軍費，阿合馬又有了施展「才幹」的機會。他知道，蒙古王朝這部軍事機器的潤滑劑就是金錢，誰能弄到錢，誰就是大功臣，而在弄錢方面，誰也比不上他。

其實阿合馬弄錢也並沒什麼高明之處，他不過就是敢於殘忍地搾取百姓，敢於最大限度地搜刮民財。其手法有三：一是濫發鈔幣，蒙古自西元一二六〇年起印造「中統元寶交鈔」，簡稱「寶鈔」，當時頗有信用，每兩貫「寶鈔」可換銀一兩，阿合馬利用人民對「寶鈔」的信賴，大量印發，又把各處官庫中的鈔本銀運到大都，以供揮霍，致使「寶鈔」無處兌銀，結果大量貶值，物價飛漲，最後一擔「寶鈔」還買不到一斗小米；二是普遍加稅，甚至連死人也要交「喪葬稅」，否則不准下葬，搞得被譽為天下糧倉的杭嘉湖地區也不免饑饉；三是大搞專賣，凡是百姓日用所需的鹽、鐵、絲、茶等都由國家專賣，私人不得染指，價格又定得奇高，百姓深受其害。

蒙古軍事機器又活躍起來了，一度入不敷出的國庫開始充盈了。阿合馬得意洋洋地向忽必烈報功請賞，得到了忽必烈的進一步信任。阿合馬排斥了左丞相忽都察兒之後，造成相位虛懸，阿合馬以平章政事代行相權，史載忽必烈「奇其才，授以政柄，言無不從」。

阿合馬成了眾多朝臣巴結的對象，有的文人向他獻詩獻賦，歌功頌德，有商賈向他大量行賄，有官吏為他出謀劃策，為了討得他的歡心，甚至有人把妻子、姐妹獻給他。他的私黨最多日竟達七百餘人，這些私黨們相互勾結，肆意魚肉百姓，侵吞國家財物，搞得全國怨聲載道，「天下之人無不思食其肉。」

忽必烈對阿合馬是信任的，但正直之士不斷向他揭發阿合馬的罪行，也引起了他的一些警惕。中書左丞崔斌向忽必烈指出阿合馬「一門悉處要津」，並且為非作歹。忽必烈也覺阿合馬做得太過分了，便下令免了其子的官職。但阿合馬在朝中炙手可熱，自然有人為他奔走說情，不久，又都官復原職了。

國子祭酒許衡也提醒忽必烈，阿合馬一門掌管軍國大權是不祥之兆。他說：「國家事權，兵民財三者而已。今其父典民與財，子又典兵，不可。」忽必烈沉思半晌，說：「卿慮其反邪？」許衡斷然說：「彼雖不反，此反道也！」忽必烈不是昏庸的君主，他部分採納了一些意見，對阿合馬略有裁抑，但並未從根本上解決這一問題，或許他尚未來得及解決這一問題。

阿合馬耳目靈通，他決定誅鋤異己，首先拿秦長卿開刀。

秦長卿是忽必烈的宿衛，品級雖低，但膽識過人，他目睹阿合馬為非作歹，毅然上疏，請誅奸臣。

忽必烈周圍滿是阿合馬的耳目，當晚阿合馬便得知了此事，並看到秦長卿奏疏的副本，其中有這樣幾句：「其為政擅生殺人，人畏憚之，固莫敢言，然怨毒亦已甚矣。觀其禁絕異議，杜塞忠言，其情似秦趙高；私蓄逾公家貲，覬覦非望，其事似漢董卓。」阿合馬看得咬牙切齒，恨不得立即殺掉秦長卿。

一個小小的宿衛自然無力撼動阿合馬這棵大樹，加之忽必烈忙於軍事，也無暇過問，結果便不了了之。不久，地方上有個主管冶鐵的官職，阿合馬力薦秦長卿，說什麼他忠直敢言，才華過人，臣舉賢內不避親，但外亦不避仇。忽必烈見阿合馬如此識大體，深受感動。

一張無形的大網張開了，秦長卿到任不到一年，阿合馬就指使親信上疏誣告秦長卿貪污稅款，阿合馬立即板起面孔，將秦長卿下獄，妻兒老小都被株連，不過審來審去也沒審出什麼罪狀。

一天夜裡，阿合馬派親信帶厚禮去見兵部尚書張雄飛，請張下令殺掉秦長卿。張雄飛一口拒絕，來者進一步表示，如果張能辦成此事，將委以參政之職，不料張雄飛竟板起臉來，冷冷地說：「殺無罪者以求大官，吾不為也！」

阿合馬大怒：「哼！張雄飛也太不識抬舉了，我看他這個兵部尚書也當到頭了！」說罷他喚過僕人，授以密計。

結果，阿合馬派親信買通了獄卒，將秦長卿縛上四肢，用紙漿塞住口鼻，窒息而死。張雄飛也被逐出朝廷，外放為澧州安撫使。

前文提到的崔斌，由於屢次揭發阿合馬的罪狀，所以也是阿合馬伺機報復的對象，此時他正任江淮行省左丞。至元十七年（一二八〇年），阿合馬向忽必烈請示：「陛下，經臣幾年籌劃，國庫總算充盈。但目下戰事日少，官吏習於安樂，貪侈之風漸起，尤以江淮富庶，地方官更為腐化，臣擬派員前往清查，一以整飭吏治，一以再開財源，不知可否？」阿合馬堂皇的語言背後隱藏著一個陰險的計畫，忽必烈當然不知，還當他為國計民生打算，自然同意。

「清查」的結果可想而知，崔斌被「查」出偷盜官糧四十萬石及更換朝廷命官數百人的「罪行」。阿合馬趕緊向忽必烈報告，並趁機激怒忽必烈，然後趁熱打鐵，不顧法律程序便定為死罪，並突然行刑。消息傳來，太子真金正在吃飯，急得扔掉筷子，派人前去營救，但已經來不及了。

此時，曾使阿合馬畏懼的廉希憲已是病入膏肓了，太子派人前去探視，並請教治國之道。廉希憲掙扎著說：「治天下在用人，用君子則治，用小人則亂。臣病雖重，聽天由命，心裡憂慮的卻是大奸專政，群小阿附，誤國害民，這是國家的大病。殿下應勸諫皇上，趕快除去病根，否則就不可救藥了！」太子真金清楚他說的「大奸」、「群小」指的就是阿合馬及其黨羽，他並非不想除掉這班奸臣，但他也有難處，為保住太子地位，必須服從父皇，而父皇信任阿合馬，所以眼下還沒有辦法把阿合馬怎麼樣。

至元十七年十一月，傑出的畏兀兒族政治家廉希憲溘然長逝。消息傳開，人們痛哭流涕，阿合馬則高興異常，因為從此他將更無所顧忌了。

誰也沒有想到阿合馬的末日到了，而且事出突然，頗富傳奇色彩。

阿合馬爪牙遍天下，盤剝百姓，無惡不作。賦稅日重，百姓每年交完賦稅，往往就顆粒無存了，而偏偏至元十八年（一二八一年）秋，又傳來了一個火上澆油的消息，阿合馬還擬提高賦稅額，人民忍無可忍，恨不能食奸賊之肉。

義士王著首先站了出來，他決定刺殺阿合馬，為天下百姓除害。王著原是山東益都駐軍的下級軍官，是個行俠仗義之人。他找來朋友們一商議，便決定尋找機會，伺機施行。

機會來了。至元十九年（一二八二年）初春，忽必烈離開大都（今北京），前往上都巡幸。二十二年前，他在此即汗位，如今國家穩定，疆域遼闊，所以做故地之行。皇太子真金及大批官吏、衛士隨同前往，朝內只有阿合馬等人留守，較為空虛。

王著決定動手。三月十七日，他聯合八十餘名兄弟，假扮太子回京做佛事，由假扮的太子使臣到京通知阿合馬及留守大臣準備接駕。阿合馬不免狐疑，擔心有詐，心中十分緊張。如果真是太子回京，他必須小心應付，因為殺崔斌之事已得罪了太子。為保萬無一失，阿合馬派右司郎中脫歡察兒率精騎出城相迎，一以查看真偽，一以探聽來意，自己則率留守諸官在東宮迎候。

這夜天陰，漆黑一片。脫歡察兒率幾十名騎兵出城相迎，才走了十幾里，就迎上了「太子」的隊伍。因為任務在身，脫歡察兒顧不上行禮，先要看個究竟，結果被「太子」抓住把柄，立即以「無禮」之名將脫歡察兒等人斬於馬前，然後長驅入城。

「太子」騎在馬上，一路順利，直抵東宮門口。阿合馬等不到脫歡察兒，自然心慌，但此時已來不及多想，急忙跪下行禮，「太子」身旁的王著手疾眼快，一把揪住阿合馬，一錘將他打倒在地，接著又殺了阿合馬的同黨郝禎，百官不知何故，大驚失色，尚書張易首先覺醒，急速招來禁軍，結果王著及偽太子等人被擒，但阿合馬早已腦碎而亡。

阿合馬不得善終，是歷史、人民對奸臣的懲罰。但是，一個王朝新興之時，就出現如此權勢赫赫、氣焰沖天、為所欲為、不可一世的大奸，實在引人深思。

蒙元王朝崛起之時，確實人才濟濟，忽必烈也堪稱是一代偉大的君主。但是，由於蒙元是一個少數民族建立的政權，其統治者在用人上不能沒有偏見，蒙古人不善理財，漢人又不盡可信，於是阿合馬這個原本沒有根基的西域人就容易被重用。

史載阿合馬「為人多智巧言，以功利成效自負，眾咸稱其能」。看來他是個有一定能力的人。當然，今天看來他並沒有什麼高明之處，不過就是敢於殺雞取卵般地搜刮，但這在當時與蒙古軍隊的暴虐相比，是如出一轍，所以在忽必烈眼中這也算是成績、才幹而不是罪惡。

誠然，如果他能把搜掠所得悉交國庫，那麼他充其量是個「酷吏」，而不是奸臣。其實則不然，史載他家的財富有時超過了國庫，他排斥忠良，手段毒辣，他兼具蒙古貴族的暴虐、漢族官僚的無恥、西域商人的狡黠，所以忽必烈也曾被他蒙蔽。加之立國之初，制度不健全，也為阿合馬提供了為所欲為的條件。

忽必烈殘酷地鎮壓了王著發動的這場政變，以禮安葬了阿合馬。但不久大量的證據使他醒悟，於是他又說：「王著殺之，誠是也。」下令將阿合馬開棺戮屍，將其子侄全部處死，並沒收家產。史載當時「百官士庶，聚觀稱快」。

熱血千秋

正統十四年（一四四九年）八月十七日子時，在一陣驛馬的嘶鳴聲中，厚重的北京城門緩緩打開，一陣馬蹄聲滾過之後，夜空又恢復了寧靜。不料一個時辰後，禁城的後宮中傳來陣陣哭聲，這哭聲被初秋的微風吹得好遠。不久，文武百官陸續接到了一個驚人的消息：五十萬明軍在懷來附近的土木堡全軍覆滅，親征的明英宗被俘，生死不明。

這一變故來得突然，令留守在京的群臣們目瞪口呆。但英宗寵幸奸臣，不納忠言卻是由來已久，所以還要從頭說起。

明英宗九歲登極，此前的童年時光是在深宮高牆內度過的，未嚐過多少父母之愛，唯一親近的人就是「王先生」王振。這王振本是個落魄的讀書人，屢試不中，科場失意，眼看已屆而立之年，尚一無建樹，情急之下索性閹了自己，入宮作宦官。憑他的「學問」，不久做了太子的啟蒙教師。由於王振不像其他老師那樣刻板正經、孤陋寡聞，而是既見多識廣，又恭順卑謙，所以很得太子的好感，口口聲聲王先生，叫得王振頗遭人忌。不過王振為人謹慎，對大臣頗知敬重，行必讓路，見必請安，所以別人還抓不到他什麼短處。

九歲的皇帝還談不上昏聵。但明代中央集權最為澈底，「罷丞相不設」，雖使皇權少了威脅，但政務的紛繁也是皇帝一人難以承受的，所以大權往往旁落到皇帝的親信手中。那些讓人敬畏的白首老臣自然不如低頭弓腰，呼之即來，揮之即去的宦官可親，所以，登極不久的英宗就任命他的王先生掌司禮監事。

司禮監是明代宦官二十四衙門的中樞機關，它掌握著其他各監官員的升遷謫降大權，又兼管各種特務機構，還替皇帝管理各種奏章和文件，傳達諭旨。至於代皇帝批答章奏，那是明武宗以後的事。一朝權在手，便把令來行。王振掌握大權之後，漸漸收起了恭順的偽裝，變得跋扈起來，他把自己和英宗的關係比作「周公輔成王」，英宗居然不以為怪，而且一天不見王振就想得魂不守舍。每逢朝會大典，王振也不管太監不得參與的祖制，大搖大擺地登堂入室，百官還要向他羅拜。宮門上有塊太祖時留下的三尺高的鐵牌，上鑄「內臣不得干預政事」，心懷鬼胎的王振公然派人拆除。他利用英宗的寵信，交朋結黨，安插親信，控制國家要害部門，把死心塌地投靠他的徐晞提升為兵部尚書，以控制國家軍政。把自己的兩個侄子王山、王林分別提升為錦衣衛指揮同知、指揮僉事，以便更有力地控制錦衣衛。又以心腹馬順、郭敬、陳官等人為骨幹，大搞特務政治，從而逐漸組成了一個以王振為核心的陰謀集團。

王振控制了國家要害部門後，濫施淫威，排斥忠良，英宗不僅不加限制，反而仍舊事事依賴王振。文武百官見王振聖眷正隆，便紛紛諂事王振，賄賂之風大興。王振巧取豪奪，頓成巨富，他在京師的宅第簡直可以與宮殿相比。

也有不附逆的硬漢子，巡撫河南、山西的于謙為官清廉，剛直不阿，人民稱他為「于青天」，他進京奏事，朋友們都勸他帶上些禮物，即使不帶金銀，也應帶些土特產，以免惹來禍患，于謙不以為然，並作詩一首：

絹帕蘑菇與線香，本資民用反為殃。
兩袖清風朝天去，免得閭閻話短長。

果然，王振誣說于謙因長期得不到升遷而對皇上心懷不滿，把他投進監牢，後因山西、河山人民紛紛上書要求釋放于謙，就連當地的幾個皇室貴族也為于謙說情，王振見眾怒難犯，無奈只好放了于謙。

正統十四年（一四四九年），蒙古瓦剌部首領也先率部大舉侵明，西北將士連戰失利，告急的文書雪片般地飛向北京。生於太平，長於安樂的英宗哪見過這種局面，頓時慌了手腳，口口聲聲急喚「王先生」。

「王先生」並不著急，他胸有成竹地說：「陛下，我朝以馬上得天下，太祖、太宗都是久經戰陣，武功超邁千古。聖上何不效法祖宗，御駕親征呢？」

王振一番話說得英宗心頭癢癢的，不過，他還是有顧慮：「勝了固然好，要是敗了呢？」

「我朝這次征討，可調動五十萬大軍，對外可號稱百萬，加上皇帝親征，士氣大振，也先那幾萬人馬恐怕不勞王師討伐，就會望風潰逃，臣擔保勝券在握。」

王振看英宗有了些信心，趕忙下去布置。

聽說英宗要御駕親征，百官中的有識之士深知這種倉促的行動不僅會勞而無功，甚至會危及皇帝安全。這時兵部右侍郎于謙、吏部尚書王直等人紛紛勸阻，但在王振的挾持下，英宗主意已定，詔命弟弟郕王朱祁鈺留守，于謙留京代理兵部事務，命欽天監擇定出師的吉日。

七月十六日，英宗坐鎮中軍，五十萬明軍陸續出發。王振看著甲騎如流，刀槍如林的場面，內心志得意滿。他之所以策動英宗親征，一是他輕視敵軍，認為一戰而勝即可獲得聲望，又可擴大權力，何樂而不為呢？再者，他還有個不可告人的願望，他的老家山西蔚州靠近戰事激烈的大同，藉此機會拉著皇帝回家鄉看看，該是何等的榮耀啊！這也難怪，當年忍辱淨身，期待的不正是衣錦還鄉的這一天嗎？

過了居庸關，王振開始發現局面比預想得嚴重。連日風雨交加，道路泥濘，將士們頗有怨言，更嚴重的是軍糧供應不上，五十萬大軍每日需糧草近二百萬斤，由於出師倉促，毫無準備，幾乎無法供應，已經發生了士兵餓死的事件，隨駕而來的文武大臣乘機提出返駕回京。

回京將使自己顏面掃地，再說大話已經說出去了，王振鐵了心，決定一條道走到黑。他一面對英宗封鎖消息，一面嚴厲地壓制大臣們。

王振此時最大的願望就是瓦剌軍能自動退兵，不料也先聽說明朝皇帝親征，索性發了蠻勇，非要一決高下不可，而前線的明軍偏偏不爭氣，一戰即敗，一敗再敗。

八月初二日，心腹郭敬向他報告了各地明軍慘敗的消息，王振不得不考慮事態的嚴重性了。他向英宗試探著報告，英宗頓時驚慌起來，君臣二人倉促之間決定退兵。

凱旋的將軍是當不成了，但一想到可以繞道回老家蔚州走一趟，倒是也不虛此行。想起故鄉的山水，想起當年家鄉人的白眼相待，王振做著衣錦還鄉之夢。

但當大軍離蔚州只有幾十里路的時候，王振突然從衣錦還鄉夢中清醒了：這如同蝗蟲一般的五十萬潰軍還不把蔚州踏平、吃光、搶光？一想到這可怕的後果，王振便急命停止進軍，原路折回，繞道直奔宣府。由於這一改道耽擱了時間，初十日明軍到達宣府時；瓦剌軍也追到了。明軍且戰且退，十二日退到了土木堡。

土木堡離懷來城僅二十餘里，明軍完全有時間進城固守待援，但王振因自己的輜重車輛未到，拒不進城，結果明軍被包圍在此。此地無水，突圍無望，明軍飢渴難熬，軍心大亂。

兩天後，飢渴的士兵在瓦剌軍的攻勢下潰敗了。英宗見大勢已去，索性跳下馬來，盤膝而坐，束手待擒。王振早已嚇得魂飛魄散，還想逃跑，護軍將軍樊忠見狀高呼：「我為天下誅此賊！」一錘了結王振的性命。

這一仗，明朝五十多萬軍隊覆滅，二十多萬匹騾馬及大量器械、輜重被奪，五十多名隨行官員戰死，英宗被俘，史稱土木之變，本來平庸的英宗皇帝由此而永載史冊了。

天剛破曉，留守在京的文武大臣們匆忙趕到宮中，抱頭大哭。皇帝親征被俘是亙古少有的事情，今後是戰、是和還是逃，哪一著都關係著社稷的安危。群龍無首的大臣們多不敢先出主意，最好的表態就是放聲大哭，所以朝堂上哭聲一片。

于謙沒有哭，實際上是心憂如焚，欲哭無淚。他深知大禍之來是英宗寵信奸臣的必然結果，更深知國難當頭，代理兵部事務的自己肩頭責任的重大。他的眼中射出堅毅的目光，腦海中苦思著應變的計謀。

半個時辰之後，一聲尖細的「太后駕到」使文武百官的哭聲戛然而止，群臣們略整衣冠，跪下相迎。

太后也是哭紅了眼睛，她剛剛命人收拾了八車金寶，急速送往也先營中，試圖換回英宗。她也知道此舉十有八九是「偷雞不成反蝕把米」，但實在沒有別的辦法。太后平素不過問國事，常帶著嬪妃遊西苑，賞太液，不料風燭之年橫遭此禍，如今召見大臣，真不知說些什麼。朝堂之上一時鴉雀無聲，只聽見幾個大臣在無力地抽著鼻涕。

于謙看了看呆若木雞的群臣，首先開口了：「太后，也先兵馬很快就會兵臨北京，戰守之計，百端待舉，臣請太后快拿主意。」

「我哪有什麼主意，早知今日，真不如和宣宗一起去了。」太后說著又哭了起來。

「請太后節哀順變，早定大計。」見太后昏了頭，于謙提醒道：「國不可一日無君，這是當務之急啊！」他知道這一點定不下來，今後辦事就沒了章法。

「太子才兩歲。」太后剛一開口又哭了起來。因為帝王是終身制，只有英宗死後，太子才能接位，所以觸了太后的痛處，加之國難當頭，有賴長君，兩歲的孩子懂得什麼，所以群臣中沒人接話。

于謙見太后語無倫次，索性直言道：「太后，何不讓郕王監國，總領百官，代行君權。」

「啊！對呀，快擬旨吧！」太后豁然開朗。

朱祁鈺正要辭卻，于謙和幾位大臣趕忙勸道：「郕王，快謝恩吧！」

其實這一招很多大臣都想到了，但他們不願說，因為專制時代最忌諱臣子議論皇權的授受，所以于謙一開口大家都鬆了口氣，紛紛佩服于謙的膽識，當然也有人不以為然。

下一個問題是戰或逃。

翰林院侍講徐珵首先發言：「國事至此，惟南遷可避敵鋒。」

「所言差矣！文皇帝（成祖朱棣）定宮室靈寢於此，示子孫不拔之計也！」尚書胡榮起而反駁。

「京師只有不足十萬的羸弱之兵，又值大敗之後，再敗，只怕連南遷的機會都沒有了。」徐珵見這幾句話震住了太后和一些大臣，便頓了頓，接著說：「當年文皇帝置南京為陪都，留守官吏，經營宮室，為的就是子孫如有危難，可以緩急，怎可說此舉有悖祖宗之意呢？」

徐珵的話引起一些大臣內心的矛盾。當時北京經幾代皇帝的營建，已頗具規模，群臣們也多有家室財產在此，一般是不願遷都，但又覺徐珵此言也不無道理，所以一時議論紛紛，莫衷一是。

「再言南遷者當斬首！」于謙起身，厲聲說：「京師是天下的根本，一動則大勢去矣，難道不見宋南渡後的教訓嗎？京師高牆深壘，易於固守。也先孤軍深入，難於持久，各地勤王之師陸續開到，也先必不敢久戰，國事非不可為也。」

于謙一番話既講明了不該南遷的道理，又講清了能夠固守的理由，群臣心中踏實了許多。這次會議最後決定兩點：郕王朱祁鈺監國，代行皇權；固守京師，由于謙負責。于謙急命沿海抗倭軍北上勤王，又招募新兵，趕製兵器，嚴陣以待。

于謙鋒芒初露。他是浙江錢塘縣（今屬杭州）人，少有神童美譽，二十四歲便中進士，從此步入仕途。他平素為人嚴謹踏實，為官清正剛直，深受人民愛戴。英宗親征之前，應召入京，任兵部侍郎，留守北京，並代理兵部事務。

八月二十三日，朝堂上又發生了一場混亂，文武百官揪住馬順等幾名王振的死黨，當場活活打死。朱祁鈺見控制不住局勢，戰慄不安，起身欲走。于謙不顧個人安危，撥開人群，拉住朱祁鈺勸說他主持大局。於是，朱祁鈺宣布：馬順等罪在不赦，打死勿論；抄滅王振的家族。風波平息了，散朝時，吏部尚書王直拉著于謙的手激動地說：「國家依賴的正是您呀，今天的事就是一百個王直又有什麼用呢！」這時，于謙才發現自己的袖袍都已撕裂了。

接著，于謙就任兵部尚書，正式負責防衛工作。

也先得了英宗，視之為金不換的敲門磚，想以此叩開中原的大門。為了消除這一不利因素，安定人心，以利抗戰，九月六日，群臣擁立朱祁鈺繼皇帝位，遙尊英宗為太上皇，改元「景泰」，這樣一來，也先手中的英宗就談不上「奇貨可居」了。

忠奸抗衡

為了防止也先挾持英宗以詐誘邊將，以及明軍在作戰中會有投鼠忌器的顧慮，于謙提出了「社稷為重，君次之」的口號。十月初，也先挾英宗直撲北京城下，總兵石亨提出堅壁清野、固守城池、拖垮敵人的戰略。于謙認為這將示弱於敵，堅決主張主動出擊。他布置二十二萬軍隊於各城門，嚴明軍紀不許退卻。十月十一日，大敗也先於彰儀門外。也先於是揚言要釋放英宗，指名要于謙、王直等大臣出迎，想藉機扣留于謙，被拒絕。次日，明軍在各城門又略有斬獲。十三日，明軍與瓦剌軍在德勝門外展開激戰，當時黑雲壓頂，風雪突降，瓦剌軍陷入包圍之中，也先的弟弟戰死了。瓦剌軍轉攻西直門，也受到激烈的抵抗，城上城下矢飛如雨，喊殺震天，瓦剌軍大敗而退。次日，于謙又親自指揮明軍大敗敵軍於彰儀門外，戰鬥中，東郊居民也登上屋頂，飛磚擲瓦，喊殺助戰，瓦剌軍死傷慘重，被迫撤退，沿途又不斷遭到明朝軍民的打擊，最後，狼狽逃回塞北。

北京保衛戰的勝利不僅使明朝擺脫了重蹈北宋覆轍的命運，也使北方人民的生命財產免受了更大的損失，維護了國家的統一。于謙以軍功被加封為少保，總督軍務。他辭謝說：「京郊成了戰場，是我們這些臣子的恥辱，怎麼還敢得到獎賞呢？」戰爭期間，他廢寢忘食，日夜工作於官署、前線，保證了戰役的勝利。

也先大敗以後，屢見無機可乘，又怕失去互市的利益，無奈，於景泰元年（一四五〇年）秋送還了英宗，並遣使通貢，恢復了正常的互市關係。

北京保衛戰雖然勝利了，但于謙深知勝利來之不易，所以戰後便向景帝（朱祁鈺）提出了加強防務的建議。他盡職盡責，切實整頓，充實了北京周圍真定、保定、涿州、易州以及居庸關、山海關等處的防務。又整頓軍紀，改進武器。如製造了一種「火傘」，燃放時，可使敵方的戰馬驚潰；還製造出一種火銃，可連續發射，並增大了射程。此外，對京營的軍制也進行了改革，大大充實了以北京為中心的防衛力量。

但此時朝廷內部出現了矛盾。

首先，于謙成了一班奸邪小人忌恨的對象。在北京保衛戰中，于謙力挽狂瀾，有匡扶社稷之功，大將石亨功不如于謙卻被封侯，不知石亨是由於問心有愧，還是為了討好于謙，便保舉于謙的兒子于冕為官。于謙特地上疏景帝，批評石亨位居大將，未舉薦過一名隱居的賢士，提拔一名地位低微的能人，反而拿我的兒子來濫冒軍功，這是我堅決反對的。石亨氣量狹小，得知此事後一直怨恨于謙，不久又因侄子石彪仗勢欺人，貪婪凶橫，被于謙奏了一本，石亨更是惱火。原來主張南遷的徐理經于謙的批駁，聲名掃地，他見景帝連看見自己的名字都覺厭惡，索性改名徐有貞，他一直對于謙耿耿於懷。再來就是于謙剛直不阿，得罪了一批太監。由於景帝對于謙頗為倚重，加上這些奸邪小人還官不高、權不重，所以，矛盾還沒有激化。

其次是景帝和英宗的矛盾。英宗被放回來後，景帝視之為政敵，雖奉為太上皇，實際上把他軟禁起來了。英宗每日閒居無事，不知是閉門思過，還是仍然在想「王先生」。

景帝最大的心病是太子不是自己的兒子，而是英宗的兒子，是英宗被俘前所立的。為改變這種情況，景帝費盡苦心，終於在景泰三年（一四五二年）廢掉了原太子，另立自己的兒子為太子。此事在朝廷中引起了一些風波。不料一年後新太子病死，一些大臣又趁機要求恢復原來的太子，景帝沒有同意，或許他認為自己年紀尚輕，還來得及生個兒子，所以此事就擱了下來。

矛盾終於爆發了。到了景泰八年（一四五七年）正月，景帝還沒有生出兒子，自己卻病倒了。這使群臣們感到立太子的緊迫性，但此事又頗有難度，恢復英宗兒子的太子地位不會得到景帝的同意，而景帝又沒有兒子，如果從諸王中給景帝過繼個兒子，又不知如何選擇。

石亨突然想出了個主意：與其勞心費力擇立太子，不如恢復英宗的皇位，不費吹灰之力，便可做個大功臣。他馬上找來太監曹吉祥及幾位親信，一合計，都認為此計可行，但如何實施卻大費腦筋。曹吉祥見大家爭不出個結局，便建議道：「茲事體大，馬虎不得，須想個穩妥的辦法，徐有貞善於計謀，何不找他出個主意。」

徐有貞應召而至，聽完大家的介紹，他精神一振。自己做夢都巴不得景帝早點垮台，不料機會來得如此之快。他眼珠一轉，出了個主意：「將軍，此事到我這兒為止，不可再找人來商量，否則事機不密，一旦功敗垂成，你我將死無葬身之地。」他見石亨連連點頭，接著說：「此事的關鍵是能否把兵派入大內，而派兵入內，須有很硬的理由，如今皇上重病在身，又無太子，而偏偏邊疆報警，何不藉此理由，以備非常為名，納兵入大內呢？」

一番話說得石亨連連點頭，接著三人又密商瞭如何派兵，如何內應，如何做群臣工作等問題。

正月十六日四更時分，千餘名士兵以警衛皇宮為由，進入大內，在曹吉祥等宦官的接應引導下，撞倒宮門，把英宗從睡夢中拖起，送往奉天殿。英宗不知發生了什麼變故，嚇得半死，儘管曹吉祥一再解釋，還是半信半疑。

朝堂上擠滿了各部大臣，他們等候著早朝的召見。這時殿裡響起了鐘聲，聽到鐘聲，徐有貞得知政變成功，急呼：「太上皇復辟了！」曹吉祥急命百官分官朝賀，群臣們毫無思想準備，在壓力下只得唯唯諾諾。或許有人會想：英宗經過土木之變的挫折和幾年的閉門思過，可能會痛改前非，不再胡鬧，誰當皇帝還不是他朱皇帝的家事，所以群臣接受了這一事實。總之，政變成功了，史稱「南宮復辟」或「奪門之變」。景帝被廢，幾天後不明不白地死去。

但是，群臣們想錯了，英宗上台伊始，便殺了忠臣于謙。

英宗復辟之初，對石亨等人頗為感激，所以石亨當上了「忠國公」，徐有貞當了兵部尚書，這些奸臣們獨攬大權，首先製造了于謙的冤獄。又是徐有貞出的主意，他們向英宗誣告大學士王文和于謙擬迎立襄王的兒子做景帝的太子，昏庸的英宗不辨真偽，立即下令逮捕王文和于謙。于謙等人被捕後，徐有貞下令痛加拷打，王文抗辯道：「召親王須用金牌相符，遣人必有馬牌，可請有司去禁中勘驗，這些東西在是不在？」于謙對自己的處境已十分清楚，知道已落到奸臣之手，便從容地勸道：「石亨等人欲置我們於死地，辯也沒用！」審問的官員去禁中勘驗金牌相符，發現那些東西一應俱在，歸報徐有貞，不料徐有貞眼珠一瞪，說：「雖無顯跡，意有之。」最後，以「意欲」二字作為罪名，判定于謙、王文犯了謀逆的條律，該處極刑。經徐有貞的一再勸說，最後英宗批准了這一判決。于謙在北京慘遭殺害，當時行路嗟悼，天下冤之，京郊婦孺無不灑泣，抄家時，「無餘資，蕭然僅書籍耳」。抄家者見正房緊鎖，破門一看，原來裡面放著景帝賞賜的劍器、蟒衣等。

千錘萬鑿出深山，烈火焚燒若等閒。
粉身碎骨渾不怕，要留清白在人間。

于謙不是詩人，但他這首《石灰吟》卻是兒童傳唱，長老愛吟，幾百年不衰。究其原因恐怕不只是詩意的雄渾，更主要的還是詩作者一生的壯烈吧！

于謙和岳飛是同一類人物，他們都立下了匡扶社稷之功，又都以謀反罪被處死，定罪的手法也頗相似，一個是「莫須有」，一個是「意欲」，所略有不同的是于謙不僅是一位軍事家，而且更主要的是一位政治家，也正因此，他實現了岳飛的一句名言——文官不愛錢，武將不惜死。

還有一點不同的是岳飛被害是因為妨礙了高宗趙構和秦檜的私利——議和，而于謙被害僅僅是由於英宗和一些奸臣的私見——一種主觀上的不相容。于謙沒有威脅到明王朝皇權，更沒有危及英宗的皇位，總之，英宗沒有非殺于謙不可的理由，至於他的功勳，連英宗私下都是承認的。正因如此，于謙的遭遇便顯得更加悲慘。

個別封建史家指責于謙不知自保。是的，假若于謙略施計謀，恐怕景帝就不會迎回英宗並奉為「太上皇」，甚至英宗連性命都可能不保，更談不上後來的什麼「奪門之變」了。或者于謙能隨和一些，遇事留些餘地，那麼石亨、徐有貞也許不會非置他於死地不可。但他沒有這樣做。前者是今人難以理解的一種古代道德，而後者直到今天仍被歌頌——一種不計私利、剛直不阿精神。

于謙被害後，有個叫陳逵的官員感於忠義，收殮了他的遺骸，于謙的女婿朱驥將靈柩運回故鄉，葬於西湖三台山麓。憲宗成化初年，明政府為于謙平反昭雪，他在北京的故宅改為忠節祠，祠內懸有後人題寫的匾額——「熱血千秋」。數百年來于謙一直受到後人的敬仰，他永遠激勵著後代仁人志士捨生取義、前仆後繼。

相反，陷害于謙的三個奸臣都落得身敗名裂的下場。眼珠轉來轉去的徐有貞居然打起了石亨的主意，石亨找人向英宗一嘀咕，昏君的特點是說變臉就變臉，立即把徐有貞一腳踢開，先是逮捕下獄，後又流放遠方。

不過徐有貞的命運卻比石亨好得多。石亨品行不良，曾是個犯了罪的軍官，作戰倒還勇敢，這回成了「開國元勳」之後，更加趾高氣揚，連英宗都不放在眼裡，說起話來歪脖子瞪眼，居然一副「周公輔成王」的派頭。無奈這回「成王」不認這個「周公」，結果逼得這位曾誣說別人謀反的人自己卻真的謀起反來，石亨謀反最後謀到了獄中，不久就死在了那裡。

而石亨的下場又該讓曹吉祥羨慕了。自稱曹操後代的曹吉祥見英宗如此對待「功臣」，自覺心寒，為求自保，居然也想做曹操第二，不料政變半途而廢，曹吉祥被凌遲處死。

一系列的變故是否促使英宗有所悔悟呢？請看下面事實：英宗坐穩天下後，竟又思念起那位斷送了他前半生的「王先生」，不僅恢復了王振的官職，用檀香木刻成王振的形象，招魂安葬，而且還賜以「旌忠」的匾額。揭匾那天，英宗一邊揮淚，一邊向群臣宣講著王振「殉國」的壯烈，希望群臣以王振為楷模，盡忠報國。

天順八年（一四六四年），這位吃一塹不長一智的昏君「英年早逝」，年僅三十八歲，在位時間雖短，卻為明王朝開啟了一代風氣——寵幸宦官。

忠奸抗衡

青天海瑞

海南島——南天形勝，聳立著五指山，流淌著萬泉河。明正德九年（一五一四年），海瑞就出生在這個被古人視為天涯海角的神奇的地方。他自號剛峰，恰如南國峰巒的挺拔超群；他一生搏擊，不怕丟官、坐牢、殺頭，曾是婦孺皆知的人物。

明朝帝王自武宗以後，大多有所「追求」，如武宗佞佛、世宗崇道、神宗好酒、熹宗善打造木器等，治國倒成了「業餘」的事了。比較起來，就追求的執著而言，首推世宗。

世宗崇道，從他當皇帝的第二年起，直到嘉靖四十五年（一五六六年）海瑞上疏時止，長達四十四年，其最終目的是求長生不死。此間宮廷內外，香煙繚繞；朝堂之上，競談法事，整個國家儼然成了一個大道場。或許是世宗的誠心感動天地，所以祥瑞也特別多，今天地方官報告發現了白鶴，明天地方官又報告湧出了醴泉。報告者自然有賞，就是邊軍打了勝仗，受獎賞的不是將士，而是道士。至於嘉靖二十二年（一五四三年）宮女謀反，把世宗勒了個半死，更是上天的庇佑。但歸根到底世宗是否長生不死了呢？結論不答自明，買張門票到十三陵中一看可知。不過比起定陵已被發掘開放，明神宗的幽靈被觀光者攪得忐忑不安，世宗還算幸運，這或許是他崇道的報答吧！

一個億萬人大國的君主，把精力置於崇道，那國事誰來處理呢？嘉靖二十一年以前，世宗還要利用「業餘」時間過問一下，以後，便悉委之嚴嵩了。這嚴嵩可非等閒之輩，他是個詩人兼書法家，最擅長寫焚化祭天的賦體青詞，因此頗得世宗賞識。再則他為人隨和，就是見了宮中的小太監也能親熱地拉著手談上半天，對一般下級也是禮賢下士的模樣。他極富表演才能，說哭就哭，說笑就笑，雖年近六旬，卻精力充沛，整天圍在世宗屁股後頭轉來轉去，不知疲倦。他還善於逢迎，世宗給親近大臣每人做了一身道服，很多人嫌怪模怪樣，不去穿戴，惟有嚴嵩每天穿著上朝，因怕弄髒，還罩上輕紗。至於嚴嵩的為人，從下面一件事中可見：當時內閣首輔夏言擬彈劾嚴嵩，他聞信趕到夏家跪地哭求，夏言一時心軟，說聲「罷了」，便送客出門，但嚴嵩得勢，卻不肯「罷了」，反手殺了夏言。

嚴嵩主政，世宗專心訪道，於是便有陶仲文等人自稱求仙有術，世宗深信不疑，居然拜為師傅，封給高官顯爵，許其出入宮禁。陶仲文告訴世宗：只要不與其他人接觸，就有把握使之成仙。於是，世宗閉門修行，甚至連后妃、子女都不見，一連二十多年不上朝，文武大臣甚至不知道皇帝在什麼地方。太僕卿楊最和御史楊爵因為進諫，被酷刑折磨致死。相反，嚴嵩隨聲附和而深得皇帝的好感。嚴嵩還推薦了個叫顧可學的人，此人自稱可用兒童的尿煉成仙丹，為此，世宗頗為高興，連稱為國舉賢、克慰朕心。上有好者，下必甚焉，為了討皇帝的歡心，地方官在全國大建宮觀廟宇，勞民傷財，人民怨聲載道，官場更加黑暗，貪污成風，競尚奢侈，搞得國家民窮財盡。

朝政不理，內憂外患紛至沓來。蒙古俺答汗在嘉靖二十九年（一五五〇年）率部大舉進犯，前鋒直指北京，京郊人民扶老攜幼擁至城下，希望進城避難。但是，城門堅閉，人民遭受殺戮。嚴嵩告誡部將：「在邊疆作戰，失利了也可以掩飾，在天子腳下打了敗仗，皇上馬上就知道了，你們誰也擔不起罪責。」於是，滿朝武將誰也不敢出擊。嚴嵩的爪牙楊順在與蒙古人作戰時不敢交鋒，反而派兵截殺逃難的百姓，砍下頭顱作為戰功的憑證上報。在東南沿海，倭寇也猖獗起來，大多數將領無心抗戰。浙江巡撫阮鶚不敢抗倭，送去很多金銀財寶，請倭寇早日離去。因財物太多倭寇無法全部運走，阮鶚索性又送船六艘。對此，明世宗知道了也不問罪，一心修煉仙術。

嚴嵩專權過久，年近八十，老朽糊塗，漸不能討世宗的歡心，加上樹敵頗多，最後被以徐階為首的一批大臣扳倒。嚴嵩落得個削職為民，抄沒家產的下場，但世宗卻毫無覺悟，他崇信道教，依然故我。

嘉靖四十三年（一五六四年），海瑞輕車簡從，來到北京，就任戶部雲南司主事。安頓下來，舉目四望，發現京師更加黑暗，公事之餘，手撫長須，清凜的臉上雙目堅凝。

就在此時世宗自我感覺快要成仙了。某日，太監向他獻桃一枚，並眾口一詞說是自天而降的「仙桃」，皇帝萬分高興，急命人設壇答謝。次日，又有人捧來「仙桃」一枚，湊成一對。接著世宗又在寶座上發現了「仙丹」一包。這一切使世宗不禁飄飄然，覺得自己似乎旦夕間就可羽化登仙了。

面對朝廷亂象，海瑞怒不可遏，拍案而起，他喚過老僕，命他去買口棺材來。

老僕張口結舌，經不住主人嚴命，結果買來了棺材，還請來了主人的同鄉好友翰林院庶吉士王弘誨。

「你來得正好。」海瑞從案頭取過一疊稿紙，一揚，又放到書架上，接著說：「國事至此，人所共知，我海瑞一介書生，死不足惜，但願能以一死警醒聖上。」

海瑞沒有讓朋友看奏稿，是怕把他牽連進去，但從海瑞平素為人上王弘誨也猜到了是什麼內容。王弘誨不好相勸，又不好不勸，半晌，王弘誨開口道：「剛峰，太夫人遠在瓊山，風燭之年，恐怕受不了這個刺激，我看……」

「忠孝不能兩全，我以身許國，生死以之，不改初衷。」海瑞說著拿出四十兩銀子，接著說：「這是我的全部積蓄，一半供老僕歸鄉向母親陳述詳情，一半拜託你代我料理後事。海瑞不孝，也不必歸葬，擇地草草掩埋即可。」說罷二人拜倒在地，痛哭失聲。

嘉靖四十五年二月，海瑞的《直言天下第一事疏》擺上了世宗的案頭。按說世宗不理朝政，很少批閱奏章，但由於世宗寵道，疏遠宦官，太監們嘴上不說，心裡卻頗有怨言，海瑞的奏疏擺上世宗的案頭，或許是由於太監的原因亦未可知。

在奏疏中，海瑞直指世宗，批評他違反三綱，治國無術；隨意殺死、謾罵臣子，君臣關係不正常；閉門修行，不見后妃和子女，違反了人的天性；不實行使國家富強的措施，專門搜刮百姓，祈求長生不死；多年不上朝使法紀成了空文；隨便地加官晉爵使人們覺得這些東西也沒什麼高貴。現在世上已是「吏貪官橫，民不聊生，水旱無時，盜賊滋熾」。針對世宗追求長生不死，海瑞寫道：古代的聖賢從不提倡長生不死，陶仲文是您師傅，如今已經死了，您是他的徒弟，怎能長生不死呢？至於天降「仙桃」更是騙局，您居然相信。針對世宗用人唯順，海瑞寫道：「如果大臣們都學嚴嵩那樣順從你，對國家有什麼好處呢？用人必須唯才，而不能唯順。」此外奏疏中還提出了一些治國的建議。海瑞早置生死於度外，說了不少過激的言論，如：「天下人對陛下的不滿已經很久了。」「老百姓說，嘉靖者就是家家皆淨而沒有餘財了！」

世宗本來滿有興致地拿起奏章，結果看了幾行便氣得摔在地上，氣急敗壞地喊：「快把海瑞抓起來，別讓他跑了！」不料身旁一個太監扯著不男不女的嗓子，陰陽怪氣地說：「海瑞早知陛下會處死他，已買好了棺材，這樣的人怎麼會跑呢？」一句話氣得世宗先將太監懲罰了。懲罰完之後，又覺海瑞說中了自己的心病，於是撿起了奏疏，一邊讀一邊嘆息。

世宗病倒了，本來他身體就不好，加之常年服用「仙丹」（大多用處女月經和童子尿等熬製），大中其毒，身體更加虛弱。看到海瑞的奏疏一方面是氣惱到了極點，一方面也覺成仙無望，頓失精神文柱，身體馬上就垮了。而太醫院的人又多是道士，「呼風喚雨」倒很內行，給人治病卻只會畫符念咒，治療結果便可想而知了。

國逢大事，百官惶惶。內閣首輔徐階的府前門庭若市，入夜也是人來人往。不同往日的便是來者多面色凝重。

提起徐階，值得在此交代一筆。嚴嵩執政晚年，朝中唯一與之分庭抗禮的就是徐階，他為人謹慎、圓滑，嚴嵩抓不住他的把柄，更令嚴嵩嫉妒的是徐階的青詞寫得更好。嚴嵩倒台前夕，曾將對待夏言的故技重演，向年齡比自己小得多的徐階下跪哭求，徐階一一答應，但轉身便狠參了嚴嵩一本，促成了嚴嵩的垮台，自己則成為內閣首輔。在節操上他比前任首輔清正，在作風上又比後來的首輔如張居正等人溫和，所以被譽為明朝的「名相」。

一會兒，徐階要找的人來了，見過禮後，徐階命令再有來訪者一律拒之門外。僕人迴避，幾個丫鬟獻上香茶後，悄然退出。

來人是吏部文選司郎中陸光祖，他是海瑞調京的舉主，徐階找他的用意是想了解海瑞，而陸光祖不知首輔何意，所以見室內無人，便跪下謝罪，「相國，今日朝廷紛爭，皆由卑職無知而致，如今種種無狀，真不知如何說起。」

「罷了！罷了！」徐階揮揮手說：「國事如麻，其來有自，只不知海瑞如此狂生，你怎會保舉他？」

「相國，海瑞是反嚴嵩的！」陸光祖一句話說得徐階霍然動容，急命他從頭說起。

陸光祖講了兩件海瑞任淳安知縣時的故事：嚴嵩的黨羽浙江總督胡宗憲的兒子路過淳安，嫌驛吏招待得不豐盛，就把驛吏吊了起來。海瑞聞訊大怒，立即派人抓住了胡公子，痛打一頓後，沒收了他隨身攜帶的一千多兩銀子，然後驅逐出境。事後，海瑞居然把此事報告給了胡宗憲，說什麼您一再教導我們招待官吏要節省，真是體恤民力，如今這個花花公子氣焰囂張，行李華貴，一定是奸人冒充胡公子來行騙的，我已嚴懲云云。胡宗憲面對這頂高帽，戴也不是，不戴也不是，只好自認晦氣，沒有聲張。

還有一次，嚴嵩的乾兒子鄢懋卿到江南巡查，通知所過州縣飲食供應要崇尚儉樸，但實際上卻大擺排場，僅揚州一地就搜刮了二三百萬兩銀子。於是海瑞就給鄢懋卿寫了封信：「您每到一處就花天酒地，和您通知的正相反，如按通知辦，怕您怪罪我們怠慢；如不按通知辦，又怕違反了您愛惜百姓的美意，到底該怎麼辦？請明示。」鄢懋卿十分惱火，但也不敢碰這個釘子，於是就繞道而去，沒有進入淳安，但他後來找了個藉口，罷了海瑞的官。

最後，陸光祖又跪了下來，「相國，海瑞此次上疏言雖過激，不過是書生習氣，內心卻是忠君愛國，務請相國保全！」陸光祖明白，保全了海瑞就保全了自己。

聽完陸光祖的一番話，徐階深知海瑞人才難得，再加上自己年事已高，做不了幾天首輔了，若此時拉他一把，將來他必感恩圖報。不過徐階臉上不露聲色，只是連聲說：「起來吧，起來吧，到底如何，看海瑞的造化吧！」說完端茶送客。

此時海瑞已被關進大牢，而且問成死罪。但昏君的特點是最怕別人說他是昏君，所以世宗對海瑞的處理也不無疑慮。一天，徐階前來探視，世宗掙扎著說：「海瑞倒是不怕死的硬漢子，疏中所云也不無道理，但這樣指斥朕畢竟不該原諒，況且朕在病中，怎能受此刺激。」

「海瑞是個書呆子，故意以此來沽名釣譽，陛下不如索性饒了他，這樣他就失算了，而天下一定感戴陛下的寬容。」徐階一番話說得世宗十分矛盾，加之命在旦夕，這件事就拖了下來。

海瑞早已作了最壞的打算，所以對生死毫不介意。牢頭一半是敬重海瑞的為人，一半也因為海瑞確實是窮，所以也沒有為難他。

一天，獄卒突然嬉皮笑臉，打開牢門，道了聲「恭喜海先生，上邊有請」。海瑞起身走出黑牢，在獄卒的引導下來到一間寬敞的屋內，一桌酒席已經擺好，幾位管事的起身相讓，勸酒讓菜。

酒過三巡，海瑞一擲杯，起身道：「多謝厚愛，來生相報，請問何時上路？」

「誤會了，誤會了，海公是個性急的人，也怪我們沒說清，昨天皇上駕崩了，料想先生出頭的日子到了！」

海瑞悚然動容，雙目圓睜，半晌，爆發出一聲吶喊，接著便哭倒在地。他想到了死，更希望世宗會痛改前非，放他出獄，但沒想到這個結局。

世宗的遺詔承認了在位期間的種種過錯。名為「遺詔」，實際卻是徐階的手筆。接著，照例「大赦天下」，海瑞出獄了。

海瑞出獄後，復戶部雲南司主事職，不久調任尚寶司司丞，後又任大理寺寺丞，專門負責平反冤獄，海瑞的迅速提升，與徐階的提攜是分不開的。這次上疏使海瑞「名震天下」。

隆慶三年（一五六九年），海瑞升任右僉都御史、欽差總督糧道巡撫應天十府。轄區包括：應天、蘇州、常州、鎮江、松江、徽州、太平、寧國、安慶、池州十府及廣德州。海瑞赴任的消息一傳出，當地的貪官污吏十分震驚，有的主動要求辭職，有的遷居遠方，有個富豪把新建成的十分氣派的朱紅大門改塗了黑色，以免招搖。

應天十府本是富饒的魚米之鄉，海瑞到任後才發現，江南人民在沉重的賦役和貪橫的官吏的重壓下生活十分困苦。恰巧那年夏秋多雨，受災面很廣，直到冬至時節還有一半的田地淹在水裡。市面上糧價飛漲，擺在人民面前的路除了餓死就是去搶劫或討飯。海瑞決定把救災和治水結合起來，既解決人民的燃眉之急，又為人民謀長遠之利。經過調查發現，由於歷任官員的失職，使太湖通海的主流吳淞江淤塞得很厲害，許多支流也失去了調解作用，一遇特大的雨量，太湖水一時排不出去，便氾濫成災。海瑞召集饑民，趁冬閑開工，疏浚吳淞江及支流水系。經朝廷批准，把應送京的糧食留下一部分，災民上工就有飯吃。由於這是造福地方的事，各方面的熱情都較高。海瑞乘著小船四處巡查，很快就完工了。這一工程造福江南人民，人民很感激他。

海瑞在任的另一件事是懲治豪強地主，勒令退還強奪農民的土地，號令一出，農民紛紛前來告狀，最多的一次一天就有上千人，而首當其衝的就是徐階家族。徐階的兄弟子侄平時依仗他的勢力橫行鄉里，霸人田產，家族有地幾十萬畝，佃戶數萬。徐階對子侄的行為有時也訓斥幾句，但大多是睜一隻眼閉一隻眼的。以前幾任地方官礙於徐階面子，從來不加過問。

「真是豈有此理！」海瑞剛閱完一疊訴狀，拍案大怒，「來人，把這些狀子擇要抄送徐相國，讓他看看其子做的好事！」此時徐階因得罪宮中太監，又受到彈劾，加上年事已高，就知難而退，告老還鄉，居於松江府華亭縣。

書吏趕緊勸道：「大人息怒，徐相國對子侄常加督教，只是後人不太爭氣。」

海瑞說：「這幾年我對徐相國了解深了，若說他害人為富，或不至於，但他為人優柔寡斷，後人為之，他亦聽之，幾句訓誡，不過是掩耳盜鈴之技耳。」

「大人，徐相國非同一般，此事可否從權辦理？」書吏小心地說。

「如何從權辦理？江南豪紳百姓眼盯著徐階，看著海瑞，他不退田，誰還會退田？」海瑞的口氣鬆了鬆，緩緩地說：「聖人講知行合一，明知是壞事而不起而反對，便有違聖人之訓，我這也是愛人以德。這樣吧，我寫封信給徐相國，他或許會理解我的苦心，還是讓他自己覺悟的好。」

華亭縣的徐宅內，一片森嚴氣氛。徐階端坐正堂，几案上放著一本散發著墨香的《世經堂集》，剛才翻閱自己文集的喜悅心情讓海瑞的來信一掃而光。徐琨、徐瑛二子已跪在堂下，聽候訊問。長子徐璠還沒到場，他最近霸占了一位婦人，收為外室，經常夜不歸宿，現已派人去找。

徐璠一進大門便覺氣氛不對，轉身欲走，無奈僕人已受了主人的嚴訓，關上了大門，徐璠只好硬著頭皮來到堂前跪下。

「啪！」一個成化窯的花瓶迎面打來，徐璠側身一讓，花瓶摔了個粉碎。

「來人，把這個逆子綁起來送官！」

眾奴僕一看徐階發了火，立時黑壓壓跪了一堂，七嘴八舌地求情：

「老爺要念骨肉之情呀！」

「老爺，家醜不可外揚呀！」

「哼！家醜外邊人知道得還少嗎？我在朝中做官，家裡搞成這個樣子，都是你們這些惡奴慫恿所致。」

「老爺，此事經不得官，現在朝中有很多人想看咱家的笑話，這時先要自己站穩了腳跟。」這位管家自幼服侍徐階讀書，說話頗有分量。「再說，海瑞來信主要講的是退田，公子的事不過順便提起，我已收拾了幾間書房，讓公子們分頭讀書，閉門思過。」

「哼！他們還能讀書？」徐階語氣輕蔑，但心已冷靜許多，本來要把兒子送官的話就是一時衝動而出的。

管。」

「徐璠身為長子，做出這等事體，不可輕饒，先打四十大板。另外，書房要上鎖，鑰匙由我掌

「那就讓公子們退下吧！占田之事我是經手人，與公子無涉。」

徐璠呼天搶地地挨了四十大板後，堂上恢復了寧靜，管家說：「老爺，您於海瑞有救命之恩呀！這退田的事怎麼說？」

「海瑞為人剛毅，好沽名釣譽，或許他也有難言之隱，一點不退是不行，想他也不會一點面子不給，我看退一點吧。」

「老爺，這些田地都是百姓自願獻上來的，不是占田，若硬要退田，反倒拂了百姓的美意。」

「別說了，拿契約吧！」

「老爺，契約有，但論筐抬也得半天。」

「這樣吧，你把契約改上那三個逆子的名字，退的田算我的。」

海瑞收到了徐階的回信，徐階答應退還部分土地，餘下的土地他說是兒子的，他不好做主。看完信，海瑞對徐府管家說：「父親做錯了事，兒子也可幫助改正，何況父親改正兒子的錯誤呢！」於是他再寫回信，措詞倒還客氣，但立場堅定：還須再退田，另外其子劣跡昭彰，非懲辦不可。

徐階閱信後長嘆一聲，閉目仰頭，面如死灰。徐階深知自己有兩個把柄在海瑞手裡，一是占田，二是其子的罪狀。時下朝中形勢對己不利，不得不有所收斂。

半晌，徐階睜開眼睛，對管家說：「海瑞究竟要我退多少田呢？」

「老爺，海瑞說應還之過半。」

「好，就還他一半，看他還怎麼說！」

徐階是想拿這一半土地換取海瑞對其子的諒解，我救過你的命，又提拔了你，如今又做了讓步，你總不能趕盡殺絕吧！

管家明白主人的心境，跺跺腳，去找海瑞商議。

「相國盛德果然出人意表，佩服之至，不過貴公子所為卻不能一筆勾銷。」海瑞斬釘截鐵地說。

「大人，那個外室已經遣回，此事已了。」徐府管家說。

「你當是裁兵，一遣就可了之，一個婦道人家，被苟且多時……」海瑞開不了口了。

「大人說怎麼辦？」

「法辦！」

「相國年事已高，受不了刺激，尤其受不了海大人的刺激。」

「相國於我有救命之恩，但我寧肯來生化犬馬相報，也不能拿百姓的身家相報！」

雙方越爭越強硬，最後管家拂袖而去，走到門口，又被海瑞叫住了。「徐璠、徐琨罪該充軍，還是讓他們投案的好。還有，貴府奴僕成千，已過招搖，應該裁去一半才是。」

看到管家拉著長臉而歸，徐階便知事情不妙，不知如何是好。管家說：「老爺，何不找人說說情。」

「前些日子我已托江陵的張太岳（張居正）寫信給海瑞，至今沒有下文。此人不可理喻，你越巴結，他越強硬。唉！」

這時徐階之弟徐陟來訪。徐階一見這個兄弟就頭痛，這徐陟平日裡打著兄長之名招搖撞騙，給徐階惹了不少麻煩。不過今日不同，徐陟也受到海瑞壓制，兄弟倆可謂是難兄難弟。

見長兄愁眉苦臉，徐陟開口道：「我這兒有一計，叫釜底抽薪，何不派人到京活動活動，讓海瑞搬家?」他見徐階認真傾聽,便接著說:「海瑞最近又要清丈土地,搞什麼均田均稅,得罪了一班縉紳,大家公推您為盟主,他是您提拔的,您自然能把他拿下去,我願從中奔走。不過這盤纏……」

「你給我惹的事還少嗎?如今江南在朝中做官的人不少,他們自有公論,何用你我參與,你給我在家安分地待著。」徐階憤然地說。

徐陟見話不投機,起身便走,見徐階不注意,又順手拿了件古玩,也算不虛此行。

見徐陟走了,徐階喚過管家,說:「剛才老二的話你也聽到了,此計可行,但老二為人成事不足,敗事有餘,故而不能讓他參與。目前江南縉紳在京做官者自會有所反映,我們再加上把火,還得勞你到京里走一趟,找找內閣的張太岳、翰林院的戴鳳翔,還有宮中的太監,可花些錢,但切忌招搖。」

管家連連答應,轉身要走,又被徐階叫住了,「以後老二再來,要派僕人貼身侍候。這個不爭氣的東西,他以為我剛才沒看見。」

江南劣紳果然群起誣告海瑞。輕者說他縱民為虎,以縉紳為肉;重者說他「聯結倭寇」。朝廷大員中也有人不贊成海瑞的做法,加上徐階的活動,張居正再做些手腳,海瑞的官被罷免了。但在公文遞達應天之前,海瑞已逮捕了徐璠、徐琨,並判了充軍之罪。

當海瑞離去時,聞訊趕來的人民含著淚為他送行,還有人繪製了他的畫像,像神靈一樣供奉在家中。海瑞雙眉緊鎖,朋友們少不了勸慰幾句,不料海瑞說道:「只苦了百姓。」

海瑞只做了七個月的巡撫,之後,在家鄉閒居了十六年。

海瑞是個一生搏擊、百折不撓的人物,他始終把自己擺在惡勢力的對立面,在他的心目中,國家和人民的利益是至高無上的,除此之外便不計利害,不計得失,他是中國忠臣的一種特殊類型。

海瑞的人格征服了千萬人的心靈，儘管他的敵對者罵他喜自用、寡深識、少風度、似瘋癲，但時過境遷，他們也不能不佩服海瑞的膽識，至於一般士大夫對海瑞更是崇拜如泰山北斗。請看明朝人的評價：

他生活淡泊，性格忠貞，看到百姓的飢寒認為是自己的過失，以他的皇帝不像堯舜那樣為恥辱。一言一行都要說古代如何，先王如何，做官辦事堅守祖宗的成法。不怕挫折，不怕犧牲。又嚴峻，又溫和，談話的時候，說得不太快，也不擺出一副難看的面孔，遭遇危難也不表現那樣憤慨抑鬱。

他像伯夷、像伊尹、像柳下惠；他是孔子所說的強哉驕、孟子所說的大丈夫，是古今一真男子。當然，他的修養還沒有到家，未得中庸之道，做事有時過了一些、窄了一些。

海瑞的人格征服人們心靈的另一重要方面在於他是中國古代少有的清官，他一生未為自己謀過一點私利。

早年海瑞在淳安做知縣，有一天忽然買了二斤肉，大家覺得稀奇，一打聽，原來是他母親過生日。後來海瑞升任應天巡撫，這是個顯赫的官職，但他卻簡樸如故，所到之處不許地方官鼓樂迎送，也不住好房子。地方上為了巴結他往往大擺筵席。海瑞明確規定，在物價高的地方每頓飯不許超過三錢銀子，物價低的地方不許超過二錢銀子。當時官員們都向上司送禮，海瑞不受禮也不送禮，有人勸他隨和些，他說：「天下的官吏都不送禮，難道就都不提升了嗎？天下的官吏都送禮，難道就沒有降職和獲罪的了嗎？」一說得來人啞口無言。海瑞在家閒居時，靠祖上留下的一塊土地過著清貧的生活。他沒有置田產，只在母親去世時靠別人資助買了塊墳地。家鄉的官吏在清丈田產時，少算了海瑞的一點八畝地，想讓他少交點稅，海瑞發現後立即糾正了。當時張居正任內閣首輔，曾派御史祕密來到瓊山，調查海瑞是否又有新的「劣跡」，那個御史見海瑞過著如此清苦的生活，深受感動，回京復命也沒有搬弄是非。

萬曆十三年（一五八五年），經過十六年的閒居，海瑞出任南京吏部右侍郎。此時他已七十多歲了，還想在餘暮之年為百姓做點事。南京的貪官們誣告、阻撓海瑞，但最終沒有得逞。

萬曆十五年，海瑞在南京逝世，臨終的前三天，他還退還了兵部送來的柴金費多給的七錢銀子。海瑞的妻子、兒子早已去世，所以他的喪事是由御史王用汲料理的，檢點遺物時，只在一個竹筐中發現了八兩銀子、一匹粗布和幾套舊衣服，就是一般的百姓也不過如此。眼見這一情景，很多人都哭出聲來。

靠同僚的捐助，海瑞的靈柩得以運回故鄉。當載著靈柩的船駛在江上時，兩岸人民穿戴著白衣白帽，哭著祭祀他，店鋪為此都停止了營業，據史書記載，這樣的行列長達百里。從那時起，人民以各種方式紀念他，直到今天，仍有十幾出有關海瑞故事的戲劇在流傳，在人民心中，海瑞的名字是正義的象徵。

遼東忠魂

明朝崇禎三年（一六三〇年）八月十六日，北京城的天色分外陰沉。冷颼颼的秋風，吹動著大塊大塊的烏雲，把天空壓得很低很低，像是一面要塌下來的破牆，砸在紫禁城上。

聽說今日要凌遲袁督師，好事的市民從凌晨起，就三五成群地湧向西市，他們想搶占個好地角，要看個真切。北京的小市民利嘴如刀，他們世世代代生活在天子腳下，習慣了按聖旨說話做事。皇上說袁崇煥「通虜謀叛」，「失誤封疆」，他們當然深信不疑。想起去年建州兵[5]圍攻北京城，燒殺搶掠的情景，無不切齒痛恨袁崇煥。一年前，袁崇煥還是他們心中最崇拜的英雄，他們曾為袁督師的寧遠大捷而流淚歡呼，也曾為袁督師的寧錦大捷徹夜慶功。而今他們感到是受到了莫大的欺騙、莫大的嘲弄。一百八十度的反差，怎能使他們不怒不恨呢？

「這個黑了心肝的南蠻子，竟敢勾引韃子兵圍掠北京，真應千刀萬剮！」

「背國叛主的賊子，剮了他也是輕的，應該滅絕九族！」

數萬人嘰嘰喳喳的咒罵聲，像刮起一陣陣瑟瑟的秋風。

5 建州兵：即後金國兵。明人稱建州兵。

也有對袁崇煥「通虜謀叛」心存懷疑的。可是誰敢和皇帝唱反調呢？若是被廠、衛[6]的密探知道了，還不得被捉去割舌、抽筋、扒皮嗎？他們也只能是靜聽別人的怒罵就是了。

快到晌午時分，一輛木柵囚車從錦衣衛的監獄中來到西市。車上囚籠中立縛著一個四十多歲的男囚。他雖然蓬首垢面，遍體鱗傷，但卻高昂著頭顱，挺起胸膛，目光炯炯，兩眼直視前方，依然不減大將軍的氣概。

路旁圍觀的人群，呼啦一下湧上前來，任憑維持法場秩序的士兵怎麼阻攔、驅趕，人群還是潮水一般往上湧。不知是誰喊了一聲：「打死這個通敵的賊子！」頓時，磚頭、瓦塊、破鞋、污泥、爛瓜、黏痰、唾沫，雨點般地飛了過來。

袁崇煥還是那樣巍然地站在囚籠裡，他的頭不躲、不閃；眼不動、不眨，任憑辱罵、擊打。這一切都在他的意料之中。他有恨，卻無怨、無悔。他恨那些陷害忠良的魏忠賢餘黨，他恨那些犯邊入寇的敵虜，但對這些辱罵他的市民百姓，他不怨；對自己投筆從戎，保衛遼東之舉，他不悔。他準備去承受比這更令他恥辱、更令他痛苦的凌遲酷刑。

凌遲又名「剮」刑。考之文獻，其刑大約起源於五代時期。據明代王明德的《讀律佩》記載，凌遲的施行方法，是把受刑者縛於大柱上，將其肉一寸一寸地割剝下來，割到身上再無肉可割，然後男的割去外陰，女的割掉陰戶，接著再剖開胸腹，取出五臟六腑，待斷絕犯人性命後，還要把四肢關節分解開來，直到最後把骨頭全都斬碎為止。《明史．劉瑾傳》記載：宦官劉瑾被處凌遲，割了三天共

6 廠、衛：指東廠、西廠和錦衣衛。都是明王朝的特務機構，專門用來伺察、追踪、捕殺不忠於朝廷的官民。

四千七百刀才死去。不過這是特例。明清的凌遲刑，一般是割八刀。其施刑的順序是從頭面、手足、胸腹而下，直至梟首。歷代被判處凌遲刑的，多是限於十惡不赦的「大逆」、「謀反」、「逆倫」等罪。兵部尚書兼右副督御史、督師薊遼、兼督登、萊、天津軍務的袁崇煥即是以「通虜謀叛」的大罪處以凌遲的。

正晌午時，三聲炮響，劊子手對袁崇煥施刑。大雨傾盆，雷電交加。天為之哭，地為之慟。一刀刀宰割，痛裂心脾。袁崇煥沒有哀叫一聲，只是反復詠誦他告別人生的七絕：

一生事業總成空，半世功名在夢中。
死後不愁無勇將，忠魂依舊守遼東。

袁崇煥掙扎著望了一眼那在風雨中飄搖的紫禁城，昏死過去，迷濛中彷彿又回到了金戈鐵馬的遼東……

萬曆年間，生活在明朝東北地區的女真人發展壯大起來。萬曆四十四年（一六一六年），女真人首領努爾哈赤在統一了女真各部之後，建立了大金國，接著把鋒芒指向了明王朝。這時的明王朝，政治極端腐敗。天子荒淫，官吏貪殘，上下橫徵暴斂，民不聊生。國家千瘡百孔，外強中乾。金兵攻城略地，連連獲勝。萬曆四十七年（一六一九年）三月，十萬圍剿努爾哈赤的明軍慘敗於薩爾滸（今遼寧撫順東、渾江南岸）。努爾哈赤又乘勝取開原、鐵嶺，滅葉赫，成為明王朝在東北地區的大敵。從此，明王朝的東北地區陷入了嚴重的危機之中。

就在明軍慘敗於薩爾滸這一年，三十五歲的袁崇煥來到北京參加科考，考中了進士第三甲第四十名。不久即被任為福建邵武縣知縣。

袁崇煥，萬曆十二年（一五八四年）生於廣東東莞縣。自幼勤奮學習，尤其喜歡軍事，和朋友談兵常至深夜而忘返，素有撐天報國之志。承天子聖恩得以官知一縣，他決心要為國家造福一方。民為國本，民安則國寧，民殷則國富。袁崇煥與那些當官為發財，專門盤剝民脂民膏的「父母官」們不同，他以盡心於民、盡力於民為第一要事。他堅守操節，清廉不貪，公正斷案，為民申雪冤屈，深受邵武縣百姓的愛戴。這在明末黑暗腐敗的官場上，極為罕見。

可是，袁崇煥並不安於山清水秀的江南。北疆烽火連天，生靈塗炭。女真人不僅奪去了東北一隅，而且還可能成為心腹之患，他日夜憂慮。國家興亡，匹夫有責，更何況他還是朝廷的命官呢！

邵武縣有一些曾經戍守過遼東的退役老兵，袁崇煥常常將他們請到衙內，詳細詢問遼東的山川地理、風土人情以及歷次與女真人交戰的情況。夜晚便閱讀歷代兵書，探討其中的精妙。在這其間，他還對一些新的武器產生了濃厚的興趣，尤其是「紅夷大砲」引起了他的注意。

「紅夷大砲」即荷蘭大砲。當時荷蘭與葡萄牙為了爭奪對中國的貿易特權，在福建沿海發生武裝衝突，雙方都使用大砲攻擊對方。明朝駐福建守軍因此獲得一批荷蘭大砲。袁崇煥發現這種大砲的砲管長，射程遠，有瞄準器具，射擊準確，裝填彈藥方便，射速也較快，比明朝自製的大砲先進得多。他敏銳地看到，若將這種大砲用於遼東戰場，一定能夠大顯神威。於是他挑選了羅立等幾名福建砲手，精心訓練紅夷大砲的發射。

袁崇煥雖身在南國，卻心繫北疆。他掌握了相當多的邊塞情況、用兵謀略和使用先進武器的知識。他常以「邊才自許」，等待投筆從戎報效國家的時機。

天啟元年（一六二一年）初，努爾哈赤趁明朝在一年之中連死兩個皇帝（神宗、光宗），新君剛剛即位之機，再次大舉興兵攻明。連下瀋陽、遼陽等東北重鎮。總兵賀世賢、尤世功戰死，經略袁應泰自殺，全國震驚。袁崇煥身在南國，心懸遼東，恨不得能夠立即縱馬去奔赴戰場。這年冬，袁崇煥終於獲准進京朝覲。他特地隨身運載了幾門紅夷大砲，並命砲手羅立等隨行，準備向朝廷自薦從軍。

天啟二年（一六二二年）正月，金兵又渡過遼河，破西平，取廣寧（今遼寧北鎮）。遼東巡撫王化貞敗退大淩河，與經略熊廷弼一起逃入山海關，寧遠（今遼寧興城）以北全部淪陷。

剛剛到京不久的袁崇煥，沒有為吏部對他考核的優等政績而高興。遼東戰事，使他心急如焚，一連多日與御史侯恂談論遼東戰事。從古代的兵書戰策、歷朝名將的用兵之法直到現今遼東的山川要隘、風土民情、攻守戰略，滔滔不絕。侯御史大為驚訝，他想不到書生出身的邵武知縣竟是當代少有的軍事奇才，更使他深為感動的是這位知縣的一片愛國熱忱。自努爾哈赤興兵以來，明軍屢屢慘敗。官吏們談遼東而色變。一些高官大吏們，為了苟全性命，寧肯丟官也不肯去遼東任職。無可奈何，熹宗皇帝只好下令命群臣推選，被推選上而不去者，「則以國法繩之」。官吏們都把遼東視為死地，「入關一步便是樂園，出關一步便是鬼鄉」。而這位任官南方的邵武知縣，卻一而再，再而三地請纓上遼東抗金，實為罕見。侯恂立即向熹宗推薦，上疏說：「廣寧不守則山海關震撼，山海關不固則京師動搖。現在保守山海關，就是保衛京師的門戶。戡禍定亂必須藉助於謀臣猛將，目前在京朝覲的邵武知縣袁崇煥，英風偉略，不妨破格留用。」

熹宗皇帝准奏。任命袁崇煥為兵部職方司主事，負責管理邊防事務。

人生的道路是多樣的，而關鍵的選擇卻只有幾步，從此袁崇煥踏上了一條悲壯的人生之路。在刀光劍影的遼東戰場上，他以赤誠的心、無畏的肝膽，在中華民族的歷史舞台上演出了一幕幕威武雄壯的活劇；在淒風苦雨的京師刑場上，他以滴血的肉，裸露的骨，寫下了一頁頁啟迪後人的篇章……

大明十四萬守軍不堪一擊，兵敗如山倒。熹宗皇帝痛哭流涕，大臣們一片驚慌。有的主張放棄關外各城，退守山海關；有的主張選派良將出關抵抗，收復失地；有的長吁短嘆，拿不出主意；有的暗自打算，準備棄官逃命……皇皇明廷，紛亂一團。哄亂中人們突然發現，新任命的職方司主事袁崇煥失踪了，這給惶恐不安的朝廷又增加了一條神祕的傳聞。

就在人們在京師尋找袁崇煥的時候，袁崇煥卻出現在山海關城頭。原來他單人匹馬出京，赴山海關進行實地考察。袁崇煥站在這「天下第一關」的城頭上，極目遠眺，但見它背靠崢嶸險峻的燕山，萬里長城沿著峰巒極頂，似蛟龍起舞，飛騰直上，消失在雲靄縹緲的蒼穹深處。它的南面，向著萬頃渤海，長城的起點，如龍頭伸入海中，暢飲著千層巨浪，正所謂「襟連滄海枕青山」。整個城垣與長城相連，以城為關隘，形成渾然一體的鎖關之勢。它地處河西走廊的咽喉，是東北進入華中腹地的必經之道。山海關的雄偉壯麗，形勢險要，激發了袁崇煥的雄心壯志，他面向大海，仰向蒼天，自語道：「內拱神京，外捍夷虜，唯此關最為重要。一關而係天下之安危。當今急務，莫急於守山海關。聖上、聖上，如給臣錢糧兵馬，臣定把這山海關變成一座銅牆鐵壁！守固而後攻，何愁遼東不復啊！」

他感到全身的熱血在沸騰，激奮不已。不禁吟詠起了王昌齡的詩句：「秦時明月漢時關，萬里長征人未還。但使龍城飛將在，不教胡馬度陰山」。他以大漢飛將軍李廣自比，要像李廣那樣捍衛邊關，使敵人聞風喪膽。

數日後，袁崇煥又突然出現在朝廷。他不僅實地考察了山海關的形勢，而且還訪問了與金兵作戰的將士、遼東土生土長的百姓，對明軍何以敗、金兵何以勝、遼東如何戰守，有了比較清楚的了解。他聲言：「只要給我兵馬錢糧，我一個人就能夠扼守住山海關！」在明軍節節敗退、朝廷上下談敵變色的時候，袁崇煥這番言行確實是顯示出了非凡的膽識和勇氣，但也暴露出了他過於自信、言過其實的弱點。這成了他以後事業、命運上的大患。

袁崇煥的驚人之舉，不僅使同僚們欽佩，也使皇帝讚歎。天啟二年（一六二二年）二月二十八日，袁崇煥就任兵部主事僅十二天，熹宗即擢升他為山東按察司僉事、山海關監軍，官秩五品，負責遼東山海關地區的監督、巡查。

這時候，被革職聽勘的前遼東經略熊廷弼回到北京。熊廷弼是一個有膽識、知用兵的傑出將帥，他從明金雙方的實際情況出發，主張防邊以守為上。在他任職遼東經略期間，繕城浚壕，修造兵器，分置士馬，祭死卹傷，使戰局一度轉危為安。但因手握重兵的遼東巡撫王化貞不聽調度，先是貿然出兵，而後又倉皇逃竄，致使盡失關外之地。袁崇煥久仰熊廷弼的威名，離京前特去拜訪求教。熊廷弼見這位後起之秀不避嫌疑，竟能向他這個戴罪之人求教，很受感動。他問道：「你持何策去山海關呢？」袁崇煥回答：「主守而後戰。」這與熊廷弼不謀而合，他非常高興。熊廷弼將遼東戰事詳細地講給袁崇煥，還畫了一張從遼東到宣府的示意圖，列出各要隘地名位置，註明戍守事宜，直至日暮盡歡而散。袁崇煥從這位老前輩處不僅又學到了許多前所未知的東西，更受到了他滿腔愛國熱忱的感染。

天啟二年（一六二二年）三月的一天凌晨，袁崇煥辭別帝都，迎著滿天的朝霞，躍馬揚鞭，直奔邊關。

袁崇煥就任遼東之後，很快就以他超群的膽識和能力獲得了上司的信重和廣大官兵的敬佩。繼熊廷弼之後的遼東經略王在晉，稱讚他「膽魄稱雄」、「志力並矯」、「迥迥逸群」。但不久，袁崇煥與王在晉在如何禦敵的戰略思想上發生了激烈的爭論，朝廷的大臣也都捲入了這場爭論之中。

王在晉原任兵部侍郎，但他並不懂軍事，只是長於誇誇其談。熊廷弼兵敗遼東被革職後，無人再敢任遼東經略。王在晉是被廷臣投票「推薦」、皇帝硬行勒令就任的。他不得已受命，意志消沉，對防守山海關毫無信心，充滿了悲觀情緒。他甚至公開向熹宗表示：「倘逐臣而使之歸，臣之所大幸也！」他只盼早日罷官還鄉，以苟全性命。他極力貶低山海關的戰略地位，上奏皇帝說：「山海關只不過是一座供邊防軍民出入、稽查商旅往來的普通城邑。遼陽、瀋陽、開原、鐵嶺、廣寧都是東方重鎮，尚且都望風瓦解，一個小小的山海關怎能獨自禦敵呢？」預先為他一旦喪失山海關開脫罪責。他怕金兵來攻關，主張在距關門僅八里的八里鋪再修一座關城，使之關外有關，牆外有牆。這項工程耗資巨大，估計要用白銀九十三萬兩。同時他還主張由朝廷拿出一大筆金錢收買蒙古，使之進攻金兵。這一戰略計畫美其名曰「拒奴撫虜，堵隘守關」。

袁崇煥、孫元化等人堅決反對。袁崇煥提出「守關外以捍關門」的方略，提出應在遠離山海關二百里的寧遠築城。寧遠東靠渤海，西連山嶺，為金兵入關的必經之道。在那裡築城設兵，進可以據錦州，退可以護山海關。自請率五千人馬防守寧遠。這是一個有遠見卓識的建議。但王在晉拒不採納。袁崇煥只好接連兩次寫信給首輔葉向高，申述自己的意見。葉向高深居內閣，不了解實際情況，一時也難以分清誰是誰非。內閣大臣分管兵部事的孫承宗親臨山海關實地考察，在聽取了各方意見之後，他認為寧遠是「天設重關，以護京師，必不可不守」，明確表示支持袁崇煥的意見。但王在晉仍然頑固堅持己見。在孫承宗的奏請下，熹宗將王在晉調任南京兵部尚書，以孫承宗接任遼東經略。

孫承宗當了遼東最高統帥，袁崇煥立即向他重申了在寧遠重點設防的主張。袁崇煥分析說：「金兵的特長是騎射和野戰，明軍多次戰敗，軍心不穩，如果不迅速扼守要地，將難以安定軍心，扭轉敗局。目前，明軍不利於野戰，只有憑堅城、用大砲一策。」孫承宗很贊成袁崇煥的主張。天啟三年

（一六二三年）九月，派袁崇煥偕滿桂率軍駐防寧遠。

寧遠原有小城，但城牆太低太薄，不足以防守禦敵。袁崇煥重新設計，制定城高三丈二尺，雉高六尺，底寬三丈，頂厚二丈四尺。他親自擔任築城總指揮，令部將祖大壽、高見等分別監工。一年後寧遠城竣工。它背靠首山，面臨大海，中扼大道。覺華島峙立海中，與之如左右腋，互為犄角，成為關外重鎮。袁崇煥忠於職守，安民練兵，加強防禦，誓與寧遠共存亡。他說道：「我在寧遠，京城可以高枕而臥也。」

寧遠城雖已建成，但明廷圍繞著孫承宗、袁崇煥實行「守寧遠以護關門」的方略仍然還是爭論紛紛。尤其是遼東巡撫張鳳翼帶頭反對。他主張設防子關內，甚至連山海關都可以不守。竟然說：「國家就是放棄了整個遼東，仍不失為全盛。如大同、河套等都已放棄，對國家有何損害。如今，舉世無一人打算恢復全遼，僅靠他們一兩個人就能恢復嗎？樞輔（指孫承宗）把我置於寧前（寧遠、前屯）這塊荒涼邊塞，是想殺我啊！」他怕得要命，急忙將妻子送回老家，以便逃跑方便。

在明末腐敗的政治下，官員是人人貪財、個個怕死；對百姓如虎，對敵如鼠。張鳳翼的言論得到了多數人的讚同，軍心動搖、士氣瓦解，嚴重地影響了遼東的防禦。

袁崇煥痛恨這些置國土、百姓於不顧的敗類，對這些論調進行堅決駁斥。經略孫承宗，堅定不移地支持袁崇煥，於天啟四年（一六二四年）二月上疏皇帝，逐一駁斥了張鳳翼，極言寧遠可戰可守。他奏道：「築城於關外，一邊練兵，一邊屯田，就是以遼人守遼土，以遼土養遼人。人人為保衛家鄉而戰，鬥志旺盛。關外守備充足，則關內的守備就可以減輕壓力。如果守在關以內，則內備淺薄，神京將直接受到威脅；守在寧遠，則山海已為重關，而神京遂遠在千里之外，必安泰無危。寧遠城堅兵強，如金兵攻城，軍民置於絕地，必然心堅敢死，矢志堅守。」他請求熹宗當機立斷，切不可動搖防禦大計。由於孫承宗、袁崇煥堅持自己的正確主張，幾經反復，終於獲得了熹宗的同意，他們的方略得以貫徹。

為了向後金和遼東百姓顯示明軍的實力，袁崇煥於九月間與大將馬世龍、王世欽率水陸馬步軍一萬二千人，東巡廣寧，經過十三山、右屯，泛三岔河，改由遼東灣航海返寧遠。明軍兵強馬壯，旗甲鮮明，振奮了鬥志。遼東百姓見朝廷軍隊如此強盛，紛紛返回故地，加強了防守力量。在東巡期間，袁崇煥建議重建錦州、右屯及大小凌河諸戰略要地，修繕城郭，練兵屯糧。孫承宗採納了他的意見，立即實施。於是明軍的邊防從寧遠又向前推進了二百里，再加上寧遠至山海關二百里，共為四百里。形成了以寧遠為中心的寧錦防線。天啟初年的失地已盡數恢復。袁崇煥因功晉升為兵備副使，再晉為右參政。

明軍防禦堅固，金兵數年間不敢進犯。遼東出現了少有的安寧。史載：「自承宗出鎮，關門息警，中朝安然，不復以邊事為慮矣。」

正當孫承宗、袁崇煥銳意恢復之際，在他們的背後燒起了一把邪火。孫承宗被迫解甲歸田。袁崇煥失去了堅強有力的支持。

原來這時在朝廷的內部，以魏忠賢為首的閹黨與東林黨之間的鬥爭空前激化了。熹宗不務國政，熱衷於修屋造房的木匠活，大權旁落於宦官魏忠賢之手。魏忠賢挾天子以製群臣，血腥迫害東林黨一派正直官吏。楊漣、左光斗、汪文言等慘遭殺害，趙南星、高攀龍等重臣都被罷免。孫承宗功高望重，頗得熹宗的信任。魏忠賢曾企圖拉攏孫承宗，但剛正不阿的孫承宗根本不買閹黨的帳。因此，魏忠賢對孫承宗恨之入骨，必欲置於死地而後快。天啟五年（一六二五年）九月，孫承宗麾下大將馬世龍貿然出師，在柳河遭受一次小挫折。閹黨便抓住不放，連上數十道奏章，要求嚴辦馬世龍、孫承宗。孫承宗氣極，上疏自請罷官。在魏忠賢操縱下的熹宗不辨是非，批准孫承宗回籍「養病」。魏忠賢將他的黨羽高第推薦為兵部尚書，代替孫承宗為經略。

孫承宗被排斥回籍，也是對袁崇煥等積極抗戰派的沉重打擊。權奸當朝，掣肘於後，大將怎能立功於外呢？孫承宗默默地走了。袁崇煥放聲痛哭，依依不捨。他為國家失去這樣一位傑出的統帥而痛心，為自己失去了一位知己而難過。他吟詠道：「邊釁久開終是定，室戈方操幾時休？」表示出對閹黨排斥忠良的強烈不滿。

高第就任遼東經略後，立即全盤否定孫承宗的防禦方略。

十月的一天，山海關經略府內，新任遼東經略高第正在主持召開遼東高級軍事將領會議。高第六十多歲，肥胖得近於臃腫，下垂的宏腹使他走起路來三步一喘，兩步一哼。他本是萬曆十七年（一五八九年）的進士，因為庸碌低能，宦業一直不顯。後因投靠了魏忠賢，才受到器重。他對軍事根本一竅不通，只是魏忠賢為了排擠孫承宗，才讓他出任兵部尚書。按慣例，擔任兵部尚書，就得兼任經略，出征前線。他生性膽小怕死，不敢就任兵職。一再「叩頭乞免」，魏忠賢就是不准，為此他「日夜憂泣」，彷彿是把他推進了屠宰場。高第像一堆肥肉，靠在白虎堂的虎皮座上，喘息著說：「前經略孫某，獨斷專行，不納眾議，妄築邊城，企圖以幾座孤城來阻擋金兵，豈不是癡想？本經略以為關外必不可守。與其分兵駐守關外，不如集中兵力固守關內。」

以前追隨王在晉反對設防於關外的將領立即表示贊同。

高第見有了支持者，頓時又增添了幾分精神，提高聲調接著說：「本經略宣布，從現在起，錦州、右屯及榆關（山海關）以東的所有城堡一律撤防，將士全都移駐山海關。」

「那些城堡如何處置？」有的將領問。

「那些城堡嘛——，就供哨探們歇腳吧！」高第帶著戲弄的口氣回答。

下面響起了一陣哄笑聲。

事關國家安危存亡，袁崇煥不能沉默。他知道高第是魏忠賢安插在遼東的黨羽，得罪了高第是意味著什麼。但個人生死榮辱事小，國家、百姓安危事大。身為邊關守將，朝廷命官，豈能容忍奸黨肆意妄為？他霍然而起，高聲說道：「末將以為不然！兵法有進無退。錦、右一帶安設兵將，藏儲糧草，部署廳官，怎能不守而撤呢？前日柳河之失，是因為某些人為貪一時之功而致。如果因此就撤城堡，移居民，致使錦、右動搖，寧、前震驚，關門失障，實為不可行之策。以我之見，宜擇能守之人，加強三城的守備。三城屹立，一邊堅守一邊向前擴展，必能恢復失地。」

袁崇煥義正詞嚴，語驚同僚。高第本不懂兵法，又不知遼東形勢，因而無言以對。只見他那張肥臉一會兒變紫，一會兒又變白，鬍鬚微微顫抖。

袁崇煥的部將管右屯、錦州糧屯通判金啟倧也站起反駁道：「錦州、右屯、大凌三城都是前鋒要衝，如果收兵退守，既使百姓再遭罹難，又使已經收復的失地再歸夷虜。請問，榆關內外能夠經得住幾次這樣的退守呢？」

高第早已氣得喘不過氣來。他無法回答袁崇煥、金啟倧等部將的責問，只好以權壓人，說道：「本經略大策已定，爾等不得違抗，如有延誤，定不辜寬！」

袁崇煥毫不示弱，大義凜然地說：「我是寧遠與前屯兩衛的守將，在此當官，就在此死，我絕不撤兵入關，甘願獨臥孤城以擋後金！」

「放肆！」高第氣得臉如豬肝。左右忙將他攙扶下去。他知道袁崇煥是皇上器重的邊將，不敢擅自懲處，只好另外尋機加罪。

在高第的命令下，錦州、右屯、大小凌河及松山、杏山、塔山諸城的防禦全部撤除，數萬將士驚慌入關。所屯米粟尚有十餘萬石，盡棄原地，任其遭損。屢經戰亂剛剛返回家園的百姓，又被驅趕入關，死亡載途；哭聲震野，無不咒罵高第。數百里內一幅大潰敗、大逃難的景象。

袁崇煥數年心血毀於一旦，心肝俱裂，痛哭流血。閹黨如此專橫，如此禍國，邊事再不可為了！自己雖有赤膽忠心，禦敵韜略，但在這樣一個混帳的經略治下又怎能發揮作用呢？罷了！罷了！和孫大帥一樣解甲歸田吧！他一連三次上疏皇帝，請求辭職。熹宗不准。於十二月又提升他為按察使，准他堅守寧遠，繼續執行原定職責。袁崇煥手捧聖旨，潸然淚下……

努爾哈赤見明軍主帥易人，錦州一線的防衛已經撤除，只剩寧遠一座孤城，認為大舉伐明的時機成熟了。

天啟六年（一六二六年）正月，努爾哈赤親率十三萬大軍，西渡遼河，於曠野布兵，南至海岸，北越廣寧大路，前後如流，首尾不見，旌旗劍戟如林。兵鋒直指寧遠。遼左大地，一派肅殺之氣。

對金兵來攻寧遠，袁崇煥早有準備。他成竹在胸，指揮若定。

傳令中左所、右屯等處兵馬及寧遠城外守軍，攜武器軍資，於二十一日前全部撤入城內，集中近二萬兵力，統一指揮。

令城外百姓攜帶守城器具全部遷入城內，焚毀房屋，搬走糧草，實行堅壁清野。

將領嚴密分工，各負其責，統一指揮：

令總兵滿桂提督全城防務，並負責防守最重要的東城；

令副將左輔率兵防守西城；

令參將祖大壽率兵防守南城；

令副總兵朱梅率兵防守北城；

令通判金啟倧負責組織城中百姓，供給守城將士飲食；

令同知程維模清查奸細，委派專人沿街巡邏，不得放過一個可疑之人，嚴防敵人裡應外合；

令衛官裴國珍採辦物料，搬運彈藥、弓矢等各類守城物資；

令家丁羅立將紅夷大砲置於城上，備齊彈藥，聽從命令。

袁崇煥自任全城總指揮，總督全局。全城如同一部靈敏的機器，迅速地運轉起來，忙而不亂，井然有序。

兵法云：「合軍聚眾，務在激氣。激人之心，勵人之氣。發號施令，使人樂聞；興師動眾，使人樂戰；交兵接刃，使人樂死。」袁崇煥深知，寧遠之戰的成敗關鍵是軍民之氣。只有激發起全城軍民的愛國熱情，樹立起敢戰、敢勝的無畏勇氣，才能贏得保衛戰的勝利。

二十二日，校場上旌旗獵獵，刀光閃閃，戰鼓隆隆，號角齊鳴。寧遠城內全體軍民舉行誓師大會。按察使袁崇煥全身戎裝，白盔白甲，腰橫紅纓寶刀，威風凜凜登上將台。袁崇煥雖然生長在南國，卻身高腰闊，氣宇軒昂。人們從他那咚咚的腳步、奕奕的神態，首先就受到了鼓舞。

袁崇煥向前走了幾步，對台下軍民環旋致拱手軍禮，朗聲說道：「全軍將士、父老鄉親：韃虜自反叛朝廷以來，屢次興兵，奪我城池，占我領土，燒殺、搶掠、姦淫，無惡不為，我遼東百姓慘遭塗炭。在場的遼東將士、父老鄉親，你們誰家沒有房屋被燒？誰家沒有田園被毀？誰家沒有親人被殺、被辱、被掠去為奴？現在奴酋又親率韃兵來犯我大明，攻我寧遠。眾所周知，寧遠是一座孤城，我們唯一的一條生路，就是消滅敵人，堅守城池。我寧遠雖孤，但絕非它城可比，不但城堅砲利，而且數萬軍民同仇敵愾。寧遠城下就是奴酋的葬身之地！忠君衛國，報仇雪恥就在今日！我袁崇煥定與全城軍民同生死，我們寧遠軍民，誓與寧遠共存亡！勝利一定屬於我們！」

說到激動處，袁崇煥刷的一聲抽出腰刀，刺破小臂，在一面白虎大旗上用鮮血書寫了「誓與寧遠共存亡」七個大字。

二萬軍民被袁崇煥的忠義精神所感動。群情激昂，呼聲如雷：

「忠君衛國，報仇雪恥！」

「願與袁將軍同生死！」

「誓與寧遠共存亡！」

袁崇煥見寧遠軍民如此忠勇，通曉大義，熱淚奪眶而出。他一撩戰袍，跪在將台上，向台下的軍民揖拜道：「我袁崇煥相信全軍將士、全城父老，一定能夠同心同德，守住寧遠城！一定不會辜負皇恩厚望！一定能夠為我大明爭光！寧遠城就託付給大家了！」

台下又響起了一陣慷慨激昂的呼聲。

袁崇煥校場誓師的時候，住在山海關城內的遼東經略高第正躺在太師椅上閉目遐想。他早就探知了金國要大舉興兵的消息，暗自慶幸及早地撤出了錦州、右屯、松山、大小凌河等地，否則，一旦兵敗，豈不要背上個喪兵失地的罪名！如今不但無罪，還可以邀保存實力之功。想到此，嘴角上微微露出了一絲得意的笑容。突然他的笑容凝固了，嘴角上的肌肉緊張地抽動了幾下。他又想起了那個可恨的袁蠻子，竟敢當眾頂撞自己，不服軍令。這回叫你嚐嚐金兵的厲害。寧遠必失無疑，我要藉努爾哈赤的刀，殺你袁崇煥的頭！讓你死有餘辜！高第決定不援寧遠，坐觀失守。企圖用寧遠城的陷落，二萬餘軍民的生命來證明他貪生怕死、拋棄國土主張的正確。

多麼歹毒險惡的小人！卑鄙無恥的國賊！

北京城內，熹宗和大臣們惶惶不可終日。努爾哈赤數年沒有興兵，這次定是來者不善。袁崇煥誓死保衛寧遠忠勇可嘉，可是一個彈丸孤城能擋住十餘萬大軍嗎？剛剛接任的兵部尚書王永光，幾次大集廷臣，議論如何戰守。大臣們除了一片哀嘆聲之外，無一良策，只能聽天由命。

二十四日，寧遠城外，金兵雲集，戰馬嘯嘯；寧遠城頭，偃旗息鼓，靜若無人。袁崇煥與朝鮮使者同坐城樓說古論今，談笑風生。

忽然一聲炮響，金兵開始攻城。雄猛的八旗兵，漫山蔽野撲城而來。努爾哈赤避開明軍防禦最強的東南面，而猛攻明軍防守薄弱的西南角。努爾哈赤躍馬橫刀，親自指揮。

袁崇煥推開窗戶，見城下金兵如蟻，已進入射擊線，命令羅立開砲。一團火球飛向金營，數十金兵倒下。隨著炮聲，萬余明軍突然出現在城堞之後，各就各位。努爾哈赤對明軍作戰慣用戰車與步兵、騎兵相配合的「結陣」方法，即在陣前布置盾車，盾車以五六寸厚的木板裹著生牛皮為擋板，下有雙輪可以轉動，用以遮蔽炮火、飛石、箭矢。在盾車後是一層弓箭手，再後一層是一排小車，裝載泥土，用來填塞溝塹。最後一層是鐵騎，人馬皆穿重鎧，號稱「鐵頭子」。戰鬥開始，騎兵並不出擊，先用盾車抵擋，等明軍發射完第一次火器，未及發射第二次時，騎兵迅速衝出，如一股狂風刮過來，分兩翼猛攻明軍。霎時間就把明軍衝得七零八落。金兵與明軍作戰，採取這種戰法，屢屢獲勝。這次攻城，努爾哈赤基本上還是採取這種戰法。推土車很快就填平外壕，盾車迅速衝到城下，在盾板和密集的飛矢掩護下，車中的士兵奮力鑿牆穿穴。

對遠處的金兵，袁崇煥令用紅夷大砲轟擊。城上共有大砲十一門，安置在四面，每轟一炮，都有百餘人喪命。對衝到城下的金兵，則用箭射、石砸、火球燒。但金兵非常兇猛頑強，不顧死傷，踏著屍體不斷向城下推進，向牆上攀登。城上城下僅數丈數尺之隔，濃煙滾滾，殺聲震天，血肉橫飛。在這危險的時候，袁崇煥命人將庫存的一萬餘兩白銀全部拿出，放在城頭，激勵將士說：「有能奮勇殺敵不懼死者，即賞銀一錠！」將士受到鼓舞，勇氣倍增，有的臉被飛矢穿透，仍然堅持戰鬥。

城牆有數處被金兵鑿成二丈餘寬的大洞崩坍成缺口，情況萬分危機。袁崇煥親自挑石堵口，不幸受傷，將士們勸他下去休養。他說道：「苟且偷生，雖生何用！」說罷撕下戰袍，裹好傷口，繼續挑石。在袁崇煥的帶動下，將士們冒著如雨般的飛矢，很快堵住了缺口，但金兵在各處仍然鑿城不止。通判金啟倧將將士和百姓們的褥子、被單蒐集起來，裹上蘆花和火藥，卷在一起，一捆捆地投於城牆下，以火箭點燃。一瞬間，烈焰熊熊，牆下一片火海。鑿城的金兵非死即傷。雙方鏖戰直至深夜二更，努爾哈赤才收兵停止攻城。袁崇煥又組織敢死之士五十人，從城上縋城而下，將城下的鉤梯、戰車全部燒毀。

第二天，金兵繼續猛烈攻城，企圖一舉拿下該城，戰鬥更加激烈。明軍的大砲發揮了巨大的威力，金兵死傷慘重，四員大將身亡，損失兵丁近千。傳說努爾哈赤本人也被大砲擊傷。他見大勢已去，只好下令解圍退兵。努爾哈赤自起兵以來，二十五年中攻無不克，戰無不勝，只有寧遠一城未下。他「大懷憤恨而回」，歸後不久即病死。

經過一場惡戰，寧遠孤城巋然屹立。明軍取得了自明、金交戰以來的第一個大勝利。勝利的消息傳到北京，朝野歡呼，士庶空巷相慶。兵部尚書王永光不勝感慨地說：「遼東發難，各城望風奔潰，八年來賊始一挫，乃知中國有人矣！」

大學士顧秉謙盛讚道：「是役也，遏十萬之強虜，振八九年之積頹，四夷共凜天威，九州咸稱廟算。」

熹宗皇帝也喜不自勝，感到袁崇煥為他大明天子爭了光，欣慰地說：「寧遠之捷，此七八年來所絕無，深足為封疆吐氣！」

寧遠大捷，舉國歡慶，唯獨遼東經略高第如同霜打了的茄子。寧遠激戰，他不發一騎相救，朝野上下無不責罵。幸虧官場有個慣例，功勞先是大官的，有過都是部下的。高第抓了個替罪羊，他參劾遼東總兵楊麟「懦怯不前，不救寧遠」。楊麟被削職為民。但高第終難逃究，幸虧有魏忠賢等閹黨保護，才免於治罪，被免職歸鄉。

袁崇煥因功提升為都察院右僉都御史，繼而加遼東巡撫，不久又擢任為兵部右侍郎，仍舊駐守寧遠。其他參戰將領、士兵也都依功升官犒賞。但在這次戰役中獲得最大好處的是那個既沒出謀又沒打仗的奸閹魏忠賢。說他「預發火器，大壯軍威。功雖奏於封疆，謀實成於帷幄」。二萬將士血戰獲勝竟然是由於閹黨運籌決策！熹宗特給他加恩三等，不僅如此，連其子弟也得封賞，蔭其子弟一人任錦衣衛都指揮。魏忠賢的黨羽大學士顧秉謙，則加晉光祿大夫、太保。寧遠將士用鮮血和生命贏得的勝利成了奸黨升官發財的墊腳石。

寧遠戰後，王之臣任遼東經略。不久，朝廷召回王之臣，停經略不設，將關內外的防務盡屬袁崇煥。袁崇煥成了遼東最高的軍事統帥。他根據明、金兩國對峙的形勢，制訂出了一套加強防禦、戰守結合、穩紮穩打、希圖恢復的戰略方針：

一是將關外寧遠、錦州、中右屯、大小凌河諸城修築堅固，作為據守要塞，以遏制敵人的深入。

二是實行以「遼人守遼土，以遼土養遼人」的政策，招撫遼東離散百姓屯田當兵。足糧足兵，減少國家往遼東運糧調兵的困難。

三是加緊練兵，提高戰鬥力，使關外九萬明軍發揮一、二十萬大軍的作用。

四是盡力聯絡蒙古諸部，使之成為明軍助手，牽制敵人。

五是為了贏得備戰的時間，派使者與金國和談。

待到根基鞏固，兵精糧足，便可「畫程復遼，計日擒奴」。袁崇煥的戰略方針是正確的。他為了恢復遼東嘔心瀝血，竭盡忠誠。家鄉有人來遼東看望袁崇煥，他作詩自言其志：

五載離家別路幽，送君寒浸寶刀頭。
欲使肺腑同生死，何用安危問去留？
杖策只因圖雪恥，橫戈原不為封侯。
故園親侶如相問，愧我邊塵尚未收。

一片愛國赤膽忠心和抗金收復遼東的壯志躍然於紙上。

袁崇煥為了表示與城共存亡的堅定信念，特把自己年邁的母親和妻子從遙遠的南國遷來「寧遠危地」。駐守寧遠的總兵趙率教也將自己的妻子和兒子遷來居住。他們說：「土地破，則家與之俱亡。受祿於皇家，當竭盡其筋力，一念不忠，必取天厭。神明在上，君父難欺！」在他們的帶動下，各營將士無不同心協力，爭先恐後，關外形勢蒸蒸日上。

魏忠賢見袁崇煥功高聲盛，卻不肯阿附於己，遂視其為眼中釘。為了牽制袁崇煥，他派其黨羽劉應坤、紀用出鎮。袁崇煥上疏皇上，堅決抵制。魏忠賢對他更加仇視，便唆使其黨羽抓住「議和」大做文章，誣告袁崇煥通敵。袁崇煥只好一再向皇上奏明：議和只是緩兵之計。目前正在修築錦州、中左、大凌三城，如果城未修完而敵至，必將功敗垂成。他還明確提出，抗金作戰，應該實行「守為正著，戰為奇著，和為旁著」的方針。經過多次申訴，議和之事才勉強得到熹宗的認可。

努爾哈赤死後，第八子皇太極即位。皇太極初掌國政，需要鞏固內部，另外他還想用兵朝鮮，因此也樂於和談，袁崇煥虛與周旋。明、金兩國間出現了暫短的停戰。不久，皇太極發現了明軍築城、屯田的嚴重性，認為不能再給明軍以喘息的時間。因此，天啟七年（一六二七年）五月，皇太極親率大軍伐明。

這時只有寧遠和錦州兩城修築堅固，其餘尚未竣工。袁崇煥自己率軍守寧遠，命總兵趙率教守衛錦州。明軍經過一年多嚴格的軍事訓練，一改過去怯戰畏敵的懦態，而成為一支英勇善戰的軍隊，信心百倍地迎戰敵軍。

皇太極認為錦州城新築，容易攻破，遂先攻錦州，戰鬥異常激烈。雙方相持近一個月，大戰三次，小戰二十五次，無日不戰，但皇太極仍然毫無進展。金兵因傷亡過重，大放悲聲。

皇太極見錦州一時難下，就留下一軍圍攻，率主力轉攻寧遠。袁崇煥親臨城堞，指揮紅夷大砲、「木龍虎」等火器轟擊金兵，又命拒守在城外的總兵滿桂、尤世祿、祖大壽等率兵出擊。袁崇煥憑堞大呼，激勵將士奮勇殺敵。一場惡戰，雙方死傷都很慘重，但寧遠城紋絲未動。皇太極深知寧遠比錦州更難攻取，又回攻錦州，仍然未下，只好偃旗息鼓而撤兵。經過近一個月的廝殺，明軍終於以勝利告終，時稱「寧錦大捷」。

寧錦大捷應該歸功於袁崇煥布置的寧錦防線和正確的戰略戰術，以及遼東將士的浴血奮戰。但魏忠賢一夥閹黨卻再次竊取了這一巨大的榮譽。昏庸的熹宗宣稱：「寧錦危機，賴廠臣（指魏忠賢）調度以奏奇功。」又稱：「寧錦之捷，制勝折衝，皆受廠臣祕劃。」把一切功勞都算到了魏忠賢和他的黨羽身上，自魏忠賢以下，與寧錦戰役毫無關係的數百人都得到了升遷、封賞，而功勞最大的袁崇煥，卻被閹黨群起彈劾。說朝鮮被征服、寧錦被兵圍是袁崇煥和談失策；錦州被圍，袁崇煥援救不得力，要求從重論處。袁崇煥功高不賞，反而被羅織罪名，只好於天啟七年（一六二七年）七月，「告病乞休」。熹宗總算大開龍恩，不追究袁崇煥之罪，加銜一級，賞銀三十兩，大紅紵絲二表裡，准其回原籍「養病」。

袁崇煥並不留戀高官厚祿，他實在是捨不得離開他戰鬥了五年之久的遼東戰場。國恥未雪，邊塵未收，袁崇煥懷恨踏上了遙遠的返鄉之路，百感交集：

功名勞十載，心跡漸已違。
忍說還山是，難言出塞非。

袁崇煥離京僅半年，朝廷政局發生了巨大變化。熹宗病死，其弟朱由檢即位，是為崇禎皇帝。崇禎皇帝清除了魏忠賢及其黨羽，起用東林黨人。朝廷大臣爭請復用袁崇煥。崇禎皇帝欲奮發有為，思圖中興，也認為袁崇煥是御敵復遼東的傑出帥才。崇禎元年（一六二八年）四月，下詔命袁崇煥為兵部尚書兼右副都御史，總督薊、遼、天津、登、萊等處軍務，詔令他立刻起程入京。崇禎皇帝的破格起用，又燃起了袁崇煥心中的報國救民之火：

耳邊金鼓夢憂驚，又荷丹書聖主情。
草野喜逢新雨露，河山重憶舊功名。

七月，袁崇煥回到了離別一年的北京。皇上在平台召見，親切慰問，諮以御敵復遼的方略。袁崇煥被皇上拊髀宵旰的精神所感動。遂答奏道：「禦虜復遼方略已盡具疏中。臣受陛下莫大眷愛，決不辜負信重。如使臣能夠便宜行事，五年之內，全遼可複。」

崇禎皇帝聽說五年即可收復全遼，喜出望外，欣慰地說道：「如能復遼，朕不吝封侯之賞，卿子孫亦受其福。願卿早日克敵，以紓四海蒼生之困，解天下倒懸之苦。」

袁崇煥本有過於自信、言過其實的毛病。今見皇恩隆重，頭腦一熱，便輕率地許以五年復遼，實際上是根本辦不到的。天子面前豈能信口開河！況且崇禎皇帝正在整飭朝綱，以嚴法督臣，必要按期責效。這一句輕率的許諾，埋下了他日後被殺的禍根。忠貞可嘉，慎重不足。袁崇煥也自覺失言，便想在實施的條件上求得緩解，又奏道：「遼東之事本不易竣。陛下既然委託於臣，臣安敢辭難。但五年之內，戶部轉軍餉，工部給機械，吏部用人，兵部調兵選將，必須都要內外事事相應，如此，復遼大事才能得以實現。」這對當時積弊冗深的明廷來說，可謂是最高的條件。

崇禎皇帝一口答應。當即命四部大臣，一切都按袁崇煥的要求辦，失誤者嚴懲不貸。

袁崇煥又奏道：「以臣之力，制全遼有餘，調眾口不足。臣一出國門，便如同遠隔萬里。忌能妒功之人不能沒有，即或是不以權力掣臣之肘，也可能以意見亂臣之謀。」

崇禎皇帝起立傾聽，安諭道：「卿不必疑慮，朕自有主持。」

崇禎皇帝又採納大學士劉鴻訓的建議，收回王之臣、滿桂的尚方劍，只授予袁崇煥，專一事權。袁崇煥位高權重，成了山海關內外最高的軍事統帥。

袁崇煥離開遼東雖然僅僅一年，但關內外的形勢卻發生了巨大的變化。

明廷自袁崇煥被罷免後，又發生了防禦方略之爭。薊遼總督閻鳴泰、總兵尤世祿、塔山守將侯世祿等否定了袁崇煥所設置的寧錦防線，主張放棄錦州、塔山。弄得人心浮動，將吏貪冒，剋扣餉糧，一年欠軍餉七十四萬兩，軍糧四個月不發。導致寧遠、錦州士兵譁變。軍心渙散，喪失鬥志。

金國自皇太極即位後，調整了對待漢族的政策：重用漢族士人，對歸降的漢人不殺、不辱，分配土地，妥善安置。對搶掠降民財物、草菅降民性命者予以嚴懲。緩和了民族矛盾，發展了經濟，增強了八旗的戰鬥力。同時又積極拉攏蒙古各部，科爾沁等部相繼投靠後金，明朝失去了京師北面的藩屏。

袁崇煥再次督師遼東，面臨的形勢十分嚴峻。

崇禎元年（一六二八年）八月六日，袁崇煥抵達關門。時正值寧遠兵譁變。第二天，袁崇煥單人匹馬來到寧遠軍營，宣布補發餉銀，懲治了貪虐的將吏，並將兵變為首者正法，其餘一律不問。袁崇煥在遼東兵心中本來就有崇高的威望，譁變立即息止。接著袁崇煥又調整了內外防務，以總兵趙率教為後勁駐守關門，總兵祖大壽為前鋒駐守錦州，中軍副將何可剛居中駐守寧遠。以此三將為核心，調整各路兵馬，很快又建立起了堅固的寧錦防線。同時，又派出使者撫賞蒙古諸部，使察哈爾部與明重歸於好。喀爾沁部首領也發誓不幫助金國。經過一年的整飭，遼東形勢大為改觀。

遼東局面的迅速好轉，使本來就過於自信的袁崇煥滋長了驕傲情緒。他低估了智勇雙全的皇太極，認為皇太極只是一個凶悍的強盜，不足為慮。又過分信任蒙古各部，沒有估計到在明、金力量不斷變動中蒙古各部的變化。最大的錯誤是殺了鎮守皮島的總兵、左都督毛文龍。毛文龍統轄皮島四點七萬餘人，其中將士三萬，他雖然曾投靠魏忠賢，驕橫跋扈，為非作歹，虛功冒餉，但他還是忠於朝廷的，多次與金兵作戰，是一支威脅金國的重要力量。崇禎二年（一六二九年）六月，袁崇煥親臨海島，宣布毛文龍「十二大罪狀」，將他誅殺，隨後改編了毛文龍的兵馬。毛文龍經營皮島多年，頗有影響。毛文龍被殺後，軍心渙散，愈發不可用，其後致有叛離者。此舉在客觀上為皇太極解除了一個後顧之憂。袁崇煥想以專殺樹威，結果自斷臂膀。

崇禎皇帝聽說袁崇煥殺了毛文龍，大為驚駭。對他擅殺大將頗為不滿。但考慮到既然已成現實，只好予以承認。不過從此對袁崇煥心存疑慮。

作為一名傑出的軍事統帥，必須戒驕戒躁，深謀遠慮。不但要有軍人的忠勇，還要有政治家的頭腦。袁崇煥這方面的缺乏，最後導致了他悲劇的結局。

崇禎二年（一六二九年）十月，皇太極親率大軍伐明。精明的皇太極改變了以往攻擊錦、寧的做法，大膽地選擇了從未走過的內蒙古路線，繞過錦、寧，假道蒙古科爾沁部，然後自北向南，突襲北京。曾經對天盟誓的蒙古科爾沁部，背約投金，充當了金兵的嚮導。蒙古扎魯特、奈曼、敖漢、巴林等部也都出兵相助。

早在九月，袁崇煥即得到金兵將西渡遼河進犯的情報，曾派部將謝尚政率領一支軍隊援薊，但被薊州巡撫以消息不確為由遣回。十月二十九日，袁崇煥突然聞知金兵已繞道逼近北京，心膽俱裂。他立命趙率教率兵援救遵化，並於十一月四日親率祖大壽、何可剛選精騎星夜奔赴山海關，入衛京師。六天急行五百里，先敵抵薊州。此時趙率教兵敗被殺，遵化陷落。袁崇煥與金兵在離薊州二十里的馬伸橋交戰獲勝。但皇太極卻不戀戰，仍然直取北京。明朝政治腐敗，沿邊戒備空虛，金兵長驅直入，勢如破竹。袁崇煥只好率兵疾馳，力爭先期趕到北京城下。部將們擔心，沒有朝廷的命令而直趨京師，會遭到猜忌。袁崇煥說：「皇上有急，哪裡還顧得那許多，只要能解京師危難，雖死無憾。」

明朝萬萬沒料到金兵會冒險千里，突襲北京。頓時，滿城文武慌成一團。崇禎皇帝下令京師戒嚴，調全國各地兵馬來京師勤王。並傳諭袁崇煥「多方籌劃，速建奇功」。命各路援兵全聽督師袁崇煥調度。但這時京師謠言四起。

十日，袁崇煥統兵入薊時，明廷就傳說他有引金兵進京之嫌，所以朝廷下令袁崇煥不得過薊州一步，而他個人毫無察覺。在通州時，袁崇煥又沒和金兵交鋒，金兵得以直趨京師。疑上加疑，京城謠言四起，紛紛傳說袁崇煥召來了金兵。崇禎皇帝也疑心重重。

十一月十六日，袁崇煥僅率九千騎兵，士不傳餐，馬不再秣，由間道急抵廣渠門外紮營。終於趕在了金兵之前。祖大壽陣於南，王承允陣於西南，袁崇煥陣於西。大同總兵滿桂、宣府總兵侯世祿也相繼趕到，俱屯兵德勝門。

二十日，金兵進逼北京。皇太極統大軍紮營於城北土城關之東，兩翼營於東北。金兵發起攻擊，袁崇煥親自上陣迎戰。兩軍交鋒，短刀相接，奮力殊死。一敵掄刀直砍袁崇煥，幸賴將士用刀架隔，刀刃相擊而折。敵人萬箭齊發，袁崇煥兩肋中箭若刺猬，只因身披重甲才未被射透。明軍見統帥身先士卒，無不拚命殺敵。明軍三路攻擊，金兵鋒芒被挫敗退。明軍乘勝追殺，從中午血戰到晚上，金兵死傷慘重。皇太極退回營中後，感嘆地對部將們道：「我打了十五年的仗，從來未遇見過這樣厲害的對手。」

在德勝門戰場明軍失利。侯士祿先行潰敗，滿桂孤軍搏戰，城上守軍發炮助戰，砲彈卻都打在明軍陣中，明軍誤傷甚多。滿桂也被砲擊傷。崇禎皇帝遣中官齎送酒食，慰問滿桂，令其入休甕城。

明軍在廣渠門得勝，崇禎皇帝聞報大喜。二十三日召見袁崇煥、祖大壽、滿桂於平台，賜貂裘、銀甲等，並發酒肉、麥餅勞軍。袁崇煥軍隊急行軍，大戰二十餘日，疲憊不堪，也請求像滿桂軍一樣入城稍事休整。崇禎皇帝不准。令仍駐守城外。崇禎皇帝對袁崇煥仍然心存疑戒。

袁崇煥並不計較，屯兵沙河門外，與金兵遙遙對壘。暗中在營外布有伏兵，防備金兵劫營。金兵果然乘夜襲擊，都被明軍擊退。袁崇煥料金兵遠來，不能持久，意欲按兵固守，養精蓄銳，待敵兵撤退，再乘勢追殺。因此，傳命各路兵馬豎木列柵，拒險為營。對來攻金兵，只以炮火、箭矢迎擊，決不出營。

皇太極見攻堅不能克，野戰不能勝，遂心生一計，傳令放棄攻城，率軍徙營駐南海子。

先是金兵俘虜了明朝提督大壩馬房的太監楊春、王成德，關押在軍營中。皇太極知道明朝皇帝是最信任太監的，太監是皇帝的心腹耳目，所見所聞，必入告皇帝無隱。皇太極探知明廷對袁崇煥懷有戒心，謠言紛紛，感到有機可乘。於是喚來副將高鴻中、參將鮑承先如此這般地布置了一番。夜晚，高鴻中、鮑承先兩人裝作大意的樣子，故意在關押楊春、王成德的營帳旁邊低語：

「我們苦戰多日，正要取勝，卻又撤到這裡來，豈不是前功盡棄了嗎？」

「這你就不知了，今日撤兵，乃是聖上之計。」

楊春、王成德聽說撤兵是計，立即悄悄往前爬了爬，側耳傾聽。

「哦！是計？」

「對！我親眼看見聖上單騎向袁崇煥軍營方向走了一程，袁營方面來了兩個人與聖上見面，說了好長時間才離去。聖上回來滿臉笑容，便傳令撤兵。我看……北京……成功了……」

兩人越說聲越低。最後，楊春、王成德只能聽清隻言片語。但大意是聽明白了，袁崇煥通敵，企圖勾引金兵進京。天快亮時，楊春、王成德見看守的士兵困得靠牆扶槍而睡，悄悄地逃了出來，進了北京城。二人見到崇禎皇帝，把夜晚偷聽到的談話內容詳細地作了報告。

崇禎皇帝早就被謠言所惑，聽兩個太監一說，便深信不疑。十二月一日，崇禎皇帝以「議餉」的名義召袁崇煥、滿桂、祖大壽等入見。

袁崇煥等叩見未畢，崇禎皇帝臉色鐵青，厲聲問道：「袁崇煥你可知罪嗎？」

袁崇煥滿腦子都是禦敵打仗、籌辦數萬勤王大軍糧餉的事，萬萬沒有想到皇上會突然喝問出這麼一句話來，猶如晴天霹靂。

袁崇煥跪伏在地，恭聽皇上的下文。

「朕問你，毛文龍究竟何罪，你竟敢擅殺？奴兵是何原因突臨京師？朕命你統轄諸路勤王大軍，是何原因逗留不戰？」

連珠炮式的喝問，使袁崇煥猝不及防；況且這樣的問題也不是一兩句話就能講清楚的。袁崇煥略思考，剛欲剖辯，便被崇禎皇帝喝住，叱令錦衣衛拿下，送獄聽勘。命滿桂總理援兵，節制諸將，馬世龍、祖大壽分理遼東兵。

大學士成基命再三請崇禎皇帝慎重行事。奏道：「如今大敵臨城，非比他時，恐軍心動搖，不利退敵。」

崇禎皇帝不聽。古代有所謂「三十六計」，唯有「反間計」最為毒辣。它使之內部自相殘殺，發揮敵人所施展不到的作用。崇禎皇帝曾果斷清除閹黨，剷除朝廷大患，堪稱英明之舉。但過不多久，他也信重閹人，貽誤國事。太監楊春、王成德既被敵俘，怎能輕易逃脫？況且拘繫敵營，敵將又怎能在他們面前談論軍機大事？歷史上陳平間項羽，周瑜間曹操，幾乎為家喻戶曉的故事。此中智之主，便可知道是敵人的詭計。此非被敵所迷，乃是自迷也。歷代帝王最怕的就是大臣權重勢大聲望高，尾大不掉，威脅他的皇權。剛愎自用、猜忌多疑、冷酷無情的崇禎皇帝更是如此。雖然他第一次接見袁崇煥時，信誓旦旦地保證決不聽信讒言，一定堅信不疑地任用袁崇煥，但他無法擺脫封建帝王的心態和本性，最後還是自毀長城。

毛文龍的同黨、內閣大學士溫體仁，因袁崇煥斬了毛文龍，斷絕了毛文龍對他的賄賂，使他在經濟上受到了損失，因而對袁崇煥深為痛恨。連續五次上疏，誣袁崇煥「欺蔽皇上」、「資敵私通」、「引敵上驅」、「脅城下之盟」，力請即殺袁崇煥。兵部尚書梁廷棟曾與袁崇煥共事遼東，懷有私恨，這時也乘機陷害袁崇煥。魏忠賢的遺黨王永光、高捷、袁弘勳等要為逆黨報仇，也群起交劾。廷臣中許多人都看出了這是一起冤案，但他們多是膽小怕事之徒，明哲保身，不敢進言。遼東將士素感袁崇煥的恩德，敬佩他的才幹和他那憂國憂民、獻身邊關的精神。祖大壽冒死進諫，拿著官爵和贈蔭去贖袁崇煥，被嚴厲斥回。

袁崇煥被捕後，遼東將士一片驚惶，他們為自己主帥所蒙受的千古奇冤徹夜號啼，莫知所處。城頭守兵又炮石亂打，辱罵遼東將士是奸細。萬餘遼東將士，激憤洶洶。祖大壽、何可綱怕被坐罪，遂領遼東將士離京返回山海關。

朝廷聞報，大駭。強敵壓城，若遼東兵生變，不僅山海關外全失，京師也岌岌可危。崇禎皇帝和大臣們急得像熱鍋裡的螞蟻，團團亂轉，無一良策。無奈崇禎皇帝急忙啟用歸鄉的孫承宗料理京師防務，又從大學士成基命之請，讓袁崇煥修書招祖大壽。身陷囹圄的袁崇煥以國家和百姓的利益為重，修書給祖大壽，曉以忠義。祖大壽接到袁崇煥的手書，下馬捧泣，全軍皆哭。孫承宗也勸祖大壽切勿負國，應殺敵立功以贖袁崇煥之罪。祖大壽即日率兵返回，聽從孫承宗的指揮，收復永平、遵化一帶。

皇太極得知明廷中計，已將袁崇煥下獄，大喜，他的強硬對手終於被除掉了。遂命金兵在固安、良鄉一帶大肆擄掠燒殺，之後回軍盧溝橋，大敗明軍，乘勝逼進永定門。崇禎皇帝聽信宦官曹化淳、王應朝等閹黨餘孽的胡言，強令代替袁崇煥的滿桂出戰。明軍又遭慘敗，經略滿桂、總兵孫祖壽戰死。北京異常危機。但皇太極認為北京城一時難以攻下，即或是攻克，也不能長守，一旦各地明軍相繼趕來，恐有不測。不如四處騷擾，弄得明朝民窮國衰，再取北京也不遲。於是下令向通州進軍。克香河，陷永平，拔遷安、灤州，攻昌黎，一路掃蕩，飽囊大勝而歸。

金兵退走了，袁崇煥的死期也臨近了。其實，崇禎皇帝也並不是完全相信袁崇煥果真通敵。在祖大壽等收復了永平、遵化等地之後，崇禎皇帝曾經想重新起用袁崇煥主持遼東軍事。他說道：「守遼非蠻子（指袁崇煥）不可。」但閹黨餘孽御史高捷、史䳲，大學士溫體仁等繼續交章攻擊，必欲置袁崇煥於死地。他們還想利用袁崇煥一案，澈底清除朝中的政敵。

大學士錢龍錫為官剛正，鄙視閹黨小人，與袁崇煥交好。御史高捷、史䳲先連連攻訐錢龍錫，上奏崇禎皇帝，說道：「袁崇煥與敵通款，殺毛文龍都是錢龍錫主指，當與袁崇煥並罪。」錢龍錫被迫引疾告退。後來又誣他受袁崇煥之賄，罪如秦檜。錢龍錫為此險些被殺而改為遣戍定海；首輔韓爌係袁崇煥的宗師，老成慎重，引正人，抑邪黨，中外稱賢。尚寶卿、原抱奇等又攻韓爌引用袁崇煥，也是主和誤國，並應罷官。韓爌也只好提出辭職。崇禎皇帝無意挽留，令其還鄉。溫體仁引同黨周延儒入閣。溫、周二人聯合又擠走了曾為袁崇煥仗義執言的成基命。奸黨完全把持了內閣，袁崇煥被置於無可挽救的絕境。

中興心切的崇禎皇帝，本想在短時期內即使治國攘敵大見成效，對袁崇煥抱有過高的期望。可是此時朝廷腐敗透頂，崇禎皇帝重用奸佞邪人，猜忌賢能，袁崇煥依靠自己的才幹和忠誠，是挽回不了明朝頹敗局面的。袁崇煥許以五年恢復遼東，遼東未恢復，金兵卻長驅直入圍攻京師。北京在嘉靖二十九年（一五五〇年）時曾被蒙古兵所圍，此後京畿八十年未罹兵禍。如今京師以北慘遭蹂躪，激起朝野的普遍不滿。這對剛剛登基的崇禎皇帝來說，心理上的打擊是沉重的。他要樹威儆眾，袁崇煥的人頭是最適合不過的了。

崇禎三年（一六三〇年）八月十六日，為收復遼東嘔心瀝血、戰功卓著的遼東守將袁崇煥背著「通虜謀叛」的罪名，含冤受磔。其家產沒收入官，兄弟、妻子流放三千里。一代忠貞良將，人亡家破，眾口詆毀，呼喚著他的唯有遼東的山河……

袁崇煥的冤案，直到清初撰修《明史》，披露了皇太極設反間計一事，才真相大白。英名終於得昭，忠魂得慰九泉！

大明孤忠

崇禎十七年（一六四四年）三月十九日，李自成的大順農民軍攻克北京，明思宗朱由檢走投無路，最後在煤山（今景山）腰一棵歪脖子槐樹上上吊自盡。由於這年是舊曆甲申年，故史稱「甲申之變」。

四月十四日，這一凶信得到證實，陪都南京的官署中一片哭聲。南京兵部尚書史可法更是悲痛欲絕，他以頭觸柱，血流至踵，被部將和同僚死死拉住。

史可法是河南祥符縣（今開封市）人，他自幼苦讀，中舉入仕，由一個貧寒人家的子弟成長為官居一品的封疆大吏，全賴思宗一手提拔。他的恩師、曾受閹黨迫害的東林黨著名人物左光斗也是由思宗平反昭雪，單就這一層關係而言，思宗可謂是恩重如山了。

史可法昏沉沉地躺在榻上，被部將喚醒，睜眼一看，留守南京的主要官吏都來了。「史公，淮河以南還有我朝幾十萬大軍，國事非不可為。但國不可一日無君，存亡繼絕，功在千秋，請史公主持大計。」

一提此事，史可法頓時清醒了許多。在思宗殉難消息證實之前，他便覺兇多吉少，所以也考慮過這一問題，但此時他覺得還是先聽聽別人的意見，以自己的身分，一旦開口，別人就不好再說了。

張慎言先開口了：「按例應立先帝太子，但太子至今下落不明，且我輩誰也沒有見過，若不辨真偽，貿然立之，只怕會起紛爭，我看，還是從諸王中擇賢而立吧。」

史可法表示同意，其他人也紛紛贊成。

張慎言接著說：「只要是先帝的近支親族，便都有入承大統的資格，只是事不宜遲，不可捨近求遠，現在潞王朱常淓泊舟無錫、福王朱由崧逗留淮安，我看只能從中擇賢而立。」

這下子百官議論紛紛。從血統上看，福王稍近，但福王與東林黨是世仇，當年神宗皇帝想立寵妃鄭貴妃的兒子朱常洵為太子，由於東林黨堅決反對，結果朱常洵被封為福王，出封洛陽。此時朱常洵已被李自成軍處決，其子朱由崧出逃，由於有這一層關係，這第二代福王朱由崧一旦坐上皇帝寶座，對東林黨將極為不利，而此時的南京官員包括史可法在內多屬東林餘系，所以從心裡不願擁立福王。

「諸位請各抒己見，國事如此，自應以社稷為重，知無不言才是。」史可法接著說：「呂公有何高見？」

呂大器經史可法一鼓勵，便直言道：「立福王有七不可：貪、淫、酗酒、不孝、虐下、不讀書、干預有司，潞王賢明，當立。」

一番話說得史可法連連點頭，「我意如此，不過當國家用兵之時，前方將領的意見也很重要，馬士英不是在鳳陽嗎？聽說福王也在他那兒，所以今日會議的內容切勿外傳。」

提起馬士英，便不能不交代阮大鋮。清朝著名戲曲家孔尚任的《桃花扇》，寫的就是阮大鋮迫害東林黨人侯方域和秦淮名妓李香君的故事。思宗即位，閹黨垮台，阮大鋮也被削職為民，流落南京，結識了同樣落魄的馬士英，二人一見如故，臭味相投。崇禎十四年（一六四一年）阮大鋮運動復起不成，就順便推薦了馬士英。次年，馬士英當上了兵部左侍郎兼右僉都御史，總督盧州、鳳陽。馬士英十分感激阮大鋮，發誓要報答大恩，此時他的奸臣嘴臉尚未充分暴露。另外，還有一筆須做交代，馬士英、阮大鋮雖屬閹黨，但他們並不是太監。

福王朱由崧逃到馬士英的防區，馬士英便覺奇貨可居，立即接到鳳陽，滿足他的一切要求。其實福王也沒什麼太多的要求，只要兩樣：酒、女人。

馬士英主張擁戴福王，主要受阮大鋮的影響，馬士英也是仇視東林黨的，他看到福王與東林黨格格不入，一旦登基，肯定沒有東林黨的好日子過。再則福王昏庸無能，只會吃喝玩樂，而自己又有擁戴之功，將來這天下還不是馬家的嗎？於是他召集了鳳陽一帶的明軍將領，把用意一說，這些「丘八爺」一聽如此容易就會當上「開國元勳」，自然表示支持。

接著馬士英便向南京方面表達了他的主張，他認為擇立嗣君不可糾纏「賢否」，而應注重「親否」，議賢則亂，議親則一，因為賢否的標準不像親否即血統的遠近那麼好辨。這一論調自然遭到南京一派的反對。

最後，馬士英撕下了偽裝，索性表示：「不論是賢明，還是血統，福王都是最合適的人選。」接著不顧南京的反對，親率大軍護送福王去南京，一則造成既成事實，一則向反對者示威，擺出了一副兇惡的架勢。

南京方面無力阻擋，但群臣咽不下這口氣，一時群情激昂，找史可法商議。史可法沉思片刻，沉痛地說：「先朝黨爭紛紜，大傷國家元氣，如今國難當頭，不可再起紛爭。事已至此，只好順之自然。我輩以身許國，已置生死禍福於度外，諸位顧全大局吧！」

四月二十七日，南京官員出城迎接福王。不久，福王在南京稱帝，年號弘光，這便是歷史上「南明」小朝廷的第一個政權。接著，福王決定馬士英留朝輔政，命史可法出鎮淮揚。這個決定一發布，滿朝嘩然，但誰也沒有回天之力。

西元一六四四年五月十八日，史可法淚灑告別南京，滿腔忠憤地奔赴江北前線。

史可法駐守揚州，直接指揮「江北四鎮」，這四支大軍分別由高傑、黃德功、劉澤清、劉良佐指揮。四鎮各有防區，彼此矛盾重重，現在都來爭揚州這塊肥肉，當史可法到達時，高傑已包圍揚州，正準備攻城。

史可法以他的威望和毅力居間調停。諸將中最跋扈的是高傑，所部戰鬥力也最強，他本是李自成手下的一員驍將，因與李自成之妻私通，事發後投降明朝。史可法前來調解時，竟被高傑軟禁起來。在長達一個多月的軟禁中，史可法向高傑講君臣大義，講國仇家恨，以人格和魅力感染著高傑，解決了糾紛，不料到了九月，高傑又與黃德功發生衝突，雙方劍拔弩張，準備決一死戰。史可法又一次苦口婆心，直勸得唇乾舌焦，雙方才平息下來。

史可法最大的憂慮還是軍餉不足。當時，江南縉紳很希望朝廷能夠重整旗鼓，收復河山，馬士英便利用這種心理，派人到各地去搜刮錢糧，並抬高賦稅。秀才的功名也不用考試了，只要交錢就可取得。官職也定了價，例如武英殿中書一職出資九百兩即可買到。於是錢糧源源不斷運到南京，但都流入了馬士英的私囊，一點也沒有用於軍餉。史可法憤然道：「豈有不食之卒可以殺賊乎？」

此時的南京城裡，則是一片太平的景象。福王整天躲在深宮，一邊飲酒，一邊欣賞著「萬事何如杯在手，百年幾見月當頭」的對聯。他是每天必飲，每飲必醉，所以總是在醉鄉之中。在這種情況下，馬士英總攬朝政，為所欲為。

當時朝臣紛紛獻計獻策，上疏福王，希望他「臥薪嘗膽」，一時造成很大的聲勢。福王知道後，不知他出於什麼興趣，竟找來了馬士英，要問問「國事」。

「皇上別聽他們的，這些人都是東林黨，國家吃他們的虧還少嗎？」馬士英開口便堵上了福王的嘴。他見福王一時無從開口，便接著說：「陛下盡可安心；國家大事，雖經緯萬端，但不外和戰二事，若說起和，臣已派左懋第到北京議和，讓山海關以東土地，每年納銀十萬兩；若言戰，我據長江天險，北虜不善水戰，輕易不敢來犯。臣以為目下國家之患不在外而在內，所以很想提拔幾個忠臣，以固朝綱。」

「你想提拔誰？」

「阮大鋮，此人頗通兵法，又有迎立陛下之功，是難得的人才，只因得罪了東林，以致被冷落了多年，臣想用他為兵部右侍郎。」

「可以，你去辦吧！」

馬士英剛想告辭，不料福王把他叫住了，「朕尚無皇子，這都是後宮未充之故，這事，你得留心點！」

馬士英知道福王讓他找女人，連聲說：「臣馬上就辦、馬上就辦。」

「切記，挑選淑女，別讓太監去辦，這些人有眼無珠。」

這時史可法經不懈的努力，基本上穩住了揚州周圍的局勢，諸將也能協調起來。他又設館禮賢，招攬人才，形成了一個抗敵的中心。馬士英看在眼裡，急在心上，他設法挑撥諸將，不斷給史可法製造麻煩。

南明內憂外患不斷，清軍已準備攻明。

清軍入關之初，由於事出突然，加之與明末農民軍作戰，故暫時未對南明發動攻勢。但此時已初步站穩了腳跟，便準備大舉攻明，史可法部首當其衝。清軍希望史可法能作洪承疇第二，由多爾袞作書，勸降史可法。史可法將勸降信送往南京，然後回信多爾袞，表明自己「鞠躬盡瘁，光復神州」的決心。不久，前鋒便與清軍接仗，由於史可法指揮得當，明軍略有斬獲。當戰報傳到南京，馬士英正在下棋，他放下戰報哈哈大笑。左右問故，馬士英說：「你們當是真的嗎？這是史可法的妙計呀！年關將至，將士要敘功，錢糧要報銷，不扯個謊怎好來索餉呢？」接著，馬士英故作大方地說：「多少給一些，但不能給足，士兵發足了餉就不想打仗了。另外，要過年了，也給史可法些賞賜，就賞銀四十兩吧！」

除夕夜，朔風夾著大雪，席捲著江淮大地。自臘月以來，天就少晴，史可法的情緒也隨天氣低到了極點。他深知自己處在不可為而為之的境地，只靠這區區四鎮兵馬來重新支撐起明王朝坍塌的大廈，不啻是癡人說夢。成敗只有付之天意，但忠臣的大節不可移，國難當頭，只有一死以報君王。想到殉難的先帝，想到新年之際獨處的老母、妻子，他不禁大放悲聲。

「閣部，喝點酒吧。」幕僚們知道史可法善飲，故以此勸道。

「將士們都喝過了嗎？」史可法問。

「將士們都喝過了，只是時逢年關，連點肉也沒吃上，唉！」

史可法已有七個月沒有飲酒了，他滿斟數十杯，哭罷飲、飲罷哭，不久，乘著酒力，伏案而眠。窗外風刮得更猛，雪下得更緊，千里江淮大地一片白茫茫。

南京新春，花團錦簇，各衙門早早封了印，官員們操勞一年，都回家守歲去了。或許是大家覺得甲申年晦氣太多，所以很多人都放了些爆竹，過年的氣氛由此更濃郁了。老人們都說從未見過南京城如此熱鬧過。由於馬士英從杭州選來很多美女，福王心裡也是格外高興。此前馬士英還獻了個用雀腦和蟾酥入藥的春方，福王一試果然靈驗，厚賞了製方者。馬士英也覺臉上有光，高興地回家過年去了。

形勢危急了，新年一過，豫親王多鐸率清軍渡過黃河，大舉南下。史可法決定奮起反擊，高傑首先站了出來，願意統率數萬秦晉悍卒，北上抗敵。幾個月來，在史可法的教育下，高傑這匹害群之馬終於轉變成了一位忠勇的愛國將領。不料悲劇發生了，正月十三日，高傑在睢州被河南援剿總兵許定國設計誘殺，然後許定國降清。噩耗傳來，史可法頓足痛哭，連聲說：「中原完了！」

消息雖然傳到南京，但南明小朝廷已顧不上這事了，正忙於應付一系列的混亂。先是有個年輕人來到南京，自稱是思宗的太子，福王怕寶座被奪，便簡單地斷定為「偽太子」，投入了監獄。但很多人由於不滿福王統治，藉此大做文章，南京早已滿城風雨。

再就是「童妃案」。李自成大軍攻陷洛陽時，福王扒牆而逃，在逃難途中與一個姓童的女人做了一夜夫妻，事後也就忘了。不料那童氏得知當年的「野男人」如今做了皇帝，千里尋「夫」來到南京，福王死不認帳，那童氏也不死心，逢人就講當時的苟且之事，福王無奈，也把她下了獄。

更大的麻煩接踵而至，由於馬士英迫害東林黨人，加上長期不發軍餉，惹得鎮守武昌的東林大將左良玉舉兵「清君側」。西元一六四五年三月二十五日，大軍浮江東進。小朝廷不顧清軍南下，軍情火急，嚴命史可法帶兵到南京阻擊左軍。史可法屢次上疏，力辭不就，結果換來一次次「切責」。無奈，只好帶兵前去，不料大軍抵達南京之際，馬士英突然醒悟：這史可法不也是東林黨嗎？於是又命他立即北返。史可法已看到了鐘山與南京的城垣，他多麼想最後看一眼年邁的母親，但君命難違，他只好遙望城闕，痛哭而拜，並口占一絕：

來家不面母，咫尺猶千里；

磯頭灑清淚，滴滴沉江底。

史可法率兵北返，這一來一往，北邊防線崩潰了。一路上難民紛紛、潰卒奔逃，史可法清醒地認識到：最後的時刻到了。

揚州，中國歷史名城，當時是江北的軍事重鎮，北伐的基地，南京的門戶。

當史可法到達揚州時，針對兵力空虛的實情，他一面向小朝廷請兵，一面調集江北部隊。結果，朝廷未發一兵一卒，江北的明軍僅有劉肇基等少數將領應命。

四月十五日，清軍前哨抵達揚州西北郊的斑竹園。十八日，開始圍城。豫親王多鐸統率的這支八旗勁旅，縱橫千里，所向無敵，根本沒有把揚州放在眼裡，只是為了招降史可法，才暫緩攻城。

這時幕僚中有人提出個建議：決高郵湖堤，以灌清軍。史可法斷然拒絕，他說：「民為貴，社稷次之，我史可法已經誤國，不能再害民了。」幾十年後，江南人民依然感戴史公的大德，清朝學者全祖望有詩曰：「社稷終輸民命重，江淮千里免為魚。」

揚州城防空虛，軍心不穩，朝廷坐視不救。史可法已知事不可為，在清軍攻城前夕，開始安排後事。他召集部將，說：「我已誓死殉城，但不可落於敵人之手而死，到了最後關頭，誰能助我成就大節？」

副將史德威毅然站出，願當此任。

史可法高興地說：「你我同姓，我尚無子，你如願意，我上疏太夫人，把你當作孫子看待，可乎？」

史德威泣不成聲，連連叩首。

四月十九日，史可法作遺書五封。

遺豫王書

敗軍之將，不可言勇；負國之臣，不可言忠。身死封疆，實有餘恨。得以骸骨歸鐘山之側，求太祖高皇帝鑑此心，於願足矣。弘光元年四月十九日，大明罪臣史可法書。

上太夫人書

不肖兒可法遺稟母親大人：兒在宦途一十八年，諸苦備嘗，不能有益於朝廷，徒致曠違於定省。不忠不孝，何顏立於天地之間。今以死殉，誠不足贖罪。望母親委之天數，勿複過悲，兒在九泉，亦無所恨。得副將德威完兒後事，望母親以親孫撫之。四月十九日不肖兒可法泣書。

遺夫人書

可法死矣！前與夫人有定約，當於泉下相候也。四月十九日，可法手書。

遺史德威書

可法受先帝厚恩，不能復大仇；受今上厚恩，不能保疆土；受慈母厚恩，不能備孝養。遭時不遇，有志未伸，一死以報朝廷，固其分也。獨恨不早從先帝於地下耳。四月十九日，可法絕筆。

遺伯叔兄弟書（略）

這些書信字字血淚，表達了史可法慷慨捐軀的堅毅決心。

自揚州被圍以來，清軍便多次勸降，當著清軍信使的面，史可法一言不發，一眼不看，便把勸降信投入火中。多鐸又派明朝降將李遇春來到城下，挑撥說：「公忠義聞於華夏，而獨不見信於朝，死何益也？」史可法大怒，下令發箭射之，嚇得李遇春落荒而逃。

四月二十二日，清軍砲擊揚州，史可法指揮應戰。當夜，剛剛入援不久的兩支隊伍出城投敵，史可法既不能以武力制止他們，又怕留在城內發生內訌，索性聽之任之了。這下揚州守城兵力減少了一半，僅剩下四千人了，叛將向多鐸報告了城中虛實，從而堅定了清軍攻城的信心。

西元一六四五年四月二十五日，這是江南人民數百年不忘的日子。清晨，在隆隆的砲聲中，八旗勁旅向揚州城發起了總攻擊。人喊馬嘶、矢飛如雨，第一次攻擊在揚州軍民的反擊下潰退了。多鐸戰刀一揮，八旗軍再次發起狂濤般的衝鋒。當清軍擁至城下時，城上磚石齊下，清軍死傷累累。清軍踏屍登城，潮水般地湧上城頭。最後的時刻到了，史可法以刀加頸，被部將一把拉住，但鮮血已染紅了一片戰袍。

「德威！」史可法雙目圓睜，怒吼著呼喚他的義子。

史德威雙手執刀，淚流滿面，不能下手。

一群清軍擁至，史可法大呼：「我是史可法！」

史可法被押至清軍大營，多鐸一見起身相迎，開口說：「我累次以書信相招，而先生不旨屈就，現在你已經盡了為臣的忠心，你若能為我收拾江南，我定不惜以重任相委。」

「負國罪臣豈可偷生，今日之事，惟求速死。」史可法冷冷地說。

「史公不見洪承疇乎？那才是識時務的俊傑。」多鐸還不死心。

「洪承疇受先帝的厚恩，反而叛國投敵，真不知他是何肺腑。」

一些降將也紛紛來勸，史可法不屑一顧。

「好男子！你要做忠臣，我就成全了你的名節，你還有什麼話？」多鐸咬牙切齒地說。

「城亡與亡，吾意已決，即劈屍萬斷，甘之如飴。但揚州百萬生靈，即屬於你，當示以寬大，萬不可殺。」

史可法一腔熱血噴灑在揚州那斑駁的城牆上，同時殉難的還有很多文武官員。在此後的十天裡，揚州人民的生命把這座古城變成了血海。

五月初一日，清軍以保全忠臣後嗣的名義釋放了史德威。史德威跑遍了全城，到處都是屍體枕藉，在烈日下蒸變難識，史德威找不到史可法的遺體，痛哭而返。

「史可法沒有死！」「嗣三吳兵起，咸曰可法尚在，競藉其聲相慰奮」。直到西元一六四九年，馮宏圖還托史可法之名起兵抗清，類似舉動不一而足。連降清的洪承疇也覺得真偽難辨，一次居然向被俘的明軍將領打聽史可法到底有死沒死。不料明將反唇相譏，「您從北邊來，我正要問你，在松山被俘的洪承疇到底死了沒有？」洪承疇被俘之初曾生死不明，故而明將以此相譏。洪承疇大怒，急命部下推出去斬首。

在揚州陷落之際，馬士英依然趾高氣揚，不可一世。有人向他報告清軍準備渡江時，他竟把報告者打了一頓。當情報得到證實後，他立即嚇癱了。福王向他問計，半晌無語。再一追問，回答只是一個「避」字。回家之後，馬士英拋棄福王，自己出逃而去。所到之處，人民或群起而攻，或惡言相加。後來他還想投奔另一個剛成立的南明小朝廷——隆武政權，也被拒絕。他死於西元一六四六年，至於死法則人言不一，有一點較為一致的，是死於清軍之手。

與馬士英相為表裡的阮大鋮沒有逃，他投降了清軍，每日不辭勞苦，為清軍帶路、誘降。有一次，他化裝進入金華，假作投奔他的老朋友金華守將朱大典。朱大典信以為真，收留了他。不料他引來清軍，攻克了金華，朱大典氣得大罵不止，含恨自殺。不久阮大鋮也暴死在軍中，死因不詳。清軍把他的屍骨抛到路旁，揚長而去。

西元一六四六年清明時節，史可法家人設祭招魂，然後將他的衣冠袍笏葬於揚州城外梅花嶺。當時南國未靖，只好一杯清酒、一把熱土，草草安葬。

史可法是一位悲劇性人物。在其一生的四十四個歲月中，二十七歲以前在飢寒困頓中度過，二十七歲後中舉入仕，又一直處在兵荒馬亂的環境裡。他為人誠懇，為官清廉。甲申之變後，他欲為先帝復仇，恢復明室，以一介書生，受命於危難之際，折衝馳騁。他兼具諸葛亮和文天祥的品格，所以後人讚曰：「生有自來文信國，死而後已武鄉侯。」

史可法欲恢復明室，實際上是不可能的，一則經過明末農民大起義的打擊，明王朝已不可救藥，在新興的清王朝面前更是不堪一擊；再則南明建立之初，昏君奸臣兩惡相濟，強臣悍將爭訌不止，史可法安撫內部尚且不暇，怎能全力對外。正如清人評價：「先生當傾覆之天，而欲以一手擎之，其志則壯，其心可悲矣。」

福王的擁立、馬士英的得勢，史可法也不能說沒有責任。他自稱「大明罪臣」、「亡國庸臣」、「負國之臣」，便說明了他心中的負疚。哀莫大於心死，史可法是心死了，他在就義前四天寫給母親、岳母、夫人的信中就流露了這種情緒。信中說：「北兵於十八日圍揚城，至今尚未攻打，然人心已去，收拾不來。法早晚必死，不知夫人肯隨我去否？如此世界，生亦無益，不如早早決斷也……書至此，肝腸寸斷矣。四月二十一日法寄。」

但是，史可法選擇了一種壯烈的歸宿。

史可法的獻身並不是沒有意義的。諸葛亮曾說過：「鞠躬盡瘁，死而後已。至於成敗利鈍非臣之明所能逆睹。」他不計私利，以身許國的精神激勵著後人捨生取義，鼓舞著南國軍民堅持抗清二十餘年。清代學者全祖望在《梅花嶺記》中曰：「百年而後，予登梅花嶺上，與客述忠烈（史可法）遺言，無不淚下如雨。」他的魅力永遠感染著後人。

史可法就義一百三十一年後，即乾隆四十一年（一七七六年），清政府為了「勵萬古疾風之節」，特為史可法修墓建祠，並贈以「忠正」的稱號。這正是：一代興亡歸氣數，千秋義烈壯河山。

千秋功業

大西北的三月天氣，變幻莫測，剛才還是風和日麗，忽然間，狂風大作，天昏地暗。風捲著砂礫，吼叫著在戈壁灘上橫衝直撞，翻翻滾滾地向古城蘭州壓了過來。人們紛紛關閉門窗，慌忙地鑽進屋內，雞犬驚恐得亂叫狂奔。巍峨的總督衙門，頓時被滿天瀰漫的飛沙包裹起來，彷彿茫茫大海中的一座孤島，動盪飄搖著……

大學士陝甘總督左宗棠，在衙門的後廳裡憑窗而望；數月來，他與大學士直隸總督李鴻章一夥人就要不要收復新疆的問題展開了一場激烈的「塞防」與「海防」大爭論。淒厲的風吼，蔽日的沙塵，使他憂憤已久的心情更增添了幾分壓抑。自道光二十年（一八四〇年）鴉片戰爭以來，大清朝屢屢受挫於洋人，一次次的戰敗，一次次的割地、賠款、議和、開放口岸……說不盡的辛酸，道不盡的恥辱，每想到此，左宗棠便淚流滿面，義憤填膺。

左宗棠自青年時代便負報國之志：「身無半畝，心憂天下；讀破萬卷，神交古人」，常以鞠躬盡瘁，死而後已的諸葛武侯自期。而今他身居陝甘總督，怎能坐視新疆的大片國土被敵人宰割肢解呢？

原來，十年之前（同治三年，一八六四年），天山南北發生了回族、維吾爾族等反對清朝封建統治的暴動，一些民族和伊斯蘭教的上層頭目乘勢而起，先後建立了五個封建割據政權。他們爭人奪地，互相廝殺，征戰不休。中亞浩罕國將領阿古柏（Yakug Beg）乘新疆大亂之機，於同治三年十二月（一八六五年一月）率軍入侵，相繼攻占了喀什噶爾（今新疆喀什市）、庫車、阿克蘇、英吉沙爾、葉爾羌、莎車、和闐（今新疆和田市）等地。同治六年（一八六七年），竟然在大清朝的領土上建立了「哲德沙爾汗國」。繼而又攻占了達坂城、吐魯番、烏魯木齊、瑪納斯等地。

俄國、美國早就對新疆這片熱土垂涎三尺。阿古柏政權在南疆出現以後，它們都力圖把這個政權置於自己的控制之下，使之成為肢解新疆的工具。

俄國搶先下手。同治五年（一八六六年），俄國官員與阿古柏的守邊官員訂立協議，約定雙方互不干涉對方的行動。同治十年（一八七一年）三月，俄國出兵侵占了新疆伊犁九城地區，設官置戍，開路通商，「曉示伊犁永歸俄轄」。俄軍的入侵，遭到了伊犁地區各族人的強烈抵抗，俄軍獸性大發，在一個月中，將當地維、回、漢等族人「剿殺一半」。俄國侵略軍並不滿足對伊犁地區的占領，還對新疆腹地虎視眈眈。

在阿古柏和俄國的侵奪之下，新疆僅有塔爾巴哈台、古城、哈密一帶的狹小地區尚在清軍手中。國土淪陷，山河易色，大清朝的西部邊疆再次面臨被宰割的嚴重危機。

舉國震驚、朝野沸騰，紛紛要求朝廷出兵新疆，征討阿古柏，驅逐沙俄，收復失地。

在西北形勢岌岌可危的時候，左宗棠以垂暮之年挺身而出，毅然提出要擔負起收復新疆的重任。在與友人的信中，他說「俄人侵占黑龍江北地，形勢日迫，茲復窺吾西陲，蓄謀既久、發機又速。今既有此變，西顧正殷，斷難遽萌退志，當與此虜周旋到底。」同治十二年（一八七三年）春，他致書總理衙門，精闢分析了敵我雙方的形勢，詳細地提出了收復新疆的具體方案。

可是，對新疆的具體情況，清政府的當權者很不了解，甚至連阿古柏入侵的來由和現狀也知之甚少，對俄國的野心更是估計不足，天真地以為打幾場官司，經過幾次談判，阿古柏就會退出南疆，沙俄也會把伊犁拱手讓出。然而奉命去和俄國談判的署伊犁將軍榮全帶回來的信息，卻使得這些當權者大失所望。

原來，俄國的志向還不只在伊犁，而是企圖吞併整個新疆。他們連忙召開緊急會議，商量對策，經過一番認真的討論之後，得出結論：俄國此舉蓄謀已久，斷非空言所能有濟，中國必須兵力強大足以起震懾作用，並先發製人，方能得心應手，「杜其覬覦之漸」。於是下令：哈密幫辦大臣景廉、烏魯木齊提督成祿、直隸提督劉銘傳各率所部軍隊，即刻由肅州（今甘肅酒泉）出關入疆。可是成祿畏葸不前，劉銘傳稱病不至，景廉師久無功。無奈之餘，清政府只好又調金順、張曜兩軍出關。

同治十三年（一八七四年）七月，清政府任命景廉為欽差大臣，督辦新疆軍務，金順為幫辦，左宗棠督辦關外糧餉轉運，開始了收復新疆戰鬥的籌劃和部署。

正當舉國上下同仇敵愾，力主收復新疆還我故土的時候，有一個人卻一直躲在幕後悶悶不樂。此人就是文華殿大學士直隸總督李鴻章。多年來官居要職的李鴻章始終把他的老師曾國藩的諄諄告誡「淮軍固，閣下安」牢牢記在心頭，想方設法地擴大自己的淮軍力量。聽說朝廷要用兵新疆，李鴻章的心中打起盤算：出兵新疆必然要增加塞防經費，削減海防開支，這對東南沿海一帶的淮軍極為不利，再說，新疆戰事一開，必然開罪英俄兩國，萬一兩國交相要挾，豈不是禍患連接，永無了期了嗎？李鴻章越想越怕，用兵新疆，對自己對淮軍太不利了。不行，不行，絕對不能讓朝廷出兵新疆，可是總得找個機會，尋個理由，名正言順，堂而皇之地表達反對意見才行。李鴻章苦苦地等待著，機會終於來了……

原來恰在這時發生了日本侵略台灣的事件。大清帝國用五十五萬兩白銀作代價總算換取了東鄰小國日本從台灣撤軍。為此總理衙門的大臣們感到羞愧難當，更害怕「以一小國之不馴，而備禦已苦無策，西洋各國之觀變而動，患之瀕見而未見者也」。於是於同治十三年（一八七四年）九月二十七日上奏同治皇帝請求加強海防，並具體提出練兵、簡器、造船、籌餉、用人、持久六條應變措施，以防異日之不虞。同一天，軍機處轉發「上諭」，命地方督撫們就總理衙門的奏摺，詳加籌議，一個月內復奏。

李鴻章大喜，準備連夜上奏，反對出兵新疆。恰在這時，一個意想不到的陌生人突然來訪，打斷了他的思路。還未及坐下，來人便自報家門，他叫梅輝立（William Frederick Mayers），是英國駐華公使威妥瑪（Thomas Francis Wade）的漢文參贊（顧問）。原來自從阿古柏政權建立之後，一直夢想把侵略勢力從印度擴大到新疆的英國便加強了和阿古柏的聯繫。同治十二年（一八七三年）一支經過精心篩選的由三百人和四百頭牲畜組成的一支類似小型軍隊的英國使團在弗賽斯（Thomas Douglas Forsyth）的率領下，來到了喀什噶爾。他們給阿古柏帶來槍支、小砲，還有女王的親筆信等禮物。阿古柏大喜過望，不知如何是好，連忙撲倒在英使的腳下，一聲「讚美真主」之後，便討好獻媚道：「你們的女王是一位偉大的君主，她的政府是一個強大仁慈的政府，她的友誼是值得希求的。因為她總是以源源不絕的好處，給予得到這種友誼的人。女王就像太陽一樣，在她的溫和的陽光裡，像我這樣可憐的人，才能夠很好地滋長繁榮。」不久，雙方訂立了《英國與喀什噶爾條約》，阿古柏給予英國通商、低稅、領事裁判、購買租用土地、房屋等特權，而英國則承認「哲德沙爾汗國」獨立。從此英國巨大的保護傘覆蓋了阿古柏的整個「國家」。

聽說清政府要進兵新疆，征討阿古柏，英國著了急，立即電令威妥瑪設法從中阻止。透過多年和李鴻章打交道，威妥瑪深知在對外交涉中，李鴻章一向沒有骨頭，最好對付，便想透過李鴻章向清政府施加壓力。於是他派梅輝立連夜來天津走李鴻章的「後門」。

一陣寒暄之後，梅輝立向李鴻章建議，把伊犁讓與俄國，天山南麓割給阿古柏，以緩和英國與俄國的矛盾，並卵翼阿古柏政權。這正是李鴻章的一貫主張，見英使的意見竟和自己不謀而合，李鴻章像找到了救命的稻草，頓時神氣起來。

同治十三年（一八七四年）十一月初二日，李鴻章上《籌議海防折》，公然主張放棄新疆。在奏摺中李鴻章寫道：「臣李鴻章涉歷洋務頗久，聞見稍廣，於彼已長短情形之處，知之較深。今阿古柏據有南疆，北鄰俄國，西界土耳其，南近印度，實力頗強。以目前中國之力量，實不及專顧西域，即勉圖恢復，將來斷不能久守，且猶恐滋生他變。況且新疆不復於肢體元氣無傷，海疆不防則腹心之大患愈棘。竊以為，不如招撫喀什噶爾等回酋，准其自為部落。對已出塞或備出塞各軍，可撤則撤，可停則停，其停撤之餉即勻作海防之餉，此乃萬全久遠之策。」這樣，一場「塞防」、「海防」之爭首先由李鴻章挑起來了。

奏摺遞上以後，李鴻章的心中仍感到不安，他知道在一片出兵新疆的聲浪中，自己的主張定然會引起非議，遭到上下一致的反對，看來還須如此這般一番。於是李鴻章提起筆來寫信給和自己私交甚好的河南巡撫錢鼎銘，慫恿他抗疏直陳，調回塞防前線的宋慶部豫軍，以削弱西征軍力。正當他得意之時，忽然有消息傳來，自己的老部下署江西巡撫劉秉璋竟然贊同收復新疆。李鴻章大為不滿，立即去信大加責罵：「尊意豈料新疆必可復耶？復之必可守耶？此何異盲人坐屋內說瞎話？大肆簧鼓，實出期望之外。」

這樣，在李鴻章的唆使和鼓譟之下，一時間「邊疆無用論」、「得不償失論」、「出兵必敗論」……紛紛出籠，大有黑雲壓城城欲摧之勢。李鴻章心滿意足，便躲到了暗處，用手捻著僅有的幾根翻鬚，洋洋自得，愜意漣漣。

新疆的命運如天空中一朵飄浮不定的雲，不知要被這一陣陣的冷風吹向何方……

李鴻章的奏摺和一片放棄新疆的主張，把清廷的決策者們弄得暈頭轉向，左右為難：雖已調兵出關，但能否一舉復疆，實在是心中無底。這時他們想到了戰功顯赫的陝甘總督左宗棠。

光緒元年（一八七五年）二月初三日，清政府密諭左宗棠，令其就如何統籌全局，關外將帥、軍隊能否勝任，如何調度等發表自己的意見，詳細密陳。

左宗棠手捧著密諭，感到萬千沉重。因事關新疆的存亡，左宗棠不得不慎之又慎。一陣沉思之後，左宗棠在奏摺中寫道：「竊惟時事之宜籌，謨謀之宜定者，東則海防，西則塞防，二者並重。以國勢論，重新疆者，所以保蒙古，保蒙古者，所以衛京師。西北臂指相連，形勢完整，自無隙可乘。若新疆不固，非特陝甘、山西各邊時虞侵軼，防不勝防，即直北關山亦將無晏眠之日。事機之急，莫此為甚。豈有海疆無事，先棄新疆，停兵撤餉，自撤藩籬，壞我萬里長城之理乎？」

左宗棠的奏摺，彷彿給在一片放棄新疆的鼓譟聲籠罩下那死一般沉靜的湖水中投下一塊石子，一石激起千層浪，立即引起軒然大波。四川總督丁寶楨，山東巡撫文彬，江蘇巡撫吳元炳，湖南巡撫王文韶等都堅決支持左宗棠的主張，力主收復新疆。

這樣，一派以李鴻章為代表，一派以左宗棠為代表，圍繞是否應收復新疆，加強塞防還是海防，針鋒相對，互不相讓，展開了激烈的爭論和鬥爭。

由於左宗棠和李鴻章二人的爭論直接關係到新疆的存亡，實在是事關重大，且二人都是大學士、總督，重兵在握，權力、地位、資格不相上下，朝野輿論嘩然。清政府的中樞決策機構更是左右為難，莫衷一是。為調解二人的矛盾，結束爭論，尋求江山永固之策，決策者們決定立即召開緊急會議，慎重對待二人的爭論。

光緒元年（一八七五年）四月二十日，由親王、郡王、大學士、六部、九卿等參加的關於應否收復新疆的廷議正在緊張激烈地進行著。會議整整開了大半天，仍沒有結果。疲倦、沉悶的氣氛籠罩著會場，有的大臣已漸漸昏睡起來。這時，光緒皇帝的父親醇親王奕譞慢吞吞地站起來，清了好一陣嗓子說道：「沙俄裂我疆土，防禦沙俄是不刊之論，而李鴻章之請暫罷西征也不失為最上之策。」大臣們以為醇親王會有什麼高見，誰知聽了半天，也沒弄明白親王是贊成還是反對用兵，不免大失所望。恭親王奕訢的心中是主張放棄新疆的，便說：「也許新疆丟了不會真的有什麼後患，花費數百萬取回不毛之地，怕不是幸事。」大臣們見主持會議的恭親王最後定下了基調，於是紛紛爭先恐後地表態：出兵新疆禍大利小，絕非善策。

這時，執政的武英殿大學士、軍機大臣文祥站了起來，他環視一下四周，望著一個個肥頭大耳、怯懦無為、膽小怕事的朝臣們，心中既氣惱又悲傷：想我大清創業之初，國力強大，雄揚四方，何其輝煌，何其榮耀；而時至今日，到了危難之時，竟然沒有一個人敢站出來，救國難於水火。可嘆啊可嘆！看來只有老夫力排眾議死命抗言了。於是文祥憤憤地說道：「倘西寇數年不剿，養成強大，一旦破關而入，陝甘內地皆震。即馳入北路，蒙古諸部落皆將叩關內徙，則京師之肩背壞矣。烏魯木齊為重鎮，南鈐回部，北撫蒙古，以備禦英俄，實為邊疆久遠之計，豈能置之不問？當選一得力將帥，全力進剿！」在文祥的堅決主張下，清政府終於最後下了收復新疆的決心。

光緒元年三月二十八日（一八七五年五月三日），清廷發出六百里加緊諭旨，任命左宗棠為欽差大臣，督辦新疆軍務，擁有籌兵籌餉、指揮軍隊的全權。手擎諭旨，左宗棠感激涕零，喜不勝收，向著京師的方向遙拜了許久，決心不負皇恩，誓死收復新疆，即使「馬革桐棺」、「老死西域」也在所不惜。

作為一個功成名就、權高位重的封疆大吏，在國家危難之際，有如此強烈的愛國之心，並為此不惜甘冒敗則家破人亡的風險去馳騁疆場，這是何等可歌可泣的精神啊！和李鴻章相比，誰忠誰奸，誰愛國誰賣國，不言自明，二人之別何啻霄壤！

左宗棠接到朝廷的任命之後，興奮異常。然而擺在他面前的是一條坎坷不平、荊棘叢生的道路，困難萬千，阻礙重重，險象環生。既要在國庫空虛，財政拮据的條件下籌辦巨額經費，又要在軍糧無著、路途艱險的條件下籌糧、籌轉運；既要在政敵攻訐、謗聲四起的逆境中據理力爭，又要與狡詐兇惡的阿古柏、英國和俄國進行堅決的鬥爭。特別是西土苦寒，許多將領都不願前往……難啊！但左宗棠沒有被重重困難所嚇倒。「西事無可恃之人，我左宗棠斷無推卸之理，我不承擔誰承擔！」他開始了艱難的西征準備工作。

打仗必須統一意志，統一指揮，上下一致，同心協力。可是甘肅新疆的現實卻使左宗棠感到力不從心，牽制太多。幾個滿洲統兵大員，烏魯木齊提督成祿、督辦蘭州軍務穆圖善、欽差大臣督辦新疆軍務景廉、哈密辦事大臣文麟……，倚仗自己是朝廷所倚重的達官顯貴，胡作非為，和左宗棠「同役而不同心」，「同床異夢」。雖然左宗棠深深地知道：「與旗員鬧口舌，是吃虧事，與前任爭是非，非厚道事。」可是事關君國大事，關係到新疆的存亡，他再也不能顧及什麼吃虧不吃虧了。於是左宗棠提起筆來堅定而巧妙地逐一上奏彈劾以上人等。不久清政府將成祿、穆圖善、景廉、文麟等或革職拿問或調京供職。左宗棠長出了一口氣：終於事權歸一，得心應手了！

之後，左宗棠開始大刀闊斧地裁併整編軍隊。令所部將領志願出關，凡官兵不願出關者，絕不勉強，資遣回籍；撤換庸懦畏葸的將領；嚴明軍紀；嚴格訓練……。從此，軍心大振，士氣旺盛，上下一心，一支由漢、回、滿等族人民組成的西征軍正式誕生了。全部兵力如下：劉錦棠部老湘軍二十五營，張曜部嵩武軍十六營，此為西征軍兩大主力；金順部四十餘營，徐占彪部蜀軍七營，之後又增金運昌部卓勝軍十營，易開浚部湘軍四營，譚上連部湘軍四營，徐萬福部湘軍四營，全軍總兵力達七、八萬人。

西征軍出關作戰，戰線長達數千里，經過浩瀚的沙漠，翻越峻峭的天山。軍糧的籌集和運輸都極為艱難。為了保證軍隊有充足的給養，左宗棠絞盡腦汁，費盡了心機。經過一番仔細的分析思考之後，左宗棠分別於南北兩路加緊採集軍糧。北路於歸化設西征採運總局，包頭設分局；南路於河西走廊的涼州、甘州、肅州等地也設專局採辦軍糧。由於西北地區連年戰亂不堪，田野荒蕪，人民困苦不堪，故又不能不顧老百姓死活，竭澤而漁。所以，往往無糧可買，左宗棠的籌糧工作遇到了困難。

恰在這時，俄國總參謀部軍官索斯諾夫斯基（Iulian A. Sosnovskii）一行五人突然來到了左宗棠的蘭州官邸。原來阿古柏政權一出現，立即引起了俄國的極大興趣，為了使阿古柏成為俄國侵略中國戰略棋盤上的一枚小卒，俄國立即採取了緊張的外交活動。同治十一年（一八七二年），喀什噶爾阿古柏的王帳內，歌聲悠揚，舞姿翩翩，笑語殷殷。阿古柏正以最熱烈的方式盛情款待來自俄國的使節。席間最美好的食物，最甘美的奶茶，最純香的瓊漿，應有盡有，豐盛無比。阿古柏極盡阿諛，獻媚地說道：「噢！親愛的朋友，請坐在我的膝上，坐在我的懷裡，或坐在你們所喜歡的任何地方，因為你們是上天送到這裡來的貴賓。」俄使考爾巴斯（Alexander Kaulbars）也連連舉杯致謝，一唱一和，好不親熱。酒足飯飽之後，阿古柏請俄使觀看閱兵，並自作多情地說道：「我把你們俄國人看作是最親愛的朋友，不然，我會把我的軍事力量給你們看嗎？」考爾巴斯故作受寵若驚地表示：「俄國永遠是阿古柏最可信賴的朋友。」第二天雙方簽訂了《喀什噶爾條約》，俄國承認「哲德沙爾」為獨立王國，阿古柏則給俄國通商、旅行、設立商務代表和商館的特權。可是不久俄國就發現，條約所規定的俄國的權利幾乎沒有實現的可能，一則因為阿古柏對俄國吞併了他的祖國浩罕而懷恨在心，二則阿古柏又找到了新的主子——英國，並正打得火熱，對俄國漸漸冷淡起來，並設置種種阻撓，不履行條約。俄國氣得要死，他們希望中國出兵征討阿古柏。可是又怕中國兵力強大後對自己構成威脅，為此，俄國急於想知道中國的實力。帶著這種急切心情，索斯諾夫斯基率領所謂「科學貿易考察隊」拜見了左宗棠。

光緒元年（一八七五年）五月，左宗棠在總督衙門熱情地招待了這位俄國軍官。從此他們每隔一天會見一次，索斯諾夫斯基在蘭州共住了二十七天。一天，左宗棠在和索斯諾夫斯基進餐時，他突然發問：「請問左公，敝國想與貴國在關外通商，不知尊意如何？」左宗棠爽快地說：「兩國通商和好，實乃幸事。但新疆戰亂未平，不妨等新疆克復之後再進行。」俄官一心想透過軍糧來控制左宗棠，便試探著問道：「大軍出關，糧草耗多，鄙人可代為採買五百萬斤。」本來左宗棠正為買不到糧食發愁，聽俄官這麼一說，便高興道：「果真如此，實為我西征軍之福也。」當下接受了這筆糧食交易。俄官舉杯祝酒之後得寸進尺：「貴軍如要軍火，吾國亦可全力供給，並可派兵助剿。」左宗棠怕過多依賴俄國，受制於人，便一口回絕道：「軍火所儲已久，不需補充。中國邊防，中國自有辦法，無須幫助。」俄官尷尬無言。沉默了許久之後，左宗棠笑著問道：「假如有一天中國和俄國開戰，尊意以為誰可取勝？」索斯諾夫斯基萬萬沒想到左宗棠會如此發問，頓時臉色發紅，虛汗驟生，一時不知所措，支支吾吾道：「這……這是不可想像之事。」左宗棠用手捋著鬍鬚笑道：「不必拘忌，但說無妨。」被逼無奈，索斯諾夫斯基只好吞吞吐吐地說：「俄國也許不會失敗。」至此俄國終於明白了，左宗棠遲早要和俄國打仗。恐懼之餘便暗中把糧草武器接濟給烏魯木齊的白彥虎，叫他和左宗棠對抗，消耗左宗棠的實力。

但不管怎樣，左宗棠卻由此買到了一筆軍糧。之後，左宗棠又開始興修水利，興辦軍屯、民屯等，終於籌集到了足夠的軍糧。

採集軍糧困難，要把採集到的軍糧運到前線，同樣是困難重重。左宗棠經過一番苦心思考，決定關內以車運為主，關外以駝運為主，運輸方式上採取「節節轉運」，短途運輸的方法。一時間，從涼州、甘州、肅州，出嘉峪關，過玉門、安西至哈密，從包頭、歸化經烏里雅蘇台、科布多至巴里坤、古城，從寧夏經定遠營、察罕廟、巴尚圖素、合歸化、包頭至巴里坤……。左宗棠的運糧大軍車拉，駝馱，人背……浩浩蕩蕩，絡繹不絕，到光緒二年初夏，左宗棠在安西、哈密、巴里坤、古城等地共集中了約二千四百八十萬斤軍糧，足以解決西征軍的吃飯問題。

對於其他軍需，左宗棠也用盡了苦心：在上海設立採辦轉運局，購買槍砲彈藥，籌借外債，收集情報；在漢口設立後路糧台，轉運上海採購的軍需物資；在西安設立總糧台和軍需局，在蘭州成立製造局，改造舊式火器並仿造德國的來線炮和七響槍；又設立火藥局，以就近供應軍火……，萬事俱備，只欠東風。

光緒元年（一八七五年）夏，雖已是夜幕深沉，但蘭州陝甘總督衙門內仍是燈火通明，人聲鼎沸。老湘軍分統以上將領參加的關於西征戰略問題的軍事會議激烈地進行著，將領們慷慨陳詞，各抒己見，熱鬧非凡。一番爭論之後，左宗棠根據新疆地形、地勢特點和敵軍防守的情況制定了戰略計畫——先北後南。先打力量最弱的北路烏魯木齊，並藉以大量擊斃敵之援兵，然後乘勢南下，以期「致力於北而收功於南」。作戰原則，「緩進速戰」，即戰前充分準備，戰時則以雷霆萬鈞之勢一舉殲之，不打曠日持久的消耗戰。

光緒二年（一八七六年）二月二十二日，西征軍在前敵總指揮劉錦棠的率領下，分批由肅州出關，雄赳赳、氣昂昂地踏上了收復新疆的征途。

樹欲靜而風不止。這時又發生了「馬嘉理事件」。英國不但百般以武力要挾，欲取得更多的利益，更希望中國停止西征，使阿古柏政權長命永固。為了動搖西征軍心，英國便透過《申報》造起了謠言，宣稱：英國有打通西路之意，俄國人也有進攻甘肅的可能，使中國首尾不能相顧等等。

受命辦理此案的李鴻章心中更是樂開了花。自從和左宗棠爭論失敗後，李鴻章整日悶悶不樂，總想找機會報左宗棠的一箭之仇。現在不就是天賜的良機嗎？既然英使不斷以武力要挾，何不藉機大造戰爭輿論。這樣一來可以顯示海防的重要，爭取到更多的海防經費，又可以給左宗棠來個釜底抽薪。一舉兩得，何其妙哉？想到這裡，李鴻章立即從後台跳到前台，興風作浪。他大肆散布：「此案其曲在我，如不妥協，英國必然派兵攻打各海口，戰事一開，兵連禍接，其害有不可測者。」

對於《申報》的謠言和李鴻章的所為，左宗棠早已洞察其奸，為此他不得不於百忙的戰事中分神出來與之進行針鋒相對的鬥爭。在奏摺中，左宗棠一針見血地指出，英國的謠言在於瓦解西征軍的鬥志，而李鴻章的所為更是叵測居心：「英人虛聲恐嚇，當事者（李鴻章）藉以把持重餉，其根本用心在於欲籠軍餉歸之洋防。」

光緒二年（一八七六年）七月二十六日，《中英煙台條約》簽訂。中國增開口岸，減免英貨厘金。左宗棠敏銳地感到「從此餉源日窘」，各省的協餉將更加困難。他又氣又恨，大罵李鴻章是「孱禽為急弦所下，不能掙扎片時」。

果然，從此之後，沿海沿江的督撫們都少解、緩解、停解西征的協餉，致使西征軍餉奇缺，一年中竟發不出一月滿餉。西征各項所需，添購駱駝、馬匹、皮棉衣褲、鑼、鍋、皮碗、口袋、篷帳、旗幟、號褂、應更換的軍械、火器、火藥……均無著落。望著狂風呼嘯中仍著單衣被凍得渾身發抖的士兵，看著官兵沒鍋做飯只好啃著生紅薯聊以充飢的悲慘情景，左宗棠心如刀絞，欲哭無淚，欲喊無聲。無奈之餘，只好奏請借洋款一千萬兩，以解燃眉之急。

不久，清政府批准左宗棠借洋款五百萬兩，戶部撥銀二百萬兩，各省協餉提前撥解三百萬兩，「以足一千萬兩之數」。熱切盼望中的左宗棠，接到上諭後，驚喜異常，感激涕零，不能自已，跪在地上一連把上諭看了三、四遍，連連說道：「大軍有救矣！新疆有救矣！」

按慣例，向洋商借款，都要由海關出票，督撫加印。在所有的海關中兩江海關的收入最大，而兩江總督沈葆楨又是左宗棠一手扶植起來的。於是左宗棠寫信給沈葆楨，請其一手代為辦理借款事宜。誰知沈葆楨卻第一個公開站出來反對左宗棠借洋款。

原來，聽說左宗棠要藉洋款，李鴻章氣得咬牙切齒，在被召對時極力表示反對。直到軍機大臣文祥「力駁之，並上疏直陳」後才不敢再進言。但明的不行，就來暗的，不管用什麼手段，總要把左宗棠置於死地。

這時，李鴻章想起了沈葆楨，於是提筆寫信說：「左帥擬借洋款千萬以圖西域，可謂豪舉。但冀利息稍輕，至多不得過七厘，各省由額協項下分還，亦未免吃力，何可獨委諸執事耶？」其陰險之用心，不言自明。

兩天後，沈葆楨果然不負李鴻章之所望，公開上奏反對借洋款。李鴻章欣喜若狂，立即去信大加讚賞：奏稿「剴切詳明，詞嚴義正，古大臣立朝風采，復見於今，大足作敢言之氣，傾服莫名」。

為了堵住左宗棠的借款通道，李鴻章又暗中拜訪了總稅務司英國人赫德，讓其設法使英商拒絕借巨款給左宗棠。一切辦妥之後，李鴻章心滿意足，便躲到了陰暗的角落裡，冷眼觀看著荊棘叢生中的左宗棠如何動作。

左宗棠畢竟是左宗棠，鐵骨錚錚，誓不妥協：你兩江沈葆楨與我作對，不出票不蓋印，沒關係，我可以請浙海關、粵海關出票，閩粵總督蓋印；你英商不借，我向別的洋商去借，其奈我何？

終於，左宗棠從德國泰來洋行借到了五百萬兩，緩解了餉缺。

光緒二年（一八七六年）六月二十九日，左宗棠的西征大軍以排山倒海之勢一舉收復了烏魯木齊，九月克復瑪納斯，拔掉了阿古柏在北疆的全部據點，並揮師南下，準備征討阿古柏，收復南疆。

這下可急壞了英國侵略者，他們再也忍耐不住了，急忙衝到前台來為阿古柏乞降立國。

一天，英國駐華公使威妥瑪來到天津，祕密訪晤了李鴻章。威妥瑪告訴李鴻章：「中國收復新疆，征討阿古柏，必然會兩敗俱傷，給俄國造成入侵機會，這樣不光害了印度，於中國也無益。為此英國願出面調停，但中國必須允許阿古柏為屬國，不必朝貢。」本來，放棄新疆是李鴻章的一貫主張，現在聽威妥瑪這麼一說，頓時心領神會，於是急忙跑去拜見奕訢，轉達威妥瑪的意見說：「阿古柏不敢深信左帥，欲向朝廷乞命，囑為密致鈞處。」

聽說英國竟然替阿古柏乞降，左宗棠怒不可遏，憤然駁斥：「新疆南八城自乾隆二十四年入中國版圖至今，與印度無絲毫之損，豈阿古柏居此地，則於英有益，中國復此地，反於英有損乎？」「原來英人此舉，非為安集延，乃圖保其印度腴疆也。」

之後，左宗棠急忙告誡劉錦棠：「戰陣之事，權在主兵之人，非他人所可參與。」只要南路「節節順手」，英國自然無所措施。

為了澈底摧垮阿古柏政權，左宗棠決定打開通往南疆的門戶——達坂城、吐魯番、托克遜這一三角地區。令徐占彪、張曜攻吐魯番，劉錦棠攻達坂城，兩處得手後，合攻托克遜堅巢。之後，清軍馬步近五十營，兩萬餘人從北東兩個方向對達坂城、吐魯番、托克遜地區展開了鉗形攻勢。

阿古柏聞風喪膽。十幾年來，他怕的就是有一天，清軍會來找他算帳。為此他曾做過多番苦心努力，和英國、俄國、土耳其以及其他回教國家交好。可是到頭來，還是誰也幫不上忙。看來只有硬著頭皮拼了。於是阿古柏拼湊了二點七萬人。令大通哈愛伊得爾呼里駐守達坂城，次子海古拉屯紮托克遜、艾克木汗、白彥虎、馬人得等駐守吐魯番，自已於喀拉沙爾督戰，企圖憑藉天山之險負隅頑抗。

光緒三年（一八七七年）三月初六，天剛濛濛亮，達坂城突然間槍聲大作。守城的敵寇早晨睜開睡眼一看，大驚失色，不知何時整個達坂城已被清軍圍得水洩不通。只見清軍個個手握槍支，環列圓陣，勻布整齊，虎視眈眈。敵寇慌忙開槍射擊，企圖驅散清軍，誰知十幾名清軍中彈倒下之後，整個隊伍仍然堅立如故。守城的敵寇個個驚得目瞪口呆。忽然間炮聲轟隆，撕天裂地，清軍環城安置的開花大砲連番轟擊起來。砲彈擊毀了敵人的砲台，轟坍了幾處城牆，最後一顆砲彈擊中了城內的彈藥庫，頓時山搖地動，火光衝天，大風驟起，火借風勢，愈燒愈烈，整個達坂城處在一片火海之中，城內守敵，肝膽俱裂，狂亂已極。清軍乘勢一舉攻克重鎮達坂城，阿古柏的軍隊無一人一騎返還。之後清軍順利攻克了吐魯番、托克遜二城。

這場戰鬥，使阿古柏遭到了毀滅性的打擊，阿古柏損失兵力兩萬多人，占這一地區總兵力的五分之四，占其總兵力的一半。從此南疆門戶大開，清軍形成破竹之勢。

五月二十九日，驚恐萬狀的阿古柏見大勢已去，服藥自斃於庫爾勒，哲德沙爾政權陷入分崩離析的狀態。

左宗棠聞捷訊，喜不勝收，連聲稱讚該役「實西域用兵以來未有之事」。

阿古柏死後，英國生怕阿古柏政權從此壽終正寢，於是又玩起了為其乞降立國的把戲。光緒三年（一八七七年）五月二十七日，英國外交部照會清駐英公使郭嵩燾，要求中國軍隊停止進攻，允許安集延人繳還北部數城，留有喀什噶爾數城，使其可以立國。

左宗棠聞言，不禁怒髮衝冠，憤然質問英國：「喀什噶爾即古代之疏勒國，自漢代已隸中華。阿古柏本浩罕國安集延人，非無立足之地，何待英人別為立國？既欲別以立國，則割英地與之，或割印度與之可也，何乃索我腴地以市恩？」

接著左宗棠在奏摺中寫道：「現在大軍連克達坂等城，勢如破竹，敵寇一片驚慌，又值阿古柏仰藥自斃，如不乘勝直前，畫地自守，何以固邊圉而示強鄰？異時追究貽誤之人，老臣不能任也。」總之大軍不能止，盡復南疆，勢在必行。

光緒三年（一八七七年）十月下旬至十二月底，在不到三個月的時間內，左宗棠的西征大軍以秋風掃落葉之勢，長驅西進，連克拜城、阿克蘇、烏什、喀什噶爾、葉爾羌、英吉沙爾等地。十一月二十九日，清軍收復和闐。至此，侵占南疆達十四年之久的阿古柏勢力，除伯克胡里和白彥虎率少數殘匪竄入俄境外，悉數被殲。南疆又重新回到了祖國的懷抱。普天同慶，萬民歡騰。左宗棠更是手捋鬍鬚，其喜洋洋，樂不可支。

然而，有一個人卻沮喪得很，那就是李鴻章。在整個西征的過程中，李鴻章連做夢都盼望左宗棠被阿古柏打得丟盔棄甲，潰不成軍，但這一天不但始終沒有來到，左宗棠卻總是春風得意，捷報頻傳。既然始終不能如願，那也就只好多造幾句謠言，多罵幾聲左宗棠以求得那久以失去的心理平衡吧！

於是，李鴻章顫顫悠悠地操起一支破筆，給同一個戰壕中的難友——兩江總督沈葆楨寫起了信：「聞西征軍已經收復喀什噶爾，紅旗捷報不久到京，然白彥虎、伯克胡里，不投俄人便歸浩罕，終無了期。」

李鴻章是多麼希望白彥虎、伯克胡里永遠不被消滅，能時常出來給左宗棠搗亂一番啊！

隨著左宗棠西征大軍消滅阿古柏收復了新疆，中國從俄國人手中收回伊犁的事提到了日程。

同治十年（一八七一年），俄國侵占了伊犁後，認為清政府再也沒能力收回了，便虛偽地透過駐華公使館照會總理衙門說：「俄國此舉完全是為了安定邊疆秩序，只因回亂未靖，代為收復，權宜派兵駐守。等到關內外肅清，烏魯木齊、瑪納斯各城克復後，即當交還。」然而，當左宗棠的大軍收復烏魯木齊、瑪納斯後，沙俄卻無動於衷，總理衙門雖想和駐華公使畢佐夫（Евгéний Кáрлович Бю́цов）就收回伊犁問題進行交涉，但卻被拒絕。整個南疆克復後，俄國仍然默不作聲，並再次拒絕清政府要求派使節和左宗棠直接談判的建議，賴在伊犁不走。

伊犁，位於新疆的西北部，物產豐饒，富庶無比，是著名的糧倉；地勢險要，易守難攻，為進入北疆的門戶。試想，這樣一個在經濟上和軍事上都具有重要地位的地區，沙俄已吞入口中，怎會輕易吐出來呢？

清政府心中萬般著急而無奈，既然約人家談判，人家不來，那也只好深入「虎穴」了。於是清政府經過再三的挑選之後，決定派吏部右侍郎、署盛京將軍崇厚為全權大臣，便宜行事，赴俄都辦理收回伊犁之事。臨行前千叮嚀萬囑咐：必當權其輕重，未可因急於索回伊犁而轉貽後患，於「割地斷不可許」。可是這位號稱「向能辦事，於中外交涉情形亦俱熟悉」的清朝大員，卻對國際外交上錯綜複雜的情況和伊犁的地理狀況一無所知。在抵達俄都後，被俄國人的軟硬兼施弄得暈頭轉向。

原來，自從清政府出兵征討阿古柏後，中國和俄國的關係也隨之複雜而微妙起來。俄國為了永遠霸占伊犁，希望中國永遠也不能打敗阿古柏，但是阿古柏和英人打得火熱又使俄國妒火中燒，帶著這種矛盾而複雜的心理，沙俄一面支持中國西征，一面又暗中派人教阿古柏如何與中國人進行戰爭。然而在蒐集到了大量的左宗棠備戰和阿古柏的軍事實力的情報之後，俄國人驚訝地發現：曾經令他們感到難以制服的阿古柏，最終將被中國人打敗，「只不過是時間問題」。

俄國人的心中感到很不安：阿古柏一倒台，中國必然要索回伊犁，看來好夢終難圓。於是沙皇亞歷山大二世立即任命一個特別委員會，專門就伊犁問題研究對策。可是直到光緒四年（一八七八年）十二月三十一日，崇厚到達聖彼得堡時，他們還沒有就是否應交還伊犁問題取得一致意見。無奈之際，只好一面強裝笑臉，好生款待崇厚，一面抓緊時機，商量對策。

光緒五年（一八七九年）三月，特別委員會關於伊犁問題的專門會議在聖彼得堡舉行。陸軍大臣米留金首先站了起來，用手指著地圖，態度堅定地說：「大家來看，這塊向東延伸的伊犁地區，像一座堅固的城堡，合併了這裡，會給我們在防禦上帶來很多的利益，相反卻給中國造成了很大的軍事威脅。因此，無論如何我們不能從這裡撤出。」外交大臣助理格爾斯更是不可一世，惡狠狠地說：「對，我們絕對不能放棄伊犁。對於中國人，只要我們痛打他們一頓，他們就會老實下來。」眾人也都隨聲附和，大有不惜發動戰爭之勢。這時，只見財政大臣格里格有氣無力地站了起來，哭喪著臉說道：「可是諸位不要忘記，戰爭將是耗費巨大而沒有止境的，這對我們早已涸竭的財政來說是十分困難的。」原來，剛剛結束對土耳其的戰爭，已使俄國背上了五千多萬盧布的財政赤字，此時的俄國根本拿不出錢來準備和中國再打一場新的戰爭。最後，經過一番激烈的爭吵，大臣們達成一致意見：「在得到中國人的積極讓步之前，伊犁絕對不能交還。」

這時，已在聖彼得堡等待多時的崇厚早已心煩意亂，特別是幾天前還對自己笑容滿面，畢恭畢敬的這些藍眼睛、高鼻樑、黃頭髮的俄國人，不知何故突然一反常態，變得橫眉冷對、面目猙獰起來。崇厚感到侷促不安，毛骨悚然，看來還是及早離開這塊是非之地為妙。於是便和俄國人草草締結了

《里瓦吉亞條約》，並滿懷著終於收回伊犁的喜悅把條約的內容迅速電告了北京。

哪知恭親王奕訢一看電文，頓時兩眼發直，渾身戰慄起來：只見這十八條條款，除了第一條「俄國願將伊犁交還中國」、第十八條「換約程序」外，其餘十六條都是中國要履行的義務。諸如：中國賠償兵費五百萬盧布；中國割讓伊犁自西以南一千數百里的土地給俄國；中國允許俄商貨物往來天山南北路免稅，俄商可自嘉峪關通商西安、漢中、漢口等地……

驚駭之餘，恭親王急忙電令崇厚，千萬不要在條約上簽字。可是此時的崇厚哪裡還敢再找那些可怕的俄國人再行交涉之事呢？便回電稱「約章定明，勢難再議」。擅自在條約上簽了字。

總理衙門見狀，深感事情不妙，連忙奏請令左宗棠、李鴻章、沈葆楨等酌議密奏。

可是，還未及三人的復奏到京，條約的內容已為外界知曉。頓時舉國震驚，朝野義憤，一致聲討沙俄的侵略行為，「街談巷議，無不以一戰為快」。然而人們更痛恨庸臣誤國。一時間，參劾崇厚賣國的奏摺接二連三，如雪片般從各地飛往北京。翰林院侍讀黃體芳參奏崇厚「專擅誤國」，應「重治其罪」；司經局洗馬張之洞更是驚呼「不改此議，不可為國」，要求將崇厚處斬，以示中國不承認該條約之決心，縱然訴諸戰爭也在所不惜；接著伊犁將軍金順，四川總督丁寶楨，修撰王仁堪，太僕寺少卿鐘佩賢，尚書萬青黎，侍郎尚敘、錢寶廉，司業周德潤，少詹事寶廷，中允張楷，給事中盛昱、郭仁矩、余上華、吳鎮、吳聘之，御史孔寬谷、葉蔭昉、黃元善、田翰墀、鄧炳麟、鄧承修，員外郎張華奎，贊善高萬鵬，侍讀烏拉布、王先謙，編修于蔭霖，肅親王隆懃，檢討週冠等都「先後奏陳」，痛斥崇厚賣國，「大多主戰」，……舉國上下沸沸揚揚，掀起了參劾聲討崇厚賣國的軒然大波。

正當朝野同仇敵愾之際，李鴻章卻吹來了一股冷風：放棄伊犁。此時的李鴻章為了擴大淮系的實力，正忙著組建北洋海軍，巴不得左宗棠早日停兵撤餉，好把塞防經費挪入海防，同時也害怕一旦交涉不成，雙方大動干戈，而損傷自己的利益。因此在接到密諭後，李鴻章急忙上了《籌議交收伊犁事宜摺》，大肆兜售其賣國論調，公然主張放棄伊犁，奏云：「崇厚為出使全權大臣，有便宜行事之權，不可謂無立約定議之權，若先允後翻，其曲在我，侮必自招。中俄接壤萬里，一旦開戰，防不勝防；那時，俄人的要求，恐有照現議而不可得者。竊以為收回伊犁，尚不如不收回之為愈。」一副投降賣國自甘沉淪的嘴臉躍然紙上。

和李鴻章相反，左宗棠得知條約的內容後，氣得搥胸頓足，暴跳如雷。本來收復伊犁是左宗棠的一貫主張，南疆克復後，左宗棠預感到收回伊犁的交涉必然會錯綜複雜，糾纏萬千，便暗中加緊準備，打算有朝一日，以武力收復伊犁。即使不打仗，以外交方式來解決也要注意「與外人交涉，當強者不可示弱」。誰知，這位一向傲慢無能的崇大使卻簽訂了如此荒唐至極的條約，真是令人痛心不已。左宗棠滿懷激憤，揮筆上書，歷陳崇約之危害：「今一矢未聞加遺，乃遽捐要地，饜其所欲，譬猶投犬以骨，骨盡而噬仍不止。目前之患既然，異日之憂何極？今若不急起為爭，不但新疆全境將有日蹙百里之勢，甘肅、山西、河北邊防亦將因此而危急。若此，再議籌邊，正恐勞費不可撣言，大局已難復按也。當此時事紛紜，主憂臣辱之時，苟心知其危而復依違其間，欺幽獨以負朝廷，耽便安而誤大局，臣具有天良，豈宜出此？就事勢次第而言，先之以議論，委婉而用機，次決之以戰陣，堅忍而求勝，臣雖衰庸無似，敢不勉旃？」「烈士暮年，壯心不已」。在國難當頭，備受凌辱之際，左宗棠和李鴻章，一個揮戈上陣，氣勢如虎；一個畏敵如鼠，一味退縮，二人相比是何等的涇渭分明！

為了堅定清政府收回伊犁的決心，在一片聲討賣國投降的浪潮中，左宗棠又上書總理衙門：以我西征之軍力，只要積極備戰，早為籌劃，一旦沙俄挑起戰爭，我檄南路之兵，分道急進，直取伊犁，兼索白逆，均有把握，「臣雖年老力衰，但誓與西事相終始」。有左宗棠撐腰，愛國力量受到極大的鼓舞，愛國的聲浪一浪高似一浪，大大超過了投降派。

李鴻章仍在拼死支撐門面。一陣絞盡腦汁搜盡枯腸之後，他又幹起攻擊謾罵、造謠中傷之能事，奏云：「中俄交涉之事始於張之洞等慷慨陳詞，直至今日節節貽誤，其源自左帥發之。左帥主戰，倡率一般書生腐官，大言高論，未免不知彼己，不顧國家安危。一旦開釁，俄國不必大動干戈，只消令所屬之哈薩克、布魯特、安集延之眾入境肆擾，左公即首尾不能自顧也。」李鴻章是多麼希望朝廷能聽聽他的這番「苦口良言」，採納他的「深謀遠慮」之計啊！

可是事情的發展總是和李鴻章的願望相反。

光緒五年（一八七九年）十二月，清政府將崇厚革職，交刑部治罪。光緒六年（一八八〇年）正月，清廷命大理寺少卿、駐英法公使曾紀澤前往聖彼得堡重開談判，並照會俄國，崇厚違訓越權，所訂條約作廢。

眼看到口的肥肉又要失去，俄國惱羞成怒，瘋狂已極，一面急令駐京代辦凱陽德（Александр Иванович Кояндер）到總理衙門虛聲恫嚇，一面調兵遣將，大搞軍事訛詐。一時間，俄國幾萬大軍雲集於和中國相毗連的整個邊境地區，一支由二十多艘軍艦組成的艦隊也由黑海開來，準備封鎖中國海面……烏雲密布，戰爭大有一觸即發之勢。

清政府也不甘示弱，急令左宗棠、沈葆楨、李鴻章等加緊籌辦防務，準備打仗。

左宗棠聞令備受鼓舞，連夜擬定了一個三路出擊收復伊犁的計畫：金順一軍一萬人扼精河為東路，阻俄軍東犯；張曜一軍七千人出阿克蘇，由冰嶺之東沿特克斯河直驅伊犁為中路；劉錦棠一軍一萬人取道烏什，由冰嶺之西經布魯特游牧地向伊犁進發為西路。

為了就近指揮，左宗棠不顧多病的身體，決定進駐哈密，親臨前線。

光緒六年（一八八〇年）五月二十六日，由肅州通往哈密的黃沙古道上，出現了一支龐大的隊伍，兵強馬壯，旌旗飛揚。隊伍排成兩列，個個肩荷洋槍，步伐整齊。但它與通常的行軍隊伍以大旗開道不同，走在隊伍最前面的是八個人抬著的巨大棺材。緊跟著棺材的是大帥左宗棠，他騎著一匹高頭寬胸的黑馬，衣穿黃綾馬褂，頭戴雙眼花翎，面色堅毅凝重。身後大書「恪靖侯左」的帥旗迎風飄揚。左宗棠抱著必死的決心，「不斬樓蘭誓不還」，定要與俄虜一決高下，收回伊犁，否則不成功便成仁。將士們在左宗棠敢死必勝精神的鼓舞下，鬥志旺盛，求戰心切。行軍的隊伍，如同一股滾滾鐵流，銳不可當……

然而左宗棠萬萬沒有想到，就在他前往哈密途中的時候，一個不速之客突然來到了北京，向清政府進言放棄伊犁。此人就是鎮壓太平軍、曾任洋槍隊頭目的英國強盜戈登（Charles George Gordon）。戈登此次是受清政府之聘來京對伊犁問題進行「調停」的。光緒六年五月，戈登首先到天津祕密會晤了自己的「戰友」李鴻章，一番徹夜密談之後，戈登到了北京，拜會總理衙門的各位大臣，威脅說：「中國一日以北京為都，則一日不可與外國開釁。若要開戰，就當把北京的近郊焚毀，把政府檔案和皇帝都從北京遷到中心地帶去，並且準備作戰五年。」戈登深知要清政府遷都，無異於讓其滅亡，清政府絕對不敢再言戰爭，而自己也就達到了幫助李鴻章聯合朝廷妥協派擊敗主戰派的目的。果然，大臣們聽後都膽戰心驚，不知如何是好。

光緒六年六月二十一日，清政府在北京召開緊急會議，在李鴻章的煽動下，協辦大學士宋慶、工部尚書翁同龢、禮部尚書徐桐、南洋大臣兩江總督劉坤一等都極力贊成委曲求全，與俄妥協。二十六日，清政府發出上諭，決定寄希望於談判。

對於左宗棠的軍事部署，沙俄早就有所耳聞，感到惴惴不安。他們把左宗棠視為眼中釘，必欲拔去而後快。不久《塔什干報》發表了一篇評論：「必須牢牢記住，俄國最厲害的武器是在北京搞陰謀，可能有一個能幹的特使在撥弄左宗棠和李鴻章之間的傾軋對立……伊犁問題在中亞是很難得到和平解決的，但在北京的宮殿裡要比在北疆和土耳其斯坦進行大規模的戰爭可以得到容易得多、有效得多的解決，可能俄國會採用這一方法，消滅來自左宗棠的危險，使中國人最近的勝利化為烏有。」

沙俄急於「消滅來自左宗棠的危險」，而李鴻章更希望看到左宗棠聲名狼藉，威信掃地。他說：「左相擁重兵巨餉，又當新疆人所不爭之地，飾詞欲戰，不顧國家全局，稍通古今者，皆識其奸偽。」

於是一個外國強盜和一個中國內奸，為了一個共同的目的——搞掉左宗棠，而勾結在一起，罪惡之手伸向了左宗棠……

光緒六年八月十一日，清廷諭旨：「調左宗棠回京供職，備朝廷顧問，欽此。」左宗棠手捧諭旨淚流滿面，悲痛萬分：「俄事尚未定議，而先以兵船東行，為恐嚇之計，謨謀諸公便覺無可置力，國是混淆，計抵京時，錯將鑄成矣。奈何，奈何，為之奈何？」

蒼天啊！為何不言？大地啊，為何無聲？左宗棠的滿腔熱血，付之東流，縱有千言萬語更向誰人訴說……

光緒七年（一八八一年）二月十二日，曾紀澤與俄國簽訂了《伊犁條約》，爭回了崇約劃失的伊犁南境特克斯河流域約兩萬平方公里的土地。但俄國仍割占了伊犁西境霍爾果斯河以西約一萬平方公里的土地。「兵費」由五百萬盧布增加到九百萬盧布。

消息傳來，左宗棠憤憤不平，傷心地說：「伊犁僅得一塊荒地，各逆相庇而安，不料和議如此結局，言之腐心。」對於一個真正的愛國者來說，在沒有戰敗的情況下，竟然割地又賠款，這是怎樣的一顆難以下嚥的苦果啊！

《歷代皇朝風雲實錄②：相位爭奪》

■ 作者：王若
■ 定價：280 元
■ ISBN：978-986-6234-85-9

宰相是中國封建時代輔佐君主管理國家事務的最高行政長官，處於一人之下，萬人之上，乃「位極人臣」之位，因此成為封建官僚政治中，權力鬥爭的焦點。想要獨攬相權，有二個條件：

第一，品德和才學。
第二，皇帝的信任。

但因為宰相是由皇帝任免，因此諷刺的是後者往往更重於前者；而「相位」作為人臣的最高權位，鬥爭不比一般，綜觀中國封建歷史，相位的爭奪不僅更激烈、更複雜，也更殘酷，裡頭總交織著陰謀，伴隨著血腥。相位有限，但往往不是個人之爭，而是團體的黨爭，也不單是人臣之間的爭奪，有時也是帝權與相權的互相角力，因此，什麼樣的人當上了宰相，有時比什麼樣的人當上了皇帝還要來得重要！

《歷代皇朝風雲實錄①：血濺龍袍》

■ 作者：魏鑒勛
■ 定價：280 元
■ ISBN：978-986-6234-82-8

皇帝是統治階級集團的最高代表，絕對的權威、無限的權力、至高無上的地位，使皇帝這一社會角色既有現實性又具神祕性。要登上皇位，略有三種方式：

第一，靠武裝鬥爭統一天下，自封為皇帝。
第二，靠繼承父兄之業而自然成為皇帝。
第三，靠發動政變篡奪來的皇帝。

透過篡權登極的人並不都是壞人，而被篡奪帝位的人也並不都是好人。篡奪君權者，不能視為個人罪孽，不能以手段的不正當來否定政治上可能有的進步。是何種力量與思潮把篡位者推上了歷史的舞台？這種人當了皇帝後，又對社會、歷史起了什麼作用？產生了什麼影響？

歷代皇朝風雲實錄③：忠奸抗衡

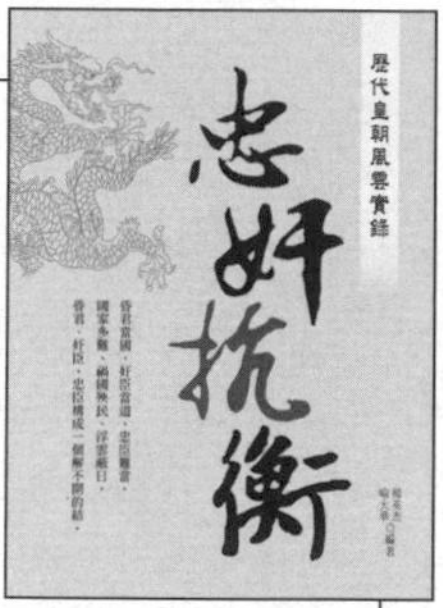

作　　者　楊英杰・喻大華
發 行 人　林敬彬
主　　編　楊安瑜
編　　輯　王艾維
內頁編排　王艾維
封面設計　王艾維
編輯協力　陳于雯・曾國堯

出　　版　大旗出版社
發　　行　大都會文化事業有限公司
11051 台北市信義區基隆路一段 432 號 4 樓之 9
讀者服務專線：（02）27235216
讀者服務傳真：（02）27235220
電子郵件信箱：metro@ms21.hinet.net
網　　　址：www.metrobook.com.tw

郵政劃撥　14050529 大都會文化事業有限公司
出版日期　2015 年 9 月初版一刷
定　　價　280 元
I S B N　978-986-6234-86-6
書　　號　History-067

◎本書由遼寧人民出版社授權繁體字版之出版發行。
◎本書如有缺頁、破損、裝訂錯誤，請寄回本公司更換。

Cover Photography:imagemore/19788020,19788048.

大旗出版
BANNER PUBLISHING
大都會文化

國家圖書館出版品預行編目 (CIP) 資料

歷代皇朝風雲實錄③:忠奸抗衡 / 楊英杰，喻大華 編著.
-- 初版 . -- 臺北市 : 大旗出版 : 大都會文化發行 , 2015.09
272 面 ; 17×23 公分

ISBN 978-986-6234-86-6（平裝）
1. 帝王 2. 傳記 3. 中國

782.27　　104015859

正當左宗棠為喪權失地而憂心忡忡的時候，李鴻章卻喜形於色，找到了對愛國派大加攻伐的理由：「舉朝議戰，東西水陸各路不得不調兵遣將，以圖抵敵，戰雖未戰，而自我發難……可見去年冬迄今攘臂而爭國是者，貽害不小矣。」投降賣國自有投降賣國的邏輯。李鴻章儼然成了一個憂國憂君的功臣，而左宗棠等愛國官吏卻成了貽害國家的千古罪人！真是黑白顛倒，是非混淆。

可是，歷史最終要由人民來譜寫。左宗棠收復新疆的千秋功業，將世代永存於人民的心中……

大都會文化　讀者服務卡

書名：**歷代皇朝風雲實錄：忠奸抗衡**

謝謝您選擇了這本書！期待您的支持與建議，讓我們能有更多聯繫與互動的機會。

A. 您在何時購得本書：______年______月______日

B. 您在何處購得本書：____________書店，位於____________(市、縣)

C. 您從哪裡得知本書的消息：

1.□書店　2.□報章雜誌　3.□電台活動　4.□網路資訊

5.□書籤宣傳品等　6.□親友介紹　7.□書評　8.□其他

D. 您購買本書的動機：（可複選）

1.□對主題或內容感興趣　2.□工作需要　3.□生活需要

4.□自我進修　5.□內容為流行熱門話題　6.□其他

E. 您最喜歡本書的：（可複選）

1.□內容題材　2.□字體大小　3.□翻譯文筆　4.□封面　5.□編排方式　6.□其他

F. 您認為本書的封面：1.□非常出色　2.□普通　3.□毫不起眼　4.□其他

G. 您認為本書的編排：1.□非常出色　2.□普通　3.□毫不起眼　4.□其他

H. 您通常以哪些方式購書：(可複選)

1.□逛書店　2.□書展　3.□劃撥郵購　4.□團體訂購　5.□網路購書　6.□其他

I. 您希望我們出版哪類書籍：（可複選）

1.□旅遊　2.□流行文化　3.□生活休閒　4.□美容保養　5.□散文小品

6.□科學新知　7.□藝術音樂　8.□致富理財　9.□工商企管　10.□科幻推理

11.□史地類　12.□勵志傳記　13.□電影小說　14.□語言學習（____語）

15.□幽默諧趣　16.□其他

J. 您對本書（系）的建議：

____

K. 您對本出版社的建議：

____

讀者小檔案

姓名：______________ 性別：□男　□女　生日：____年____月____日

年齡：□20歲以下 □21～30歲 □31～40歲 □41～50歲 □51歲以上

職業：1.□學生 2.□軍公教 3.□大眾傳播 4.□服務業 5.□金融業 6.□製造業

7.□資訊業 8.□自由業 9.□家管 10.□退休 11.□其他

學歷：□國小或以下 □國中 □高中／高職 □大學／大專 □研究所以上

通訊地址：______________________________________

電話：（H）______________（O）______________ 傳真：______________

行動電話：______________E-Mail：______________________

◎謝謝您購買本書，歡迎您上大都會文化網站（www.metrobook.com.tw）登錄會員，或至Facebook（www.facebook.com/metrobook2）為我們按個讚，您將不定期收到最新的圖書訊息與電子報。

歷代皇朝風雲實錄

忠奸抗衡

北區郵政管理局
登記證北台字第9125號
免 貼 郵 票

大都會文化事業有限公司
讀者服務部 收

11051台北市基隆路一段432號4樓之9

寄回這張服務卡〔免貼郵票〕
您可以：
◎不定期收到最新出版訊息
◎參加各項回饋優惠活動

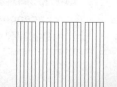

大旗出版
BANNER PUBLISHING

大旗出版
BANNER PUBLISHING